交通运输经济与决策研究

王玉玲　闫涛　张培泰　著

吉林科学技术出版社

图书在版编目（CIP）数据

交通运输经济与决策研究 / 王玉玲，闫涛，张培泰著. -- 长春：吉林科学技术出版社，2023.6
  ISBN 978-7-5744-0656-8

Ⅰ．①交… Ⅱ．①王… ②闫… ③张… Ⅲ．①交通运输经济－经济决策－研究 Ⅳ．①F5

中国国家版本馆CIP数据核字(2023)第136537号

交通运输经济与决策研究

著	王玉玲　闫　涛　张培泰
出 版 人	宛　霞
责任编辑	王天月
封面设计	南昌德昭文化传媒有限公司
制　　版	南昌德昭文化传媒有限公司
幅面尺寸	185mm×260mm
开　　本	16
字　　数	280 千字
印　　张	13.25
印　　数	1-1500 册
版　　次	2023年6月第1版
印　　次	2024年2月第1次印刷

出　　版	吉林科学技术出版社
发　　行	吉林科学技术出版社
地　　址	长春市福祉大路5788号
邮　　编	130118
发行部电话/传真	0431-81629529 81629530 81629531 81629532 81629533 81629534
储运部电话	0431-86059116
编辑部电话	0431-81629518
印　　刷	三河市嵩川印刷有限公司

书　　号	ISBN 978-7-5744-0656-8
定　　价	78.00元

版权所有　翻印必究　举报电话：0431-81629508

《交通运输经济与决策研究》编审会

著　王玉玲　闫　涛　张培泰
编　委　宿寒英　张艳丽　商建辉
　　　　张　磊　刘　博　张　华
　　　　邬贵冬

前　言

　　交通运输业是国民经济体系的重要组成部分，更是促进国民经济发展的重要基础产业和推动社会发展的先决条件。在最近的30年里，我国交通运输业整体上取得飞速发展，交通基础设施、现代化运输装备、客货运量总量和规模等都迅猛扩展，大量的新技术、新设备在铁路等交通运输方式中被投入应用。同时，大量的交通基础设施建设，特别是近年来高速铁路的不断投入使用，使我国的交通供需矛盾得到一定的缓解，交通运输网络的结构也得到了明显改善，颇具规模的现代化综合型交通运输网络已经初步形成。

　　但是随着经济发展步伐的加快，运输经济学理论的研究还未表现出鲜明的时代特征。一是研究的重点还只限于运输部门或运输企业内部的经济活动还未彻底扩大到社会各方面的运输经济研究；二是在运输经济的研究中，具体业务知识占有较大比重，限制了运输经济的理论研究在深度和广度上的扩展；三是高新技术飞速发展，交通运输在智慧化、高速化等领域发展迅猛，高新技术在交通运输领域的广泛应用必然反映到其经济运行规律中，也必然带来交通运输行业经济效益的提升，传统的运输经济理论和方法必须逐步适应和改善；四是交通运输领域人才的培养缺乏综合性，培养方向比较单一，缺乏广泛的综合运输管理知识和经济知识的系统教材。基于以上几个方面的原因，运输经济在研究的范围上、内容上和方法上需要一个根本性的变革，这是时代发展的必然要求，也充分体现了该领域的发展充满活力。从可持续发展的角度来看，交通运输业与国民经济发展的关系越来越密切，运输业在国民经济中已举足轻重。

　　交通运输经济与决策研究是经济学一般理论和方法在交通运输领域的专门应用，是研究和探讨与交通运输有关的各类问题的一门学科。本书属于交通运输经济与决策方面的书籍，由交通运输经济概论、交通运输需求与供给、交通运输成本与价格、交通运输市场、交通物流运输与运输方式经济分析、交通运输系统决策与决策支持系统、交通运输与多属性决策、交通系统评价与方案决策分析、交通运输与可持续发展等部分构成，全书主要研究交通运输经济与决策，分析运输业的基本经济特征和规律，阐述交通运输的决策理论，对从事交通运输经济与决策的研究学者与工作者有学习和参考的价值。

　　在撰写过程中，作者借鉴了许多相关的研究成果，参阅了大量的文献资料，引用了一些同仁前辈的研究成果，因篇幅有限，不能一一列举，在此并表示最诚挚的感谢。由于作者水平有限，书中难免会出现不足之处，望各位读者和专家能够提出宝贵意见，以待进一步修改，使之更加完善。

目 录

第一章　交通运输经济概论 ………………………………………………………… 1
　第一节　交通运输业的发展概述及地位作用 …………………………………… 1
　第二节　交通运输经济学的发展与研究内容 …………………………………… 8
　第三节　交通运输经济的价值分析及发展策略 ………………………………… 11

第二章　交通运输需求与供给 ……………………………………………………… 16
　第一节　运输需求 ………………………………………………………………… 16
　第二节　运输供给 ………………………………………………………………… 26

第三章　交通运输成本与价格 ……………………………………………………… 38
　第一节　运输成本 ………………………………………………………………… 38
　第二节　运输价格 ………………………………………………………………… 47

第四章　交通运输市场 ……………………………………………………………… 65
　第一节　运输服务的定价 ………………………………………………………… 65
　第二节　运输市场结构 …………………………………………………………… 71
　第三节　运输市场中的交易成本 ………………………………………………… 79

第五章　交通物流运输与运输方式经济分析 ……………………………………… 85
　第一节　物流与交通运输经济 …………………………………………………… 85
　第二节　各种运输方式技术经济特征分析 ……………………………………… 99

第六章　运输收入清算与交通运输政策法规 ……………………………………… 109
　第一节　运输收入与清算 ………………………………………………………… 109
　第二节　交通运输政策法规与行业管理 ………………………………………… 119

第七章　交通运输系统决策与决策支持系统 ……………………………………… 135
　第一节　交通运输系统决策 ……………………………………………………… 135
　第二节　交通运输决策支持系统 ………………………………………………… 142

第八章　交通系统评价与方案决策分析 ······151
第一节　概　述 ······151
第二节　工程经济分析基础知识 ······159
第三节　系统评价与决策分析方法 ······163
第四节　系统评价与决策分析在道路交通工程中的应用 ······171

第九章　交通运输与可持续发展 ······176
第一节　交通运输可持续发展思想 ······176
第二节　交通运输可持续发展中的环境保护 ······182
第三节　交通运输可持续发展的资源环境 ······187
第四节　我国城市交通的可持续发展 ······189
第五节　交通运输可持续发展的国际经验 ······193

参考文献 ······202

第一章 交通运输经济概论

第一节 交通运输业的发展概述及地位作用

一、交通运输业的发展概述

(一) 运输业形成

运输业是商品经济发展的产物。从整个人类社会来看，运输劳动从生产过程中分离，到形成一个独立的产业部门，经历了漫长的历史过程。运输业的形成与商品生产、商品流通的发展密切相关。流通领域中的运输需求直接来源于商品交换的需要，商品交换与商品运输互为条件，相辅相成。商品交换规模和范围的扩大，引起运输规模和范围的扩大，客观上要求运输劳动独立化、专门化及社会化。在人类社会的发展中，第一次社会大分工——畜牧业同农业的分离，使商品交换成为可能；第二次社会大分工——手工业同农业的分离，出现了直接以交换为目的的商品生产；第三次社会大分工出现了专门从事商品交换的商人，使商品经济进一步发展，商品交换的规模有所扩大。然而，在以后人类社会的长期发展中，居于统治地位的自给自足的自然经济，商品经济发展缓慢，商品交换的规模和范围都受到限制。起初，由商品交换而产生的运输活动是由商品生产者自己完成的，是为交换而运输的。其后，运输活动和商业活动结合在一起，商人主要从事商业而兼搞运输，运输成为实现商品交换的辅助手段，具有十分明显的依附性质。如在海运发展史上，就曾出现过所谓"商人船主时代"。在我国，起源于秦代的漕运，是大宗长途的粮食水上专业运输，为封建王朝所垄断，是很特殊的独立的官办运输形式。在封建社会中虽曾出现过船帮、车行，但也是零星和分散的。然而，流通过程中的运输活动从商业中分离出来，并形成独立的产业部门，却是生产力、商品经济发展到一定阶段的产物。这个过程，从世界范围来看，大体上是在封建社会解体、资本主义产生的时期完成的。

（二）运输业的发展

运输业的发展历史在相当大的程度上反映了人类文明的发展史，人类文明的每一次进步都与运输业技术革命分不开。

1. 水路运输的发展

水路运输是最早形成的运输方式之一。早期人类受水中浮物的启发，发明了将圆木挖空的船，即独木舟。随着经验的积累及造船技术的提高，建造出了以风力为动力的帆船。到了11世纪左右，出现了可跨洋运输的商船。我国科学家发明的指南针被用于航海，使航海技术得到了飞跃发展。18世纪，在帆船上使用了机械动力，使造船技术实现了重要突破。在19世纪中期又制造出以烧煤为动力，以螺旋推进器为主要机械装置的轮船。内燃机用于轮船提高了其经济性和机动性。

当代水路运输在专业化、大型化、高效化的基础上进一步朝着信息、智能、机动、可靠、绿色环保的方向发展；客运注重旅游化、高品质化发展；货运注重泊位深水化、运输集散化发展；管理注重高效化、智能化、最优化、经济化及经营多样化的发展。

2. 公路运输的发展

在陆路运输中最早形成的是人类交往与生产过程中产生的天然小道。农业和畜牧业分离，驯养的畜力取代了人力的原始运输。畜力车运输的发展对道路质量提出了新要求，进而产生了人工建造的道路。在古代，我国为统一全国而修建的道路被公认为世界上最早公路的雏形；为进行国际交往而形成的丝绸之路更成为世界陆路交通中具有划时代意义的里程碑。现代公路的雏形取决于汽车的产生和使用，以汽油机为动力的汽车对公路的标准及质量都提出了更严格的要求。大批量的汽车投入使用又极大地推进了公路建设的发展。当代公路运输的主要发展趋势是：运输轻型化，增加信息含量及社会化协作以及发展运输工具的轻型化；实现客运信息化、智能化以及发展城际约车、节点配载等新生产模式；此外，发展货运多式联运实现零距离换乘，促进和电商、快递的联动发展。

3. 铁路运输的发展

人类在陆路上最早的非人力运输是以牲畜为直接动力的畜力车运输。由于有一定的载荷，原始状态下形成的路面无法承受，出现了车辙，影响道路运输的畅通。后来人们在圆木制成的车轮行驶的地方铺设了以石料为主的硬路面，或铺上木板，以减少行车阻力，这就是铁路的雏形。16世纪前后，世界上首先在矿山采用了轨道，并使用了有轮缘车轮的车辆。钢铁工业的发展为铁轨和铁车轮的使用提供了条件。具有现代色彩的铁路运输是随着蒸汽机车的发明和锻铁铁轨的出现，于19世纪初开始在世界上投入使用的。由于铁路运输能高速、大量地运输旅客和货物，因而铁路建设得到了很快的发展。到了19世纪后半期，全球各大洲都大量建造铁路，使铁路成为陆路交通的主要运输工具。

当代铁路运输发展的总趋势是：铁路货运逐步向重载化、快捷化、集装箱化、智能化、低能耗、轻污染的方向发展。铁路客运向快捷、舒适、高品质及多样化方向发展。

4. 航空运输的发展

航空运输是人类最向往的运输方式，也是实现较晚的运输方式。人类第一次离开地球在空中飞行用的飞行器是气球，当时无法控制飞行速度和方向。以蒸汽机为动力的气球是飞艇的雏形，直到汽油发动机的采用，才使滑翔机的螺旋桨式飞机成为现实。航空发动机技能的改进，增强了运输能力，延长了航程，提高了速度。20世纪中期喷气飞机的出现，较大幅度增加了航行距离和飞行速度，航空运输已成为中远距离旅客运输的主要方式。

当代航空运输发展的趋势主要有：民用航空逐步从规模化向专业化发展，此外航空运输将进一步与"互联网+"等新技术结合，向智能化、网络化发展；航空货运则朝着全球化、大宗化、高速化发展；空中交通管制更加现代化和科学化。

5. 管道运输的发展

从管道发展史来说，中国是最早使用管子输送流体的国家。约在公元前200年前，我国秦汉时期就已经出现用打通的竹子连接起来输送卤水的管道。

现代管道始于19世纪。1861年，美国开始出现世界第一条运输原油的管道，长57km。1880年和1893年相继出现100mm管径的成品油管道和天然气管道。十九世纪，美国在国内用两年多时间修建了原油管道2158km，成品油管道2745km。自此以后，各种油气管道技术已经达到成熟阶段。无论从工程规模、经济效益或技术水平来看，管道运输都已达到同其他运输方式相同的水平。

由于石油资源经一个多世纪的开发，易于开发的地区已经进入低产期，所以石油开发的趋势是走向边远地区。修建管道的工程规模越来越庞大而艰巨，技术要求越来越高。

从世界管道运输的发展来看，当前受全球经济增长放缓的影响，全球油气行业整体步入低谷期，油气管道建设放缓，投资减少，且未来全球油气管道建设投资将保持逐年下降趋势，新建管道将主要集中在天然气和海底。此外，从技术层面来看，未来全球油气管道有三大发展趋势，即网络化、智能化和安全管理预防化。

除了油气管道以外，还有固体浆液管道，主要是用于输送煤、赤铁矿、铝矾土和石灰石等。

21世纪，现代综合交通运输体系建设进入新阶段。全国交通运输行业统筹推进基础设施网络化布局，铁路、公路、水运、民航基础设施建设补短板、强筋骨，现今"八纵八横"综合运输大通道基本贯通，交通运输服务保障能力显著提升，国民经济主动脉作用日益显现，这一阶段交通运输发展实现由"总体缓解"向"基本适应"的阶段性转变。但根据我国地域辽阔，资源有限，人口众多，发展不平衡、不充分的社会经济条件，我国的交通运输业发展的总体要求为：交通运输发展由追求速度规模向更加注重质量效益转变，由各种交通方式相对独立发展向更加注重一体化融合发展转变，由依靠传统要素驱动向更加注重创新驱动转变，构建安全、便捷、高效、绿色、经济的现代化综合交通体系，打造一流设施、一流技术、一流管理、一流服务，建成了人民满意、保障有力、世界前列的交通强国。

随着国民经济的持续、快速、健康发展，交通运输业进入了一个新的发展时期。公路、铁路、水路、民航及管道运输都有广阔的发展前景，各种运输方式应该发挥各自的经济技术特长，优势互补，在国家宏观调控下，运用市场机制，形成了全国统一和开放的综合运输体系，为我国社会发展和经济增长发挥更大的作用。

（三）运输业的经济特征

运输业与一般的工业部门相比较具有明显的特征，主要表现在以下几个方面。

1. 运输业生产是无形产品，不能储存也不能转移

运输生产过程的效用，在于在安全、无损条件下改变旅客或待运产品的空间位置。由这一特征所决定，在运输过程中对质量要求显得异常重要和突出，在客货运输中，必须贯彻"安全第一、质量第一"的方针，确保旅客的人身安全和货物、行包的完好无损。

由于运输劳动是空间位置的变化，所以运输过程基本是在自然条件中进行，受自然环境影响很大，其设备、场所和人员流动分散，点多面广，经营管理不同于其他工农业生产部门。

2. 运输生产具有时间和空间上的不可替代性，运输生产过程和消费过程是同时进行的

该特点决定了运输生产只能在生产过程中被消费，运输生产越多，消费就越多。一个地区一段时期内多余的运力，不能补充另一地区在某段时期内运输能力的不足。如果运输需求不足，则运输供给就应相应减少，否则就会造成严重的浪费。所以，科学的综合运输规划是指导运输生产的重要依据，为此必须加强运输的科学预测和运量调查。

3. 运输是国民经济的基础结构，是扩大再生产的最重要条件之一，运输规模是社会经济的基本比例之一

第一，某种运输方式一旦建成，就会产生交通（运输）效应。交通（运输）效应是指交通行为作用于社会和国民经济各部门所产生的社会经济变化。它包括物质传输效应、集聚诱发效应、时空效应、经济连锁循环效应和社会（国家）管理效应。即引起国民经济各部门生产要素的集聚，从而形成社会生产力；诱发潜在生产能力的发挥，扩大社会再生产；实现国民经济各部门的商品生产和交换，完成其再生产过程；缩小地域空间，相对延长工作和休息时间；增加社会再就业，产生生产和消费的经济连锁循环递增现象；实现社会（国家）的行政管理和巩固国防；促进了信息传递、文化交流和人员往来等，从而为整个社会经济的发展奠定了基础。

第二，商品经济越发达，生产对流通的依赖性越大，铁路等运输行业的作用也越突出，应优先超前发展。而在国家工业化初级阶段，单位产值要求的运输量大，大宗、长距离的原料，燃料和半成品运输构成了货运的主体，此时期铁路的较大发展不可避免。

第三，国民经济的比例关系，较传统的内容是：积累和消费的比例，农业、轻工业和重工业的比例等，而很少研究和确认交通运输与社会经济发展的比例关系。一个合理的产业结构或社会生产结构，应当在多大规模上，用多少资源去实现人和物的空间位移，应当是我们社会生产结构研究的主要内容之一，如果忽视这种研究，必然导致交通运输与国民经济的比例失调，必然制约我国国民经济发展的规模和速度，现在社会生产实践向我们提出：交通运输与社会经济发展的比例关系，应当是社会生产结构的基本比例关系之一。

4. 运输生产既创造价值，也创造使用价值

在理论上，对于运输业不仅要强调它的物质生产属性，还应该重视它的服务属性及国防功能。运输产品的非实体性和非储备性，运输业为社会提供的不是新的物质产品，而是在物质商品的使用价值上并不留下任何可见的痕迹的"效用"，这种效用既可供个人消费，又可以将其追加价值转移到商品本身中去，促使物质使用价值的形成以及新环境中使用价值的实现。

二、交通运输业在国民经济中的影响、地位、作用

（一）运输业的一般意义与影响

运输业负责完成社会经济生活中人与货物的空间位移，它具备多方面的意义和影响。

空间位移量的增加与人类自身完善和成熟，与经济水平及生活质量的提高过程是一致的。交通运输的发展促进了不同地区之间人员和物质的流动，这有助于促进在语言、观念、习俗等方面差异很大的各地民族打破各自的隔绝状态，进行文化意识的交流，从而鼓励在饮食、卫生、教育、艺术、科技和一般生活方式上的互相交融，推进社会进步。

人类始终在不遗余力地扩大、提高和完善在空间位移方面的本领，人与货物空间位移的水平一向反映着人类克服自然阻力的能力。交通运输有力地推动了技术进步，在不断提高人与物位移能力的斗争中，运输进一步联系和代表着未来的各种新技术、新能源、新材料。有人总结说，历史上任何具有革命性的现代运输技术，都是依靠世界上最强大的经济力量支持才出现的。现代科技的大量成果都被很快地应用到交通运输领域，人类文明的成果一次且又一次体现在交通运输上。

运输还是国防和战争的重要因素。无论是古代还是现代，运送部队和装备的能力都是决定战争胜负的基本条件之一。在今天的国际条件下，这种能力更是与各国的工业、经济和国防力量结合在一起，在国际对抗中起着越来越重要的作用。

（二）交通运输业在国民经济中的地位与作用

1. 交通运输业在国民经济中的地位

运输业在国民经济中处于十分重要的地位，主要表现为下列几个方面。

（1）运输是再生产过程中的必要条件和社会生产力的组成部分

①生产领域中的生产性运输活动，是生产过程的重要组成部分

物质生产领域中的生产性运输活动，例如，工厂内通过汽车、专用铁路及其他运输设备，使生产过程中的原材料、半成品和再制品的位置移动就是生产得以进行的重要条件和环节。某些生产部门如煤炭、石油等部门，其生产活动在很大程度上就是运输活动。如果没有这些运输活动，工农业生产活动就无法进行。

②产品被生产出来后，必须通过运输经过分配、交换，才能到达消费领域

从生产领域到消费领域，是产品生产过程在流通领域中的继续和延长，如果没有运输这个中间环节，产品的使用价值就难以实现，社会的再生产就不可能进行，人民生活的需要也就难以满足。生产往往以运输业的运输活动为起点，又常以运输为纽带，联结各个领域和环节，这就说明没有运输就不可能有物质资料的生产，所以运输促进了社会生产力的发展。

我国多年的经济建设的实践也充分证明，发展交通运输是发展国民经济的基础和先决条件。

（2）运输保证了社会产品的提供并创造了国民收入

运输虽不能创造新物质产品，不增加社会产品的总量，但是却是社会产品生产过程中所必需的生产劳动。属于生产过程的运输，运输工人、运输设备直接参与物质产品的创造过程；属于流通过程的运输，则是一个必要的追加的生产过程。一方面，产品经过运输虽然其使用价值没有发生任何变化，但由于运输过程中消耗的生产资料价值及运输职工新创造的价值追加到产品的价值中去，使产品的价值量增加了；另一方面，如果没有运输，产品的使用价值就难以实现。所以，运输保证了社会产品的提供并参与了国民收入的创造。

（3）运输确保了社会正常的生活和工作秩序

运输活动是社会赖以存在和发展的必要条件之一，特别是随着现代化社会经济的发展，如果没有相应发展的运输业，社会生产活动就无法进行，人们的正常工作和生活也会受到严重的影响。现代社会的四个流动（即人流、物流、资金流和信息流）是社会运转所必需的，其中人流、物流直接由运输业完成。

（4）运输占用、耗费了大量的社会资源

运输业不但占用了大量的社会劳动力，而且消耗了大量的社会资源，运输费用在生产费用中占有很大比重。例如我国火力发电工业的发电成本中，燃料的运输费用约占1/3以上。

在商品流通费用中，比重最大的也是运输费用。在全国基本建设投资方面，运输业的固定资产投资占全社会固定资产投资比重逐年呈现上升的趋势。运输业的发展，有赖

于国民经济其他部门的发展，反过来又促进其他部门的发展。

2. 交通运输业在国民经济中的作用

运输业在国民经济中的作用，主要表现为下列几个方面。

（1）促进工农业生产和整个国民经济的健康发展

运输业作为社会生产的必要条件，是保证国民经济建设正常进行的重要环节。在某种情况下，没有运输就不能进行生产活动。例如，煤炭开采出来以后，如果没有运输工具送入消费地区，煤炭本身的使用价值就不能实现。尤其是随着现代化大生产的发展，生产专业化与协作的加强，各地区之间的经济联系更加广泛和密切，这就更需要按时将原料、燃料和半成品运往工厂，将化肥、农药等运送到农村，把成品及时送入消费地，以保证整个国民经济正常运转。

对于工农业生产部门来说，运输速度加快，运输效率提高，运输质量越好，运输成本越低，就越能缩短商品在途时间，加快流动资金周转，降低商品流通费用，从而促进经济的发展。此外，运输有助于新资源的开发和落后地区的经济的开发，并且能扩大原料供应范围和销售市场，最终促进社会生产力的发展。

（2）推动了生产力的合理布局，有利于提高全社会的经济效益

国家和地区的工业布局，首先要考虑原材料运进和产品运出方面所具备的交通条件。采掘工业和加工工业的布局安排是否合理，同样也要分析交通条件如何，没有现代化的运输或运力不足，新的大型资源的经济开发是不可能的。因此，运输在一定程度上能够促进生产力的合理布局。例如，兴建一个工厂、矿山，开发一处农场、牧场，修建电站、学校，设置商业购销网络，都必须考虑到交通运输的条件。

（3）沟通了国家、政治、经济及文化等方面的交流

现代的交通网络，可把全国及我国与世界各地联成一个有机的整体，沟通了各地的政治、经济、文化的交流往来，在满足人们旅游和物质文化生活方面，起到重要的作用。

（4）扩大了对外贸易，密切同世界各国的关系

现代社会，再也不能是"自产自销"的小商品生产社会，必须将门户向世界开放，有无完善的交通系统，是门户能否真正打开的关键。自改革开放以来，我国高度注重引进与利用外资兴建与完善我国的交通基础设施。随着对外开放政策和"一带一路"倡议的实行，以及我国国际事务活动范围的扩大，我国同世界各国在政治、经济、文化方面的交流日益频繁，关系逐步地密切起来，运输业的作用势必日益重要。

（5）增强了国家的国防实力

在战时，无论武器装备何等精良，但是若不及时送到前线，就不可能发挥应有的作用。因此，运输线路的通车程度，特别是铁路和汽车运输能力的大小对国防力量的加强至关重要。运输业平时确保社会经济的发展，战时则可用于国防的需要，充分保障兵力的调集，武器、弹药和给养方面的后勤支持。历史证明，大力发展运输业的建设对于国防建设有着重要的作用。

第二节 交通运输经济学的发展与研究内容

一、运输经济学的发展

（一）早期的运输经济学

运输经济学的起源可追溯到现代经济学创始人亚当·史密斯（Adam.Smith）的著作中。正当英国产业革命兴起，新的运输工具一轮船崭露头角时，1776年，苏格兰人亚当·史密斯在他的代表作《国富论》（也译作《国民财富的性质和原因的研究》）中就论述了运输（主要是帆船和马车）对城市和地区经济繁荣所起的促进作用及政府在交通设施方面的开支等问题。铁路在欧洲出现以后，更多的经济学学者参加了对运输经济问题的讨论，著文论述运输与经济及文化的关系。19世纪中叶，德国经济学家李斯特在《政治经济学的国民体系》（1841年）中把交通作为国民生产力的一个构成因素进行研究。在经典经济学家中，马克思在他的经济学研究中提出了许多非常宝贵的运输经济思想，他在《资本论》中用大量篇幅论述了铁路和航运对资本主义大工业的作用。经济学家的关注也反映出了资产阶级工业革命前后运输业在经济活动中的地位明显上升。

1844年，法国经济学家杜比特（J.Dupuit）发表了以费用与效益观点研究运输投资和运价问题的论文《论公共工程的效用》。这是第一篇提出边际概念的经济学论文，在经济学的边际主义研究中具有重要地位。这篇论文也被后来人认为是第一篇运输经济学专论，因此在运输经济学学说史中占有重要地位。

1850年，在铁路的发源地英国，伦敦大学教授D·拉德那（D.Lardner）出版了他的《铁路经济》一书，书中专门研究了作为一种运输新技术铁路的管理与发展前景。拉德那在书中讨论了运输进步的历史及其影响，讨论了铁路的各种运营管理和成本、运费、利润等问题；还讨论了铁路与国家的关系该书为近代铁路经济科学奠定了基础。

对早期运输经济学发展有重大贡献的另外两位人物是萨克斯和惠灵顿。

奥地利的经济学家E·萨克斯（E.Sax）在1878年出版《国民经济中的运输工具》一书，主要讨论了一般的运输政策和运输业营运活动的经营论。这本书着重采用理论分析的方法，把边际效用学说引入了运输经济学；在体系上，该书既讨论一般的运输政策论，讨论国家在运输方面的作用，也讨论运输业运营活动的经营论。有人认为，萨克斯对运输经济学学科体系的最初形成起着奠基的作用。

美国的建筑工程师惠灵顿（Arthnar M.Wellington）在1887年发表的《铁路布局的经济理论》第一次提出将成本分析法应用于铁路最佳长度与路线圆曲线的选择，从而开创了工程领域中的经济评价工作。这一应用于运输工程的经济分析思想,后来成为工程经济学形成的基本理论。

以上几位代表人物和他们的著作在运输经济学初创时期,为运输经济科学奠定了基础。从工业国家修筑铁路高潮时期一直到第一次世界大战后,铁路在世界运输业中一直占有统治地位。在这个时期里,铁路的投资、铁路的经营管理以及国家对铁路的管理成为运输经济研究的主要对象。运输经济理论的主要内容沿着政策论和经营论两个方向发展,直到后来经营论中的运输财务、会计和统计等内容因学科的分化与发展而逐一分离出去形成相互独立的应用经济学科。

(二)当代运输经济学

20世纪70—80年代,世界经济在能源、环境等方面的危机提出了新的运输经济课题,同时西方国家的运输业管理政策也发生了很大变化,对这些问题的探讨逐渐反映在运输经济著作中。西方运输经济学除了综合性的著作,如美国桑普森(R.Sampson,1978)等人的《运输经济——实践、理论与政策》,哈泼(D.Harper,1984)的《美国运输:使用者、运送者和政府》,英国巴顿(K.Button,1993)的《运输经济学》和斯特伯斯(P.Stubbs)的《运输经济学》,美国波耶(Kenneth D.Boyer,1997)的《运输经济学》(或译《运输经济学原理》)等,还有一些比较专门性的论著,如航空经济、海运经济、客运、城市交通、运输与能源、运输与土地利用、运输需求分析、各国运输政策分析等。其中英国巴顿(K.Button)除出版《运输经济学》外,还写了《运输、环境和政策》等十多部(篇)有关运输与环境可持续发展方面的专著(论文)。可以说,近半个世纪特别是近20多年来是运输经济学初具规模并有长足发展的时期。

与经济学的其他所有分支一样,西方运输经济学在逐渐采用经济学通用分析方法发展过程中,近年来也已变得更加注重数量化研究。运输经济学者正深入地从事这样的研究:如何对各种政策选择方案且可能导致的社会经济效应做出精确的估算,并预测可能引起的运输需求的变化。运输业的发展和竞争日趋激烈,加上运输政策从制定到全面实施需要漫长的过程和较高的成本,这都对经济学家提出了严格的要求:必须做出关于未来趋势有价值的定量预测,而非仅仅是停留在定性上的表述。因此,巴顿认为,那种主要是建立广泛原则的主导思想的经济学(例如,若其他条件不变,价格下降时需求量增加)已经过时。随着计量经济技术的出现,在计算机时代也加上经过改进的数据资料,人们试图做出更细致的度量。

二、运输经济学的研究内容

在近两个世纪的发展历程中,运输经济学的研究领域一直在演变和扩大。但运输经济学稍具规模并有较为显著的发展,还是20世纪50年代之后的事。

一方面,是由于运输产业发展的带动。运输工具的显著进步,特别是由于汽车运输和民航运输的崛起,使运输体系产生了重大变化,而私人轿车的普及更加剧了人们对运输问题的关注。

另一方面，是由于运输经济基础理论发展的影响。有的西方经济学者认为，运输经济学的理论基础是福利经济学。这是由于，在相当长一段时间内，公路、江河、运河等都由政府兴建，或是自然界所提供，使用者不必付费，运输业成了提供公共品的行业。例如，一些国家的免费高速公路网、运河等均基本属于公共品。

运输经济学的研究领域一直在扩大，它的关注热点也在不断转移。例如，尽管大多数国家在运输工程项目方面投入巨大建设资金，世界银行的总贷款中有20%、总援助金额中有15%是投向运输建设项目的，但是，强劲的运输需求带动下的运输工程项目的建设规模之大，使得建设资金来源问题依然成为影响运输发展所面临的最大问题之一。特别是道路建设方面，这引发了建设投资的融资方法的改进和收费公路的普及。

目前，运输经济学的研究内容大致可以分为下列几个方面。

①运输的发展及意义，包括运输发展过程、规律、趋势和它在经济、文化及社会发展中的作用、意义等。

②运输需求与供给，包括运输需求与供给分析、需求与供给平衡理论等。

③运输成本和价格原理，包括运输成本概念和组成、运输价格的组成、制定和管理等。

④运输市场，包括市场基本理论、国内运输市场和国际运输市场的分析等。

⑤运输企业，包括运输企业性质、特点、经济功能、运输业经济管理和发展战略等。

⑥运输历史和运输政策，包括运输政策的演变、历史评价、各种运输政策的研究等。

⑦运输项目投资、评估和经营，包括运输业以及基础设施的投资立项、成本效益分析（CBA）、融资、评估、经营等。

⑧城市运输问题，包括城市交通运输分析、配置、经济评价及交通拥挤等。

⑨运输与可持续发展，包括运输与环境、运输与安全、运输与能源、运输与土地利用等。

运输经济学是现代应用经济学的一个分支，它是以经济学的理论和分析方法去探讨与运输有关的各种问题的一门学科。它不同于交通技术等领域，不取决于某一个具体的技术问题，而是分析交通运输发展的趋势、交通与国民经济的关系和交通发展的一般规律的科学，它较深入地分析了现实运输问题的原因，为制定交通发展政策提供依据，其研究成果对整个交通运输业具有较广泛的指导意义。

由于运输经济广泛涉及社会、经济各领域，使在应用现代经济基础理论解决实际问题时，必须注意有效地利用有关统计学、社会学、保健经济学、公共经济学等相关技术领域的研究成果，必须注意与国民经济其他有关部门利益间的相互协调，只有这样才能获得有益的效果。

第三节 交通运输经济的价值分析及发展策略

国家经济稳定发展与交通运输行业之间有着紧密的联系，特别是经济全球化不断深入的今天，良好的交通运输条件，不仅能够加强不同地区之间的交流，缩小地区之间的贫富差距，资金与资源还能够得到更加科学且合理的分配。为此，交通运输行业要充分重视经济现状，结合实际情况制定相应的发展战略，在这基础上应用更加先进的理念和模式，最终达到良好的发展效果。

众所周知，人们日常生活的基础保证就是交通运输，其能够促进不同区域内经济交流，在社会和谐稳定等方面发挥着重要作用。所以，交通运输相关企业管理人员要提高对运输的重视程度，从科学的角度出发，对当下趋势开展分析，在明确运输管理核心关键点的同时，对交通运输的发展起到良好的促进作用，使国民经济发展需求得到进一步满足。国民经济水平与交通需求之间有着紧密的联系，交通运输的发展能够进一步促进经济发展，高效的交通网络能够将城市之间的距离缩短，地区经济发展效率也会得到进一步提高。有关部门要顺应时代发展的特点，对交通运输经济进行研究，并从不同的角度制定相应的策略，提高交通运输经济管理效率将对于交通事业的可持续发展起到良好的促进作用。

一、交通运输经济管理的重要价值分析

（一）促进社会经济发展

在社会经济快速发展的今天，各个领域对交通运输越来越重视，所以加强交通运输管理工作有着非常重要的意义，并且还会对经济发展起到良好的促进作用。现阶段，市场变化速度越来越快，在这个过程中运输方式也会朝着多元化方向不断发展，交通运输最为重要的特征就是灵活性和便捷性，为经济发展奠定良好的基础。除此之外，社会运输和运输经济快速发展的同时，交通运输也能够在一些偏远区域的社会经济发展中发挥出良好的作用，不但能够确保经济水平的持续提高，还可以对更加高效管理发展模式开展不断探索。

（二）实现交通运输可持续发展

为了使交通运输行业在新经济环境下得到更好的发展，相关企业要结合时代发展的特点来制定相应的培训教育活动，在此基础上能够提高专业人员的综合素养和专业工作能力，交通工具的灵活性和便捷性也会变得更加明显，还要对道路整体运行方式进行完善，从而相关经济部门也可以开展相应的工作。不仅如此，科学合理的经济模式，不仅

能够保障各个环节工作的正常开展，还能提高运输部门成本管理效率，在获得更多经济效益的同时，达到运输战略发展的要求。交通运输部门要顺应市场变化情况，对多方面工作进行不断的改进和完善，使经济建设不断进步，人们也可以开展正常的生产工作。各种生产和经济活动当中不可缺少的核心因素之一就是运输，如果这种因素缺乏便捷性，那么资源整体流动效率也就会变得越来越低，对于经济水平的提高会带来不利的影响。经济基础保障就是交通运输，其重要性会随着时代的变化而变得更加重要，交通运输企业在开展运输管理时，要对各种先进的技术进行充分的应用，交通运输行业科学技术作用也能够充分发挥出来，行业也可以朝着正确的方向不断发展。

（三）促进经济协同发展

交通运输经济对经济整体发展有重要影响，要求相关管理人员要加大创新力度，对传统的交通运输管理模式进行不断的改进和完善，还要建立更加科学的管理制度，将管理制度有效落实到每一个环节，最终社会经济与区域经济能够达到协同发展的效果。与此同时，区域经济状况和发展水平可以通过生产总值充分体现出来，整个区域能够与运输经济形成科学的联动，提高经济发展效率。交通运输行业要根据时代变化特点，建立科学的运输管理系统，在降低资源成本支出的同时，提高了其整体运输水平和效率。

二、交通运输经济现状分析

（一）交通运输缺乏资金支持

目前，我国社会经济发展水平不断提高，对各个领域带来较大程度的影响，交通运输经济的影响因素较多，其中最为关键的就是缺乏足够的资金支持。交通运输在发展过程中不可缺少的就是资金，充足的资金会对交通运输行业整体发展起到良好的促进作用。如果交通运输行业无法获得足够的资金支持，那么该行业基础条件就会与预期之间存在较大程度的差异，进而无法在激烈的市场竞争中获得更多的经济效益，同时，还会出现各种各样的问题，对各方面的建设带来较大程度的影响。如果对交通运输行业投入的资金较少，那么行业发展需求将无法得到进一步满足，交通运输经济发展也就会变得不均衡。由于不同地区有着不同的经济发展水平，所以交通运输行业在选择经济发展方向时，也会存在一定程度的差异，相关管理人员要顺应时代发展特点来选择相应的发展道路，这样才能够达到新时代发展的实际要求，给后续工作奠定良好的基础。

（二）交通运输服务质量较低

居民日常生活水平和质量随着时代的发展而得到相应的提高，各个领域对交通的需求也不断增加。在人们日常生活当中不可缺少的关键元素就是衣食住行，会对人们生活水平和社会经济发展水平带来较大程度的影响。现阶段，人们日常出行时最为关键的就是交通运输，所以会对交通运输服务质量提出更高的要求。除此之外，部分经济发展比较落后的地区，在交通运输方面无法获得足够的资金与支持，导致交通运输服务的整体质量不断降低，严重时会对地区经济带来较大程度的影响。此外，交通运输行业中的部分工作人员综合素质和专业知识水平较低，他们在上岗之前并没有经过专门的培训，服务质量与预期之间存在较大程度的差距，乘客也就无法获得更贴心且优质的服务。

（三）交通运输发展结构复杂

通过对目前我国交通运输经济发展分析发现，该行业与其他行业之间存在较大程度的差异，有着较为复杂的发展结构，不同类型的运输方式在相互配合后所产生的结果也会有差异。如果配合效果较差，那么交通运输经济发展也就无法得到进一步推动。相关部门并没有充分意识到交通运输基础线路合理规划工作的重要性，这样不仅会导致交通运输形式配合效果较差，还会使交通运输发展结构变得更加复杂。我国部分地区运输结构当中存在较多的不足和缺陷，再加上整体交通运输效率较低，导致当地经济得不到发展。还有一些地区的机场比支线机场数量还要少，影响地区经济发展。为此，政府部门要加大对交通运输主干道的资金投入，将资金优化作用充分发挥出来，在推动地方交通运输经济发展的同时，使社会经济水平也得到相应的提高。在航路运输方面，存在部分地区航道指标无法达到国家相应的标准，大型船只是停驻需求也就无法得到满足。

三、交通运输经济的发展策略

（一）加大交通运输的资金投入支持

为了提高交通运输经济整体发展水平，政府部门要顺应时代发展的特点，适当地加大对交通运输经济的支持，对现阶段社会经济发展需求进行充分考虑，从科学的角度对资金进行合理的分配，交通运输行业资金投入力度也会得到相应的加大。交通运输企业要确保经济发展与实际需求相符合，根据市场变化情况对融资渠道进行合理扩展，在这个过程中应用先进的融资理念和模式，确保各方面经济活动能够获得足够的资金，为后续相关工作奠定良好的基础。相关部门还要对制度体系进行不断改进和完善，在交通运输经济投入方面充分发挥作用，不仅能够对交通运输融资渠道进行拓展，还可以进一步推动社会经济的整体发展。

正是因为交通运输经济发展与社会经济之间有着紧密的联系，所以相关管理人员要予以足够的重视，对相关部门投资、社会筹资等融资手段进行合理的应用，从而才能够获得更多的资金，为交通运输行业后续发展提供更加有力的经济支撑。政府部门可以对交通运输企业实际发展情况开展综合分析，并给予相应的补助，企业在实际发展运营中才能够获得更多的资金，同时还要对交通运输经济发展的重要性加大力度进行不断宣传，使每位工作人员都要充分意识到交通运输经济发展会对各个领域带来的影响。通过这种方式不仅能够解决交通运输发展中存在的资金不足问题，还可以进一步激发人们参与交通建设的热情，最终对社会经济发展起到良好的促进作用。

（二）提升交通运输服务人员的服务质量

在社会经济不断发展的情形下，消费者的消费需求会受到服务人员服务质量和态度的影响。为此，为了进一步推动交通运输经济的发展，相关管理人员要采取有效的措施，提高运输服务人员的服务质量，对先进的理念和模式进行充分的应用，转变交通运输服务人员传统的服务态度和观念，让他们的服务热情得到有效的提高，群众能够在这个过程中获得更加多样化的服务，确保交通运输行业所提供的服务能够与消费者的需求相吻合，交通运输经济才可以得到良好的发展。消费者对交通运输行业的支持是交通运输经济发展的关键所在，相关企业要在实际发展运营当中不断提高自身的服务水平和质量，才能降低各种负面影响出现的概率，同时消费者才会对交通运输行业提供强有力的支持。自从互联网技术进入人们的视线以来，各个领域应用这种技术可以获得良好的效果，消费者可以通过各种各样的信息技术，获得良好的交通运输使用体验。为了提高交通运输服务质量，企业要对各种运输服务当中存在的安全缺陷进行充分掌握，将安全质量作为每一种工作的首要条件，定期开展相应的培训教育活动，增强不同部门和人员的安全意识，确保他们在思想层面上对运输服务予以足够的重视，严格按照相关要求和规定开展各种工作。交通运输行业只有提供更加优质的服务，才可以对消费者的消费欲望进行刺激，从而根据不同地区的条件，开展相应的服务质量建设工作，营造良好的环境。

消费者可以通过网上购票的形式，在官网或相关软件上进行购票，线下取票也会被线上取票所替代，消费者只需要凭借身份证或购票凭证，就可以通过安检且乘车。网上购票可以有效解决消费者排队购票的问题，在线上能够提供更加专业且优质的服务，如果在这个过程中对某一个环节存在疑问，消费者可以拨打相应的电话进行咨询，使自身的消费体验得到进一步提高。商家服务质量和水平得到提高的同时，交通运输经济发展也可以得到良好的促进。在通常情况下，节假日出行的人们较多，这就要求交通运输企业可以根据情况，提前安排足够的服务人员和志愿者，第一时间解决消费者乘车过程中所遇到的各种问题。企业要想从根本上解决服务质量问题，相关管理人员就要从科学的角度，对服务政策进行优化，让消费者对交通运输行业的服务需求得到进一步满足。如此一来地区交通运输经济发展速度也会变得越来越快。

（三）实现交通运输发展的结构优化

为了使交通运输行业在激烈的市场竞争中得到更好的发展，相关管理人员要树立正确的发展理念，应用先进的技术和模式对交通运输结构进行不断优化，不同运输方式之间的配合才可以得到进一步增强，并将这些交通运输方式紧密联系到一起，最终推动社会经济的发展。现阶段之所以出现交通运输经济结构不符合实际需求现象，主要原因是不同交通运输方式之间并没有较大的关联性，使其无法实现有效配合，最终导致交通运输经济发展状况与社会发展需求之间存在较大程度的差距。自从绿色环保和可持续发展观念提出以来，交通运输行业朝着新能源汽车、电动汽车等环保方向不断发展，再加上先进的科学技术已经进入人们的日常生活和工作当中，交通运输行业要在这种情形下构建智能化系统和信息共享系统，在两种系统的共同作用之下，对交通运输经济发展起到良好的促进作用。为此，交通运输行业相关管理人员可在实际发展过程中，对信息技术进行合理的应用，在提高人们出行体验感的同时，交通运输经济才可以朝着预期的方向不断发展和进步，让企业获取更多的经济效益。

（四）充分应用信息技术

交通运输行业要想在激烈的市场竞争中提高自身的服务水平，相关管理人员要提高对先进信息技术的重视程度，在这个过程中应顺应时代发展特点，建立更加科学的信息系统，确保该系统可以在每一个环节当中发挥出良好的作用，这样才能够在交通运输行业内部实现预期的信息共享效果。企业要在实际发展运营中，围绕客户开展各个方面的工作，将科学的信息管理系统作用充分发挥出来，不仅客户能获得更加专业的服务，还在和客户协同发展的同时，使整体经济效益得到进一步提高。管理人员要对不同阶段用户服务需求予以足够的重视，并根据实际情况开展用户满意度调研工作，为服务质量的提高奠定良好的基础。不仅如此，交通运输企业还要将信息评估系统进行升级，在日常工作当中对信息评估系统进行合理的应用，严格按照相关的要求和规定将监管工作落实到位，提高整体服务效率，信息评估系统还可以当作辅助工具开展相关工作，该系统的便捷性也可以得到提高。管理人员要从现实角度出发，采取有效的措施构建合理的网络结构，拓展内部信息共享的路径，不同企业也能够在发展过程中达到良好的信息交流的目的，最终经济收入也会得到相应的增加。企业要对现阶段大数据技术进行充分的了解，通过这种技术来对每一个环节产生的大量数据信息进行及时收集和分析，在第一时间了解客户实际需求，对客户不满意的地方及时改进，管理措施才能够得到不断优化。

由此可见，交通运输行业在我国社会整体发展过程中占据着非常重要的地位，这就要求相关企业要提高对经济现状的重视程度，结合实际情况对发展路径进行不断探索，并且还要加大资金投入力度，确保各项工作能够顺利开展。此外，企业要定期开展相应的培训教育活动，使交通运输服务人员的服务质量得到提高，对先进的技术和方式进行合理的应用，使相关工作的整体效率和质量得到进一步提高，交通运输经济可朝着正确的方向不断发展，对社会经济的发展起到良好的推动作用。

第二章 交通运输需求与供给

第一节 运输需求

一、运输需求的概念与特征

(一) 需求与需求量

1. 需求

(1) 需求的含义

需求可以分为个人需求和市场需求。个人需求是指单个消费者或家庭单位对某种商品的需求。某一商品市场不同价格水平对应的所有消费者或家庭的需求总和即是该产品的市场需求。个人需求是构成市场需求的基础，市场需求是所有个人需求的总和。

消费者对一定商品所愿意支付的价格称为需求价格，它取决商品对消费者的边际效用。需求一般随价格上升而减少，或者随价格下降而增加。

(2) 影响需求的因素

在一种商品市场上，影响该商品的市场需求的因素一般有如下几种。

①消费者的客观需要。需要是需求产生的基础，消费者对各种商品的需要强度是不同的，不同的消费者对不同的商品有不同的需要。通常生活必需品对任何消费者都是必

要的，有些商品则只对某些消费者是需要的。

②购买者的货币收入水平或可支配的资产和收入数量。在商品价格既定的条件之下，可支配的资产与收入数量决定了可购买的商品或劳务的最大数量，这既适合个人也适合于整个市场。

③特定商品或劳务的市场价格。无论是个人需求还是市场需求，都是在某种价格水平条件下实现的。商品价格不同，需求就不同，商品价格是影响需求的基本因素，也是最重要的因素。

④相关商品或劳务的价格。市场上可供消费者购买的商品有很多，它们之间有的可能相互替代，例如不同款式的西装等，叫作替代品；有些商品可能相互补充，如汽车与汽油等，称为互补品。无论是替代品还是互补品，一种商品的价格变动对相应的商品需求都有影响。一般来说，一种商品或劳务的价格变动，会引起其替代品的需求同方向变动，并使互补品的需求按反方向变动。

⑤收入分配的状况。收入分配的状况主要是指收入分配的集中程度。如果社会收入分配集中程度比较高，少数人在社会收入分配中占有较大比例，就可能将较多的社会收入用于购买奢侈品，同时，低收入阶层用于购买基本生活资料的社会收入就较少，从而基本生活资料的市场需求就会受到限制；相反，如果收入分配的集中程度较低，收入分配范围较大，低收入阶层得到较多的社会收入，基本生活必需品的需求就会较大。所以，收入分配的状况会影响到商品或劳务的市场总需求。

⑥消费者对未来的预期。预期至少从两个方面影响市场需求：首先，消费者对特定品的价格预期明显地影响需求。例如，在消费者预期价格将上升时会迅速购买以增加当前的需求．在预期价格将下降时会延迟购买以减少当前的需求；在企业预期原料价格将上升时会增加当前的购买并囤积，预期原料价格将下降时会延迟购买以减少需求。其次，对某种特定商品特别是耐用消费品而言，消费者对该商品的市场前景的评价对该商品的需求具有显著的影响。例如，若消费者预测某耐用消费品将被新产品替代，势必延期购买，以等待购买新产品。

⑦广告宣传与消费示范。消费者只能对已经认识、信任和喜爱的商品产生需求，因此，对于新产品和具有替代性的商品而言，广告宣传和消费者示范对市场需求具有巨大的影响。

⑧政治、法律、宗教和风俗习惯等非经济因素对某些特殊商品和服务具有特殊的影响。例如宗教信徒对宗教用品具有需要，不同民族也有一些特殊需要，都会形成一些特殊的需求，而政治法律制度则会强制性地改变某些消费习惯，从而改变需求结构等。

其他如人口数量、地理环境等因素也会影响到需求。以上这些因素共同作用，决定着整个社会的需求。

2. 需求量

需求量是指在某一时期内，消费者在某一价格水平下愿意并能够购买的商品数量。从需求和需求量的概念上可以看出二者的区别：需求量对应的是某一特定价格下的具体数量，而需求则是每一可能价格水平下的需求量组合。

3. 需求与需求量的变动

对于需求与需求量的区别，可以从两者变动的角度来理解：需求量的变动是在保持其他影响因素不变的情况下，仅由价格因素变动引起的消费者对某一商品的购买数量发生的变动；而需求的变动则是指除价格以外其他因素变动所引起需求量的变动。

（二）运输需求的概念

1. 运输需求的含义

运输需求是指在一定的时期内，一定价格水平下，社会经济生活在货物和旅客空间位移方面所提出的具有支付能力的需要。运输需求必须具备两个条件，即具有实现位移的愿望和具备支付能力，缺少任一条件，都不能构成现实的运输需求。

运输需求包含以下六项要素。

①运输需求量，也称流量，通常用货运量和客运量来表示，用来说明货运需求和客运需求的数量与规模。

②流向，指货物或旅客发生空间位移时的空间走向，表明客货流的产生地和消费地。

③运输距离，也叫流程，指货物或旅客所发生的空间位移的起始地至到达地之间的距离。

④运输价格，简称运价，是运输单位重量或者体积的货物和运送每位旅客所需的运输费用。

⑤运送时间和送达速度，又称流时和流速，前者是指货物或旅客发生空间位移时从起始地至到达地之间的时间；后者是指货物或者旅客发生空间位移时从起始地至到达地之间单位时间内位移的距离。

⑥运输需求结构，是按不同货物种类、不同旅客出行目的或不同运输距离等对运输需求的分类。例如，铁路货物运输分为28个品类；旅客运输可分为公务、商务、探亲、旅游等；不同的运输方式通常按运输距离分为短途运输、长途运输等。

2. 运输需求的产生

运输需求按运输服务对象可分为旅客运输需求和货物运输需求。

旅客运输需求一般可分为四类：公务、商务、探亲、旅游。其中，以公务和商务为目的的旅客运输需求来源于生产领域，是与人类生产、交换、分配等活动有关的需求，可称为生产性旅行需求，这种需求是生产活动在运输领域的继续，其运输费用进入产品或劳务成本。以探亲、旅游为目的的旅客运输需求来源于消费领域，可称为消费性旅行需求，其运输费用来源于个人收入。

货物运输需求的产生有以下几方面原因。

（1）自然资源地区分布不均衡，生产力布局和资源产地分离

自然资源是大自然赋予人类的巨大财富，然而，自然资源分布不均衡是一种自然地理现象。生产力的布局要考虑自然资源分布状况，但不可能完全一致；人类的经济活动

必然要求自然资源由储藏丰富的地区向贫乏的地区流动，这就必然产生运输需求。

（2）生产力布局与消费群体的空间分离

由于各地区经济发展不平衡，生产力布局与消费群体的分离必然存在；生产力的布局同时决定了生产性消费的分布，而生产性消费的生产与消费同样存在分离。随着社会经济的发展，某些商品的生产与消费的空间分离可能日益减少，但是随着生产的社会化、专业化、区域经济的分工与合作、生产要素的进一步优化组合，某些商品（包括中间商品）的生产将日益集中在某个或某些区域，因此，生产与消费的空间分离将日益增大。由于生产与消费的空间分离不可避免，就必然产生运输需求。

（3）地区间商品品种、质量、性能、价格上的差异

不同地区之间、不同国家之间自然资源、技术水平、产业优势不同，产品的质量、品种、性能、价格等方面会存在很大差异，由此可引起货物在空间上的流动，产生运输需求。

（三）运输需求的类型

根据研究运输需求的内容和目的的不同，可对运输需求进行如下分类。

1. 按运输对象的不同，可分为旅客运输需求和货物运输需求

旅客运输需求是一种派生需求，它是因为人们的出行需要所派生出来的，即人们的出行行为派生了旅客运输活动。

在现代社会，人们的社会活动频繁，活动的地域范围广阔，除了利用电话、互联网等手段商谈业务以外，在多数情况下，伴随着人们的出行活动。由于活动的地域广阔，除个别近距离者可以步行以外，通常都要利用各种运输工具作为代步工具，所以旅客运输活动派生于人类的出行活动。

现在，人们的旅行包括公务、商务、度假、医疗保健、求学、个人事务（探亲、访友）、宗教、体育等类型。其中，以旅游为目的的消遣性旅行者外出的季节性很强，因为除退休者外在职人员几乎都是利用带薪假期时间外出，旅游目的地的气候条件许多也有季节性，但他们对目的地和出行方式有较大的选择自由。公务、商务旅行者占有较大比例，没有季节性，对目的地没有选择自由，对旅行服务要求舒适和方便，对价格不敏感。个人事务旅行者在时间上往往没有自由度，如参加婚礼、开学典礼等，有的则有规律性，如探亲、访友多在传统节假日等。

货物运输需求也是派生需求，它是由社会经济活动这一本源需求引起的。因此，经济因素对货物运输需求的影响是不言而喻的。自然资源分布、生产力布局产生了运输需求；经济高速增长时期，必然产生较强的运输需求；不同国家或地区经济发展不平衡，导致运输需求不平衡；国民经济产业结构和产品结构不同，在运输需求的量与质上要求不同；同一国家或地区经济发展的不同时期，运输需求结构也有相应变化。例如，西方一些发达国家在工业化初期，采矿业、重工业、机械加工业对钢铁需求较大，导致铁矿石、煤炭等散装货物的运输需求急剧增加；到机械加工工业发展时期，原材料运输继续增长，但增长速度不如以前，而且运输需求开始多样化，对运输速度和运输质量方面的

要求有所提高；进入精加工工业时期，经济增长对原材料的依赖明显减少，由于大宗散货的运输需求增长速度放慢，使总体运输需求在数量上增长速度放慢，但运输需求越发多样化，技术密集型产品、高价值产品比重增大，对于运输质量方面的需求越来越高。

2. 按运输需求的范围不同，可分为个别运输需求和总体运输需求

个别运输需求是指在一定时期内，一定价格水平下，许多性质不同、品种不同、运输要求相异的具体需求；总体运输需求是由个别运输需求的总和构成的。个别运输需求是有差异的，但总体运输需求是无差别的，都是实现运输对象的空间位移。

3. 按运输需求产生的地域不同，可分为区域内运输需求、区域间运输需求和过境运输需求

运输需求的起点与终点在同一区域A，则为A区域内的运输需求；运输需求的起点在A区域而终点在B区域的，为A、B区域间的运输需求；运输需求的起点、终点均不在A区域，但运输对象利用了A区域内的运输线路完成其位移的，为A区域的过境运输需求。

4. 按运输方式不同

可分为铁路运输需求、公路运输需求、水路运输需求、航空运输需求和管道运输需求以及多种方式的联合运输需求。

（四）运输需求的特征

1. 派生性

在经济生活中，如果一种商品或者服务的需求是由另一种或几种商品或服务派生出来的，则称该商品或服务的需求为派生需求，引起派生需求的商品或服务需求为本源需求。运输需求是社会经济活动的需求派生出来的，因为货主或旅客提出位移要求的目的并不是位移本身，而是为实现生产或生活的目的，完成空间位移只是其为实现真正目的的一个必不可少的环节。所以，相对运输需求而言，社会经济活动是本源需求，运输需求是派生需求。

2. 规律性

运输需求起源于社会经济活动，而社会经济的发展及增长速度具有一定的规律性，因此，运输需求也具有规律性。通常经济繁荣带来运输需求的增长，经济萧条带来运输需求的下降。在国际运输中，由于运输需求是由世界经济和国际贸易派生出来的，其发展变化同世界经济和国际贸易密切相关，但因为国际贸易和国际运输的特点，往往世界经济活动的兴衰反映到国际运输需求上有一定的时间滞后。

3. 不平衡性

这种不平衡体现在时间、空间和方向上。时间上的不平衡主要起因于农业生产的季节性、贸易活动的淡季和旺季、节假日及旅游季节等。空间和方向上不平衡主要起因于自然资源分布、生产力布局、地区经济发展水平、运输网络布局等，如盛产煤炭的地方多为煤炭运输需求的起始地；具有了大型钢铁冶炼企业的地区通常是铁矿石运输需求的目的地等。

4. 个别需求的异质性

这种异质性指的是个别运输需求对运输质量管理和工艺要求不同，对运输方向和运输距离要求不同，对运输时间和运输速度要求不同，对运价水平要求不同等。如煤炭、石油、小汽车这些不同种类的货物对运输质量和运输工艺要求不同；鲜活易腐货物同一般货物在运输速度上要求不同；高价值货物和低价值货物能够承担的运价水平的能力不同等。

5. 部分可替代性

随着现代通信技术的发展，旅客流动的一部分可被替代；在工业生产方面，当原料产地和产品市场分离时，人们可以通过生产位置的确定在运送原料还是运送半成品或产品之间作出选择；某些地区间的煤炭运输可以被长距离特高压输电线路替代等。

二、影响运输需求的因素

在运输需求中，客运需求和货运需求分别有各自的影响因素。

（一）影响客运需求的主要因素

1. 人口数量及构成情况

客运需求的变化与人口数量成正比关系，人口数量的增加必然会带来客运需求的增加。城市的客运需求就要比农村高出许多，我国目前城市化进程的加快，必然会带来更大的旅客交通压力。同时，人口的年龄构成、性别构成、文化程度构成也会对客运的需求产生不同程度的影响。

2. 居民收入水平

运输需求的产生基础在于移动的需要，但必然要有居民支付能力的支持。以人均收入指标反映的居民生活水平的高低对于客运需求的影响很大。居民经济收入的提高，必然会带来更大的探亲访友、旅游观光及文化娱乐等方面的出行需求。

3. 工农业生产的发展

工农业生产的发展将会带来公务、商务出行的大量增加，由此带来客运需求的大量增加。近年来，随着我国经济的高速增长，地区之间、城乡之间、产销之间的联系日益频繁，人员来往不断增加，客运的需求增长相当迅猛，特别是因为农村运输条件的改善，在很大程度上也促进了农村经济的发展。

4. 人口的地区流动

近年来，在我国由于人口的地区流动所带来的运输压力日益增大。农民工进城打工形成的民工流，学生放假形成的学生流，"十一"、春节黄金周所形成的旅游观光流和探亲流，形成大量的人口跨地区流动，这种运输需求表现出了极强的时间特征和地域特征。

（二）影响货物运输需求的主要因素

1. 国民经济发展的规模和速度

经济规模的增长，意味着更多的运输需求，产生更多原材料的运输需求、更多生产环节内部的运输需求、更多流通环节的运输需求。经济增长的速度在很大程度上刺激着运输需求的增长速度。通常情况下，运输需求增长的速度要高于经济增长的速度。

2. 经济行业和部门结构

不同的部门、行业对于运输的需求是不同的，可以用产品的运输系数来描述不同产品的运输需求。

$$产品运输系数 = 某种产品的运输量 / 该产品的生产量$$

当产品运输系数高的行业和部门在国民经济中的比例增加时，即便此时经济总量没有增加，也会带来运输需求的增加。

3. 生产力布局

生产力布局决定着运输网络的布局，运输网络布局的合理性影响着货流的流向、流量和运输距离，不合理的运输网络布局会导致大量不必要的运输需求，从而增加生产的总成本。所以，在进行生产力布局的同时，合理运输网络布局必须予以考虑。

4. 运输行业的发展

交通运输业的重要目的是保证最大限度地满足国民经济发展对运输的需要。因此，交通运输作为一个独立的经济部门，在社会再生产过程中处于"先行"的战略地位。这一点早已是世界各国的共识。新的运输工具的出现，运输能力的增加，运输速度的提高与质量的改善，运输成本的下降，都会刺激运输需求的增加。

三、运输需求效用

（一）效用与运输产品效用

1. 效用

效用是指商品满足人的欲望的能力，或者讲，效用是指消费者在消费商品时所感受到的满足程度。一种商品对消费者是否具有效用，取决于消费者是否有消费这种商品的欲望，以及这种商品是否具有满足消费者的欲望的能力。效用这一概念与人的欲望是联系在一起的，它是消费者对商品满足自己的欲望的能力的一种主观心理评价。效用是对欲望的满足，效用和欲望一样是一种心理感觉。某种物品效用的大小没有客观标准，完全取决于消费者在消费该种物品时的主观感受。

2. 运输产品的效用

讨论运输产品的效用，实际上是在讨论为什么消费者要购买运输产品，以及运输产品能在多大程度上来满足消费者的需求。

一般情况下，消费者购买运输产品是为了在最后的目的地能得到某种利益。自然也有"爱驾车兜风者"和"旅行家"等原因来选择运输产品的，但毕竟是特例。大多数的客运需求是为了达到自己"运动"至某一地的愿望。货运的需求则是来自于经济的目的，显然客观上运输实现的是物品的使用价值与价值的统一，但消费者在选择的时候是不会考虑这一点的。货物运输的使用者会把运输当作生产中的一个环节，要花费一定的费用，并总是要使之尽可能地低，以期获得更大的收益。同时，不管是货运还是客运需求，大多有及时性、安全性、舒适性等共性的要求。

运输产品的效用具有下面几方面的特征。

（1）满足消费者"位移"的需要

这是各种运输方式的共同特征，也是运输最为重要的效用。但各种运输方式在满足消费者需要的时候又各自表现出自己的特征，铁路、公路、水运、航空和管道都可以由消费者根据各自的情况来选择，从而达到运输的最大效用。条件允许的前提下，大批量的原油运输最好使用水运或管道运输，若使用航空运输的话，恐怕没有人会觉得有这种必要。

（2）运输产品效用受到消费者收入水平的约束

人们在选择各种运输方式的时候，虽然目的都是一样，但优先考虑的要求却不尽相同。经济收入较低的消费者在选择的时候只要运输价格能够足够低就认为是很高的效用了，而经济收入较高的消费者就可能会对价格有所忽略，转而寻求运输的及时、舒适、服务质量等方面的满足。即便时间允许，如果让高收入人群在长途出行的时候选择铁路运输，恐怕就不会有多大效用，而对于低收入人群来讲，铁路的运输效用就是较高的了。

（3）运输产品的效用本身就是一种派生效用

这一特征来自于运输需求本身的派生性。从整个社会再生产的角度分类，所有产品可以划分为最终产品和中间产品两部分，最终产品是指用于最终消费的产品，而中间产品是指生产环节消费的产品，是生产最终产品的消费。运输消费几乎都源自人们对中间产品和最终产品消费需求的派生要求，极少有"为运输而运输"的情况，因此，运输产品的效用首先就是要保证其他产品效用的实现。无法想象，如果将一个产品以非常高的运输质量，运送到并不需要这个产品的消费者手中时，消费者会对这次运输感到满足，这样的运输自然也就谈不上什么效用了。因此，运输的效用就是要"在合适的时间，用合适的方式和合适的价格，将合适的货物，送到合适的地方"。

（二）运输产品消费者剩余

西方经济学者根据边际效用论认为，消费者根据边际效用的大小，对不同效用的商品支付不同的价格。效用大的商品，消费者愿意支付较高的价格；效用低的商品，消费者愿意支付较低的价格。同时，商品的效用比较高的时候，消费者愿意支付较高的价格，随着消费数量的增多，商品的效用降低的时候，消费者愿意支付的价格就会降低。但事实上商品的市场价格大多固定在某一价格水平上，并不会根据边际效用取价。这样在消费者愿意支付的价格和商品的实际销售价格之间就会存在一个差额，这个差额被称为消费者剩余。

这一理论很好地解释了为什么价格的降低通常情况下会带来需求量的增加。运输产品也具备普通产品的这种特性。我们应当利用边际效用递减规律和消费者剩余理论，研究消费者需求规律，有助于分析消费者收入水平、心理偏好及本企业条件，以正确制定运输价格、确定运输的质量和档次，做好运量的安排工作，实现社会和经济效益的最大化。

在实际应用中，这一理论有着重要的指导意义。运价的制定不能仅仅考虑运输的成本，还应顾及消费者剩余，以满足社会普遍的运输需求，这一点突出表现在公共运输领域（例如城市公交系统）的运价制定上。公共运输的消费者的收入水平较低，需求价格弹性较大，较高的运价水平会大大降低消费者剩余水平，会削弱消费者对公共运输系统的需求，转而去寻求其他价格更为低廉的运输方式（例如自行车），这就会给城市道路管理带来巨大的压力、但是，如果低价政策带来企业亏损，就应当由政府承担。还有一个比较有意思的例子，就是铁路客运票价的确定采用的是两部分定价法。对于基本的社会普遍服务的要求（仅仅是移动，由硬座席位承担），其消费者主要是较低收入人群，价格弹性较大，采用较低的定价；而较高收入人群的运输需求（不仅仅是移动，而更多考虑的是舒适、安全等，由卧席承担），就采取高水平的定价方式（通常是硬座席位的两倍）。另外，政府在确定指导性的基础运价时，也要考虑消费者剩余的情况，基础价格要定得适当，如果基础价格定得太高，消费者剩余减少；如果基础价格定得太低，运输产品的生产者就没有积极性。

（三）产品替代和运输产品替代

运输业的各种运输方式都具有替代性的特征。因为运输的这种替代性，任何一种运输方式价格的变化，都会引导社会资源通过市场方式调节运输需求在各种运输方式之间的分配，最终实现运输产业结构的合理化，促使了运输资源得到最优配置和充分利用。

影响各种运输方式之间替代程度的因素主要有。

1. 运输价格水平

某一运输方式的价格水平越高，被替代性就越强。可以这样来理解：价格很高的运输方式，其消费属于奢侈品消费，其需求价格弹性就大，这样，当运输价格上升时，其需求下降就很快，将使得该运输方式更容易被其他运输方式替代；而价格降低将会使消费者选择使用这种运输方式来替代其他类型的运输方式。

2. 运输对象

运输对象在某种程度上几乎决定了运输方式是否可以被替代。有些运输对象的性质使得这一类型的运输几乎是不可能被替代的。比如非港口地区的大量原油的运输绝大部分要通过管道运输来完成，而不可能被铁路运输或是公路运输来替代。从整个市场的情况来看，有着特种运输需求的运输对象所面对的运输方式基本上都是不可替代的。

3. 运输方式之间的关系

如果两种运输方式之间是竞争的关系，则这两种运输方式在一定运输范围内是有着较强的替代性的，一种方式价格的下降将导致另一种方式需求的下降。如果二者之间关系表现为互补关系，就像在联合运输中表现的那样，如铁路运输煤炭经过港口转由船舶进行下一阶段的运输，如果铁路运输的价格升高，除了将影响铁路运输的需求量，还将影响船舶运输的需求量，使船舶运输需求量减少，其他方式的联合运输同样存在类似的情况。这种联合运输使得各种运输方式之间失去替代性。

4. 消费者的偏好

消费者对于某一种运输方式的偏好，将会使得这一类型运输方式被其他运输方式替代的可能性大大削弱。

5. 消费者的收入水平

由于运输商品同一般商品一样，其被替代程度也要受到居民收入水平的制约，消费者收入水平越高，则其通常所选择的某种运输方式被替代的可能性就越小。

其他因素如地理环境、运输的时间要求、质量要求、市场环境等也对各种运输方式之间的替代起着一定程度上的影响。

（四）收入效应与替代效应

当一种商品的价格发生变化时，会对消费者产生两种影响：一是使消费者的实际收入水平发生变化。在这里，实际收入水平的变化被定义为效用水平的变化。二是使商品的相对价格发生变化，这两种变化都会改变消费者对该种商品的需求量。

例如，在消费者购买商品 1 和商品 2 两种商品的情况下，当商品 1 的价格下降时，一方面，对于消费者来说，虽然货币收入不变，但是现有的货币收入的购买力增强了，也就是说实际收入水平提高了。实际收入水平的提高，会使消费者改变对这两种商品的购买量，从而达到更高的效用水平，这就是收入效应。另外一方面，商品 1 价格的下降，使得商品 1 相对于价格不变的商品 2 来说，较以前便宜了。商品相对价格的这种变化，会使消费者增加对商品 1 的购买而减少对商品 2 的购买，这就是替代效应。显然，替代效应不考虑实际收入水平变动的影响，所以，替代效应不改变消费者的效用水平。当然，也可以同样地分析商品 1 的价格提高时的替代效应和收入效应，只是情况刚好相反罢了。

综上所述，一种商品价格变动所引起的该商品需求量变动的总效应可以被分解为替代效应和收入效应两个部分，即总效应＝替代效应＋收入效应。其中，由商品的价格变动所引起的实际收入水平变动，进而由实际收入水平变动所引起的商品需求量的变动，为收入效应；由商品的价格变动所引起的商品相对价格的变动，进而由商品的相对价格变动所引起的商品需求量的变动为替代效应。收入效应表示消费者的效用水平发生变化，替代效应则不改变消费者的效用水平。

同样，运输产品价格变化对运输需求变化的影响也可分解为收入效应与替代效应两部分。收入效应是指运输产品的价格变化会对消费者的实际收入水平产生影响。例如，企业现在有 3000t 矿石需要运输，如果运价为 1 元 /t（不考虑运距的影响），那么企业为这一批货物的运输需要支付 3000 元。现在运价下降为 0.5 元 /t，3000 元就可以运送更多的矿石,虽然货币总量并没有发生变化,但是这3000元货币购买运输产品的能力却增强了,也就是实际收入水平提高了;如果企业仍只有3000t矿石需要运输,那么就可能节余1500元用来购买其他商品。这就是所谓的收入效应。替代效应则是在实际收入不变时,一种运输方式价格的变化对其相对价格(相对于其他运输方式的价格)的影响,以及因此产生的需求量的变化。当一种运输方式的价格下降时,相对于其他运输方式而言,这一种运输方式变得比以前更便宜了;而对于这一运输方式来说,其他运输方式就相对变得昂贵了,尽管其他运输方式的实际价格并没有发生变化。这就会促使消费者用这一相对便宜的运输方式来替代那些变得相对昂贵的运输方式。例如,公路运输价格的降低,对消费者而言就更具有吸引力,从而使得消费者选择公路运输来替代那些相对显得昂贵的运输方式如铁路运输、水路运输等。因为较低的价格增强了该运输方式的相对吸引力,消费者将增加购买,这就是替代效应。

第二节 运输供给

一、运输供给概述

(一)供给

1. 供给的含义

供给是指生产者在某一特定时期内,在每一价格水平时愿意而且能够供应的商品量。供给也是供给欲望与供给能力的统一,供给能力中包括新生产的产品与过去的存货。供给是商品的供给,它取决于生产。

2. 影响供给的因素

影响供给的因素很多,有经济因素,也有非经济因素,概括起来主要有以下几种。

(1)生产者的目标

在经济学中,一般假设生产者的目标是利润最大化,即生产者供给多少取决于这些供给能否给他带来最大的利润。如果生产者的目标是产量最大或销售收入最大,或者如果生产者还有其他政治或社会道义目标,则供给就会不同。

(2)商品本身的价格

一般来说,价格上升供给增加,价格下降供给减少。

(3)其他商品的价格

在两种互补商品之间,一种商品的价格上升,对另一种商品的需求减少,从而这种商品的价格下降,供给减少;反之,一种商品的价格下降,对另一种商品的需求增加,从而这种商品的价格上升,供给增加。在两种替代商品之间,一种商品的价格上升,对另一种商品的需求增加,从而这种商品的价格上升,供给增加;反之,一种商品的价格下降,对另一种商品的需求减少,从而这种商品的价格下降,供给减少。此外,两种没有关系的商品,一种商品价格的变动也会影响另一种商品的供给。例如,同一个生产者既生产军用品又生产民用品,若军用品价格上升,生产者则会把资源用于生产更多的军用品,从而就减少了民用品的供给。

（4）生产技术的变动

在资源为既定的条件下,生产技术的提高会使资源得到更充分的利用,从而供给增加。

（5）生产要素的价格

生产要素的价格下降,会使产品的成本减少,从而在产品价格不变的情况下,增加利润,增加供给;反之,生产要素的价格上升,会使产品的成本增加,从而在产品价格不变的情况下,减少利润,减少供给。

（6）政府的政策

政府采用鼓励投资和生产的政策（例如减税）,可刺激生产增加供给;反之。政府采用限制投资和生产的政策（例如增税）,则会抑制生产减少供给。

（7）生产者对未来的预期

如果生产者对未来的经济持乐观态度,则会增加供给;反之,如果生产者对未来的经济持悲观态度,则会减少供给。

影响供给的因素要比影响需求的因素复杂得多,在不同的时期、不同的市场上,供给要受多种因素的综合影响。

（二）运输供给的概念

1. 运输供给的含义

运输供给是指在一定时期内、一定价格水平下,运输生产者愿意而且能够提供的运输服务的数量。运输供给必须具备两个条件,即运输生产者出售运输服务的愿望和生产运输服务的能力,缺少任一条件,都不可以形成有效的运输供给。

运输供给包含如下四个方面内容。

（1）运输供给量

通常用运输工具的运输能力来表示,说明能够承运的货物和旅客的数量与规模。

（2）运输方式

指水运、铁路、公路、航空和管道五种不同的运输方式。

（3）运输布局

指各种运输方式的基础设施在空间的分布与活动设备的合理配备及其发展变化的状况。

（4）运输经济管理体制

它是运输软件的供给,是指指导运输业发展所相应建立的运输所有制结构、运输企业制度、运输资源配置方式以及相应的宏观调节机构、政策和法规等。

运输供给是由现有的社会运输能力所确定的,或者说现有的运输能力是运输供给的基础因素。当现有的运输能力发生变化时，如运输基础设施建设增加、运输工具增加或减少时，运输供给就会发生改变。

2. 运输供给量的概念

运输供给的大小通常用运输供给量来描述。运输供给量是指在一定时间、空间和一定的条件下，运输生产者愿意而且能够提供的运输服务的数量。在这里，"一定的时间、空间"同运输需求量中时间、空间的含义是相同的；"一定的条件"指的是影响运输供给的诸多因素，如政府对运输业的政策、运输服务的价格及运输服务的成本等。

3. 供给与供给量的变化

运输供给是指在不同价格水平下运输生产者愿意且能够提供的运输服务，它表示的是供给量同运价之间的一种对应关系，一个特定的运输供给对应于一条供给曲线。而运输供给量则表示在一个确定的价格水平上，运输生产者提供的运输服务数量，它对应于供给曲线上一点。运输供给量的变动就是当非价格因素不变时，供给量随运价变化而沿供给曲线移动，每一运价水平对应一个相应的供给量；运输供给的变动是非价格因素变化时导致的供给曲线的位移，如果供给发生了变动，即使价格不变，运输供给量也会发生变化。

4. 影响运输供给和供给量的因素

影响运输需求的某些因素同样会影响运输供给和供给量，这主要体现在以下几个方面。

（1）经济因素

一个国家或地区的经济状况直接影响着运输供给的发展。国家或地区的经济实力越强大，越可能拿出更多的国民收入投入到运输基础设施建设与运输设备制造中去。

（2）政治因素

运输业是一个国家重要的基础产业，它不仅关系到一个国家经济的发展，政治的稳定，而且也关系到国防的巩固。各国政府一般都对运输业实行不同程度的干预，因此政治和军事因素也对运输供给产生重要的影响。运输政策是影响运输供给的重要政治因素，它是一个国家为发展运输业而制定的准则，是经济政策的组成部分。运输政策制定需要从经济、政治、军事以及国际社会等各个方面加以考虑，因而是国家利益的重要体现。特别是对运输业的重要领域，如国际航运业，各国政府或给以财政支持，或给以行政和法律保护，这些扶持和保护的政策措施无疑对运输供给能力的增加提供有力的支持。

（3）技术因素

科学技术是推动社会发展的第一生产力，也是推动运输业发展的第一生产力。新型运输工具的出现、运输工具性能的重大改进，无一不是科技进步的结果。科学技术对于提高运输生产效率、降低运输成本、提高运输服务质量、提高生产的组织管理水平起着重要作用。从运输工具的发展史上就可以看到科学技术在提高运输供给中的巨大作用、因此，科学技术的应用既提高了运输供给量，也提高运输供给能力。

（4）市场价格因素

市场价格因素的影响体现在运输服务价格、运输服务成本、运输的相关市场的价格等方面。运输产品价格是影响运输供给量的重要因素。在其他因素不变的情况下，运价同运输供给量呈同方向变化趋势。当价格降低之时，运输企业往往为了减少耗油而降低运输设备运行速度，不会增加成本到异地载货而宁愿等待，甚至于停航封运等，使得供给量减少；反之，运价升高时，运输企业不断挖潜，多装快跑，提高运力使用能力，使得运输供给量增加，运输价格是由运输成本所决定的，引起运输成本变动的因素很多，主要是生产要素价格和生产技术状况。生产要素价格上涨，必然导致运输成本的增加，使运输供给量减少；生产技术的进步则意味着运输能力的提高或运输成本的降低，其结果是能够在原运价水平下，增加运输供给量。运输的相关市场如运输工具的制造市场、运输工具的买卖市场等，其价格也将影响投放到运输市场上的供给能力。如买卖船市场的动态行情往往反映闲置吨位进出市场的趋势。

价格因素不仅是影响供给量的重要因素，还是影响供给的重要因素。由于市场价格的上升，也会刺激社会资源向运输领域转移，使得车、船产量增加，运输供给得以提高；反之，市场萧条，大量运输工具报废或解体，让运输供给减少。

（三）运输供给的特征

1. 运输设施的能力决定着运输供给能力

运输生产活动是通过运输工具使运输对象发生空间位置的变化，不生产新的物质产品。运输产品的生产和消费是同时进行的，它不能脱离生产过程而单独存在，所以，不能像一般工业一样，可以将产品储存起来，这就是运输产品的不可储存性。一般工业可以通过产品储备的形式适应市场供需变化，而运输产品的非储存性决定了运输业不能采取产品储备的形式，而只能采取运输能力储备的形式来适应运输市场变化。

运输业有着固定设备多、固定资产投资大、投资回收期长等特点，运输能力的设计多按运输高峰的需求设计，具有一定的超前量。运输能力的超前建设与运输能力的储备对运输市场来说，既可适应市场需求增长的机遇，也可能因市场供过于求而产生风险。因为运力储备越大，承担的风险越大，适应市场需求的能力也大；相反，运力储备小或没有储备，承担的风险小，但是适应市场需求的能力也小，这点在国际航运市场上尤其明显。

2. 运输供给的不平衡性

运输供给的不平衡主要表现在：①受运输市场运价和竞争状况影响，当运输市场繁荣时，刺激运力投入；当运输市场萧条时，迫使运力退出。②运输需求的季节性不平衡，导致运输供给出现高峰与低谷供给量的悬殊变化。这两方面都带来运输供给量在时间分布上的不平衡。③由于世界经济和贸易发展的不平衡性，运输供给在不同国家（地区）之间也呈现出一定的不平衡性。经济发达国家（地区）的运输供给量比较充分；而经济比较落后国家（地区）的运输供给量则相对滞后。运输供给的不平衡性在我国国内市场上表现得不很明显，而在国际运输市场上表现突出。供给与需求的平衡是暂时的、相对的，而不平衡却是绝对的、长期的。

3. 运输供给使用的不充分性

运输业是特殊产业部门，其生产与消费过程是同时进行的，运输服务的生产过程，既是运输对象发生位移的过程，亦是运输服务的消费过程。但是这并不意味着运输产品的生产必然能与运输产品的消费相结合，现实中生产与消费脱节的现象不可避免。如运输需求在运输时间上的规律性、在运输方向上的单向性、个别运输需求对运输工具的适应性等都会导致运力浪费；为实现供需时空结合，企业要经常付出空载行驶的代价，这种由于供给与需求之间在时空上的差异所造成的生产与消费的差异，使运输供给者必须承担运力损失、空载行驶等经济上的风险。所以，运输活动的经济效果取决于供需在时间与空间的正确结合上，这就要求运输企业掌握市场信息，做好生产组织，运用科学管理方法提高企业经营管理水平。

4. 运输供给的成本转移性

同运输生产的时空差异带来运力浪费情况相反的是，运输供给能够在较大范围内超额生产，并不带来成本的明显上升。这种情况在我国各种方式的旅客运输中较为普遍。运输企业可以在成本增加很少的情况下，在需求允许时，增加供给量（运输工具超载），但伴随而来的是运输条件的恶化，运输服务质量的下降，使得本该由运输企业承担的成本部分地转移到消费者身上。运输供给的成本转移还体现在由运输活动带来的空气、水、噪声等环境污染，能源和其他资源的过度消耗以及交通阻塞等成本消耗也部分地转移到运输业外部的成本中。

5. 运输供给的可替代性与不可替代性

在现代运输业中，铁路、公路、水运、航空、管道等多种运输供给方式同时存在，各种运输方式中的千千万万个运输供给者同时存在，并都有可能对同一运输对象进行空间位移。在这种情况下，运输需求者完全可能根据自己的意愿来选择任何一种运输方式中的任何一个运输供给者，这就是运输供给的可替代性。这种可替代性构成了运输业者之间的竞争。但这种可替代性又是有一定条件的，由于运输需求和运输供给有时空特定性的特点，各种运输方式的技术经济特征不同，发展水平不同，运输费用不同，运送速度不同，在运输总供给中的分工和地位不同，都决定了运输供给的可替代性会受到不同程度的限制。因此，运输供给的可替代性和不可替代性是同时存在的，运输市场的供给之间既存在竞争、垄断，也存在协作关系。

二、运输供给的结构

（一）水路运输

1. 水路运输的特点

（1）运输能力大、运输成本低、投资少

水运与其他运输方式比较，其优越性之一是量大、效率高，一般万吨轮的货运量可抵 4 列火车。无论内河船还是海船，水路运输工具的运载能力都很大，如我国长江干线上的大型顶推船队，其载货量已达 3 万 t，相当于 10 列火车，航道的通过能力也居各种运输方式之首，如长江下游的年通过能力可达 11 亿 t。

水运的港口费用很高，但其船舶运输费用很低。这主要是因为船舶的装载量大、燃料消耗量小。水路运输成本在各种运输方式中是最低的。对于煤炭、石油、矿石、木材、粮食、化肥、钢铁、盐、砂、集装箱等大宗运输，利用水运比铁路、公路、航空运输具有更大更多的优越性。世界上许多大城市都是在水边发展建设起来的。密西西比河和莱茵河两岸建成了工业走廊和成千上万个工厂，充分证明了在水边建设工厂、充分利用水运的经济合理性。我国长江沿岸建成的一批大型钢厂、电厂和化工厂、炼油厂等大型企业，可有效地利用天然水资源，既可降低工业原料和产品的运输成本，又促进了沿江两岸的工农业生产和经济贸易发展。

水路运输航道一般天然形成，不需要太多投资。海上运输航道一般不需要支付费用，内河疏浚的投资也较公路少得多。水路运输的投资主要集中在港口建设和船舶的购置上。

（2）技术速度和运送速度较低

水路运输无论在技术速度上还是在运送速度上都较公路运输和铁路运输低，这是由其运输阻力的特性决定的。船舶要提高航速，其燃料消耗成本都会大幅度上升。水路的运送速度仅为铁路的 1/3～1/2。因此不适合运输对时间效益要求高的货物。

（3）时间准确性和灵活性差

水路运输的持续性强，适合长距离的运输，是国际间货物运输的主要方式；但是易受气候条件影响，时间准确性较差。

水路运输基本上是两点间的运输，受航道限制，灵活性较差，不能实现"门到门"运输，且因其装载量大，必须有其他运输方式使其集散客货。

2. 水路运输的适用范围

水路运输是最经济的运输方式，对大宗原料性物资的运输有着明显优势。我国有丰富的水运资源可以利用，在综合运输体系中水路运输应成为主要运力。其适用范围主要有三点：①国际货物运输；②长途大宗货物的运输；③在综合体系中发挥骨干作用。

（二）铁路运输

1. 铁路运输的特点

（1）运输能力大

铁路输送能力和通过能力大。铁路运输的牵引动力和功率可达数千千瓦，牵引货物列车的重量多千吨以上。

（2）安全程度高

铁路运输采用了大量的先进技术用于行车控制，有效地防止了列车冲突事故和旅客伤亡事故，大大提高了铁路运输的安全性，其事故率远较公路运输低得多。

（3）运输的能耗少、成本低

铁路运输的能耗较航空和公路运输的能耗要低得多。铁路运输的成本在各种运输方式中也是较低的，仅高于水路运输，但只是公路运输成本的1/11，为民航运输成本的1/128。

（4）有较高的技术速度和运送速度

常规铁路列车的技术速度可达 80～100km/h，准高速列车可达 160～250km/h，高速铁路可达 300km/h 以上。但高速化运输会加大铁路运输的燃料消耗和运输成本。在长距离运输中，铁路的技术速度可以得到发挥，但是在短途运输中受其自身技术组织因素的影响，运送速度仅是公路运输的 1/5 左右。

（5）始发终到作业量大、时间长、灵活性差

铁路运输的装卸作业量和成本都较公路运输要高。此外，铁路还要进行编组作业，作业量大，时间长，对铁路运送速度影响较大。这一点在短途运输上的表现尤为突出，造成其短途运输无论是在成本上，还是在运送速度上都较公路运输差。

从技术上讲，铁路沿线的运输需求，铁路虽可满足，但过密的站点会大大降低铁路线路的通过能力和运送速度，所以铁路的站间距应适当扩大。并且铁路列车的运量较大，除少数有专用线的企业外，大多数货物和旅客必须有汽车为其集散客货。

此外，铁路运输还有投资大、建设周期长、计划性和准时性强的特点。在目前和今后相当长的时间内，铁路运输都将作为主要运力存在和发展。

（6）铁路在综合运输体系中起重要的作用

铁路是保证我国客运通畅的重要运输方式之一，是中长途旅客运输的主要力量。从宏观经济角度看，铁路建设投资对拉动经济增长具有重要的作用。发展铁路运输业可以增加对建材、钢铁、石油、电力、煤炭、机械设备制造及商业等国民经济重要产业的需求，从而带动这些行业加快发展。

从国民经济可持续发展角度看，铁路运输占有明显优势。铁路具有运量大、能耗低、污染小、安全性强、用地省等优点，被誉为"绿色交通工具"，是一种比较理想的运输方式。近几年来，各种交通运输方式发展迅速，竞争日趋激烈，铁路作为国民经济的重要基础设施，与其他运输方式一起，为经济发展、社会进步、提高人们生活质量作出了贡献。

2. 铁路运输的适用范围

从铁路运输适用的范围看，它主要应承担：①省中长距离的运输；②长距离大宗货物的运输，特别是长距离的货物运输；③在联合运输中发挥重要作用，在陆上联合运输中发挥骨干和纽带作用。

（三）公路运输

1. 公路运输的特点

（1）机动灵活，适应性强，可实现，"门到门"的运输

汽车对路面要求不高，克服障碍能力较强，可以深入广大的农村、山区，并在抢险救灾中被广泛应用。汽车对货运量的要求不高，可以为大批量货物运输服务，也可以满足零星货物运输的需要，既可以完成短途客货运输，也可承担部分零星的中长距离运输及其他运输方式不能到达情况下的长距离运输。

汽车由于其技术特性决定其可以很好地接近客货源，从而缩短在装卸作业时的搬运距离，减少装卸作业量，降低装卸费用。这在铁路运输、水路运输、航空运输上是做不到的。稠密的公路网和城市公路使汽车的机动灵活性得以充分发挥，可以使汽车无处不在。如果说管道运输、航空运输是"点"上的运输，铁路运输、水路运输是"线"上的运输的话，公路运输则可以称为"面"上的运输，其方便性是其他运输方式不可比拟的。

此外，公路运输的直达性好，运输过程不需要其他运输方式协助就可以实现。而铁路运输、水路运输、航空运输一旦要离开汽车为其集散客货就很难进行。

（2）有较高的运送速度

汽车的技术速度在各种运输工具中并不是最快的，它比飞机和火车都慢。但由于汽车可以实现门到门直达运输，因此公路运输的运送速度较铁路高，特别是200km以内的短途运输，其运送速度是铁路的5倍左右。

（3）初始投资少，资金周转快，易兴办，资金转移的自由度大

公路运输企业的固定资产主要是各种车辆、装卸机械和汽车用场站，而投资最大的公路工程往往由国家投资，具有公用设施的性质，运输企业只需要缴纳养路费和过路过桥费。因此，公路运输的初始投资小，并且其生产的协作性比其他运输方式都低，规模可小可大，小的一辆、几辆车，大的可拥有成百上千辆车。公路运输所用车辆设备的用途广泛，在不需用时转移的自由度大，因此从供给弹性来看，比其他运输方式都大。

（4）运输工具载运量小，持续性差

汽车的单位载运量较铁路列车、船舶小得多，所以在人力消耗和运输能力上远远小于铁路和水路运输。由于技术原因，汽车可持续行驶的里程也较铁路、水路运输短得多。

（5）运输成本较高

公路运输成本中燃料消耗、车辆折旧两项要远远高于铁路和水路运输，在长距离运输上不合理。

（6）安全性差，环境污染严重

公路运输的交通事故无论是数量上还是造成的损失总量上都较其他运输方式多。此

外，汽车的尾气、噪声对环境的污染也严重。各类运输工具中，对大气污染最严重的首推汽车排放的主要污染物一氧化碳、碳氢化合物、氮氧化合物和铅微粒，这些物质对人类和生物造成了严重危害。为了减少公害，各国先后颁布了法规对汽车排放污染物予以限制，我国也颁布了车辆废气排放标准。

2. 公路运输的适用范围

（1）公路运输是承担短途客、货运输任务的主要运力；

（2）公路运输为其他运输方式集散客货；

（3）鲜活、易腐货物的运输能充分发挥汽车机动灵活、运送速度快的优势；

（4）公路运输在综合运输体系中起补充和衔接的作用。

（四）航空运输

1. 航空运输的特点

（1）高速性

高速是航空运输的最大优势，喷气式飞机时速在900km左右。在长距离运输上，航空运输的速度优势发挥得最好。但如果运输距离较短，由于航空运输集散客货需要时间，对运送速度的影响较大，高速性就难以发挥，所以航空运输不适合短距离的运输任务。

（2）不受地形限制，可取最短路径

飞机在空中飞行，不受地面障碍的限制，可在两点之间直线运行，运输距离最短。在抢险救灾时，其他运输方式因线路破坏无法到达，航空运输却能将人员、物资送到，这是其他运输方式做不到的。

（3）客运的舒适性强

航空运输的舒适性首先表现为大大缩短旅客的在途时间。例如，从北京到乌鲁木齐乘火车最快要31h，而乘飞机只需3h。再有，喷气式飞机的飞行高度一般在1万m以上，不受低空气流的影响，飞行平稳、噪声小，加之机上的优质服务，客运的舒适性很高。

（4）运输成本较高

航空运输燃料消耗量大，运输成本在各种运输方式中是最高的，经济性是较差。

2. 航空运输的适用范围

航空运输主要适用于长距离、对时间性要求高的客货与贵重货物的运输以及抢险救灾物资的运输。

（五）管道运输

1. 管道运输的特点

（1）运输量大

根据管径大小，一条管道每年的运输量可达数百万吨至数千万吨，甚至超过1亿t。一条直径720mm的管道，年输送原油可达2000万t以上，相当于一条铁路的运量，易于全面实现自动化管理。

（2）占用土地少

管道埋于地下的部分占其总长度的95%，并且可埋入农作物种植所需深度以下，占地少，受地形、地貌限制小，宜选取短捷路径，缩短运输距离。

（3）能耗低，运输费用低

管道运输在大量运输时的运输成本与水路接近，燃料消耗量也比铁路低得多。例如，原油运输管道的单位能耗只相当于铁路的 $1/12 \sim 1/7$。

（4）污染小

管道运输无噪声污染，且管道的漏失量极小，基本上不产生废渣废液，不会对环境造成污染。

（5）安全性好

管道运输的货物中，危险品占有较大的比重。易燃的油料在管道中运输既可以减少挥发，又能保证运输安全性，很适合管道运输，管道安全密闭，基本上不受恶劣气候的影响，能够长期安全稳定运行。

（6）灵活性差

管道运输只能完成两点之间单一品种货物的单向运输，很难适应运量、货种的变化。设施转移的自由度很低，一旦停运，只能报废，不像其他运输方式还可移作他用。

2. 管道运输的适用范围

目前管道运输在交通运输体系中主要在原油、成品油、天然气及煤炭这几种特定货物的运输上有优势。

（六）多式联运

多式联运是指在两种及两种以上的运输方式间实行两程及两程以上的相互运输衔接，相互接力，联合实现货物或旅客的全程运输。

多式联运是多种运输工具、多道运输环节、多种运输方式衔接的组织方式。通常可以理解为铁路、公路、水路、航空等各运输环节联结起来的运输方式。联合运输是按照社会化大生产的客观要求组织运输的一种方法，用以谋求最佳经济效益，它对于充分发挥各种运输方式的优势，组织全程运输中各环节的协调配合，充分利用设备，加快车船周转，提高运输效率，加速港口、车站、库场货位周转，提高吞吐能力，缩短货物运达期限，加速资金周转，方便货主和旅客简化搬运和乘车、船、飞机手续，活跃城乡经济，促进国民经济发展，提高社会经济效益，都具有明显的实效。

多式联运的优点主要有。

第一，方便旅客和货主，实行一票到家，简化旅行与托运手续。

第二，减少旅客中转业务手续和货物运输中转搬运环节，缩短旅客或货物流转时间和全程运费支出，节约大量的人力、物力、财力，能取得较好的经济效果，而且效率高，加快运达速度。

第三，提高不同运输方式的协作配合，计划性强，使客源、货源相对稳定，提高参加联运企业运输工具的利用效率,资源利用率高。

第四,联运把一些地区的运输手段结合为新的综合运输能力,扩大运输组织面,从而为选择经济运输线路提供了新的条件,促进了合理运输。

我国地域辽阔,水、陆、空交通交错,运输方式多种多样,旅客或货物往往需要几次中转才能完成联合运输,因此实行联运是十分必要的。国际联运方面,工业发达国家极其重视组织多种运输方式的联运,在公路、铁路联运中已广泛采用"驮背"运输,即把汽车拖挂的挂车或带底盘车的集装箱直接装上铁路车辆,运至中转地点后,再用汽车拉走,这样可节省装卸和包装费用,减少货损,有利于开展"门到门"运输。许多国家的运输业为了提供多样化服务,满足货主需要,较为普遍地成立专业性货运公司,负责办理承、托和组织货源工作,既为货主提供劳务,又为运输业提供货源。

联合运输是现代运输发展的必然趋势,具有了强大的生命力和发展前途,已经得到越来越多的重视。

三、运输供需均衡

(一)运输市场供需均衡及其变动机制

运输市场的均衡是指市场上各种对立、变动着的力量,在相互冲突、调整、运行过程中,出现相对力量相当、供给与需求处于暂时平衡的状态。

从运输供给与运输需求两方面的对比关系考察市场状态及其变化规律的方法属于均衡分析。根据所考察的对象与前提,均衡分析可以分为局部均衡分析和一般均衡分析。局部均衡分析是假定在其他条件不变的情况下,分析某一货类或运输工具的供给与需求达到均衡的运动过程;一般均衡分析是假定在各货类和所有运输工具的总供给、总需求与运价相互影响的情况下,分析总供给与总需求同时达到均衡的运动过程。

供给与需求是决定运输市场行为的最基本的两种力量,它们之间平衡是相对的,不平衡是绝对的。但是,市场作为一种有机体,总是存在着自行调节机制——市场运行机制。由于市场机制的自行调节,使供给和需求形成某种规律性的运动,出现某种相对的均衡状态,即市场均衡。

1. 市场均衡的形成

首先分析在供给条件与需求条件没发生变化的情况之下,供需是如何实现并保持均衡的,即研究稳定的均衡机制。

所谓均衡,就是当运输需求和运输供给两种力量达到一致时,即处于均衡状态。运输的需求价格与供给价格相一致,这个价格称为均衡价格;运输需求量与供给量相一致,这个量称为均衡供求量。均衡价格一经确定,均衡供求量也相应确定。

2. 运输市场均衡变动机制

当某种均衡形成之后,随着时间的推移,各种力量对比发生变化(即供给与需求条件发生变化),这种均衡就要被打破,从而向新的均衡推进。从长期看,运输市场的供求发展就是处于旧的均衡被打破、新的均衡均被建立起来的动态过程中。均衡是暂时的、相对的，不均衡是永恒的、绝对的。

（二）运输市场运行机制

运输市场均衡的形成与变动过程是其基本的运行机制。通常，在供求条件不变的情况下，市场处于一定的稳定均衡状态。虽然不均衡是经常、大量出现的，但是通过运价与供求的相互冲突、调整等作用，能够不断地恢复与维持均衡。

当供求之间出现矛盾，比如供大于求时，势必导致运价的下跌，随着市场运价下跌，供给逐渐减少，需求逐渐增加；反之亦然。供给和需求变动到一定程度，即两者趋于一致时，运输市场会出现供求平衡状态。然而，由于市场盲目冲击力的存在，市场"不均衡—均衡—不均衡—均衡"的过程是反复进行的。在一定的供给和需求条件下，就必然能够形成和维持相对稳定的均衡，即稳定的均衡机制。

从长期来看，随着世界经济和国际贸易的发展，航运需求必然相应增长；科技进步、造船工业的发展也必然推动供给增加，供求条件发生变化，这就必定打破原有的均衡，引起新的供求冲突与矛盾。这一新的供求冲突与矛盾又会引起运价的波动，随着运价的变动，将会推动市场走向新的均衡。供给、需求和市场运价就是这样在相互影响、相互作用中，推动运输市场形成稳定均衡、维持均衡、均衡被打破、从而形成新的均衡，这样周而复始地运动着。这就是以运价为自动调节的市场机制的动态运行过程。

（三）供需均衡与短缺

运输市场供需均衡调整着运输系统内外部的关系，在完全自由竞争的市场经济中，在供求条件不变的情况下，市场处于一定的稳定均衡状态。虽然失去了均衡是经常的、大量出现的，但是通过运价与供需的相互冲突、调整等作用，能够不断地恢复和维持均衡。当种种因素变化导致需求与供给发生变化时，旧的均衡被打破，随着运价的波动，将会推动市场走向新的均衡。因此，从长期发展来看，市场均衡是暂时的、相对的，不均衡却是绝对的。在市场经济的运输市场上，供需均衡的变动过程时常会出现。但对于存在一定计划经济的运输市场来说，供需均衡的变动过程较少出现，因为政府对某些运输服务规定法定价格，这种价格或者高于或者低于均衡价格，从而不会出现因价格变动而带来的供需状态变化。尤其是在运输业发展滞后于经济发展的国家或地区，更多出现的则是运输的短缺。短缺作为需求与供给差异的一种表征，反映一定经济条件下生产不能满足需求的滞后现象，这种短缺的结果不仅表现为数量上的不足，也表现为质量上的下降。在我国运输市场中，这种短缺现象尤为突出。

短缺作为供给的约束，制约着经济的增长。运输短缺表明许多地区得不到足够的物资补给，自身的产品不能送到市场上去，从而使经济蒙受损失。在运输业内部，运输短缺还可引起运输需求在运输方式之间的替代或转移，这种需求的替代或转移将引起运输投入分配的变化，也会改变运输格局。

第三章 交通运输成本与价格

第一节 运输成本

一、运输成本概述

（一）运输成本的概念

运输成本是指运输企业在运输过程中所发生的各种消耗和费用，例如职工工资、燃料、电力、运输工具折旧、维修、管理费等，这些费用的总和构成了运输总成本。运输成本往往又以某种运输方式单位产品的营运支出来表示，称为单位运输成本。

运输成本是一个重要的综合性的质量指标，它能比较全面地反映运输企业生产技术和经营管理水平。运量的增减、劳动生产率的高低、技术设备的改善及其利用程度的好坏，以及材料、燃料和电力的消耗水平等，最终都会在运输成本上反映出来。因此，运输成本在运输企业生产和经营管理中具有重要作用。

①运输成本是运输企业维持简单再生产所需资金的主要保证。安排好各种维修、养护费用开支，对运输设备的运用与维修养护，完成运输任务与提高设备质量，保证运输安全等有重要作用。

②运输成本是反映运输过程消耗及其补偿的重要尺度。运输的成本说明运输企业生

产耗费的多少，只有当运输收入至少能弥补运输成本的情况下，运输企业才能收回在生产中所消耗的资金，保证再生产得以顺利进行，并进而取得利润，为扩大再生产创造条件。

③运输成本是制定和调整运价的重要依据。只有在运输成本的基础上加上适当的盈利，按照国家的运价政策，才能制定出大体上符合运输价值与价格政策的运价。

④运输成本是进行技术经济分析、评价经济效果和进行决策的重要依据，也是进行各种运输方式运量分配和合理调整生产力布局的重要因素。

⑤运输成本也是考核和改善企业经营管理水平的有力杠杆。

（二）运输成本的特点

由于运输业在生产和组织管理上有着不同于工业的特点，反映了在运输成本上也有区别于一般工业（主要是加工工业）产品成本的特点。

1. 从成本计算对象和计算单位看

一般工业企业成本是对原材料进行加工后完成的产品成本，它是分别按产品品种、类别或某批产品来计算的。就运输业而言，其产品是旅客和货物位移，运输成本的计算对象是旅客和货物的位移两大类产品，或把客货运输综合在一起的换算产品成本。至于运输成本的计算单位也不同于一般工业企业成本。虽然企业运送的是旅客和货物，但运输成本却不能只按运送的旅客人数和货物吨数计算，而是采用运输数量和运输距离的复合计量单位，即按旅客人千米、货物吨千米或换算吨千米计算。这是因为运输距离不同所消耗的费用也不同，只用旅客人数和货物吨数就不能反映运输生产量和消耗水平。

2. 从成本构成内容看

一般工业产品成本中构成产品实体的原材料消耗占较大比重，而运输业的产品不具有实物形态，运输成本中没有构成产品实体的原材料支出，所发生的材料费用主要用于运输设备的运用、保养和修理方面，相对来说所占比重不大。在运输成本中，占比重最大的支出是固定资产折旧费，约占全部成本的1/3，其次是燃料费和工资，这和工业产品成本构成显然是不同的。

3. 从成本计算类别看

工业企业要分别计算生产（制造）成本与全部成本（或称完全成本，即生产成本加期间费用之和），而运输产品不能脱离生产过程单独存在，其生产过程和消费过程是结合在一起的，边生产边消费。因此，运输成本没有生产成本和全部成本之分，也没有产品、半成品与产成品成本的区别，运输成本只计算其完全成本。但是，由于运输种类很多，运送条件各异，如旅客乘坐不同种类列车、客车或轮船，其运输成本是不相同的，而不同种类货物在不同运输距离上的运输成本也不相同，不同线路或道路和不同方向的运输成本也存在差别。因此，运输业虽然只有客、货运两大类产品，但细致划分的运输成本计算对象却是很复杂的。为此，除了有一般条件下定期成本计算以外，为了给解决某些具体经济问题提供成本数据，运输业还有具体条件之下非定期的成本计算。

4. 从成本与产品数量的关系看

工业生产过程中耗费的多少，与完成的产品数量直接相联系。而运输生产则有所不同，尽管它的生产成果是所完成的运量和周转量，其费用又体现在以吨（人）千米为计量单位的劳动消耗上（单位运输成本），但其生产耗费的多少，主要取决于车船（飞机）运行距离的长短，而不是取决于完成周转量的多少。而车船（飞机）运行中有空驶存在，完成的周转量与实际的运输消耗不完全是一回事；若有较大的空驶存在，虽然完成的周转量不多，但消耗却很大。

（三）运输成本的分类

在实际运输生产中发生的各项运输支出的具体项目是多种多样的，为了概括分析和掌握运输成本的构成情况，正确计算和分析运输成本，可从不同角度对各项运输支出进行分类。通过分类可以考察各类支出在运输成本中所占比重，分析其构成（或结构）。

1. 按费用要素分类

按费用要素不同，运输成本分为工资、材料、燃料、电力、折旧和其他。

工资指运输业运营人员、管理及服务人员的标准（计时）工资、基础工资、职务工资、附加工资、计件工资、加班工资、各种奖金、各种津贴及其他工资等。材料指运输生产过程和管理服务工作耗用的材料、配件、润滑油脂、工具、备品、劳保用品、清扫及照明材料等。燃料指供运输机械（火车、汽车、飞机和轮船）运营、生产、取暖和烧水用燃料（含固体、液体和气体燃料）。电力主要体现在铁路运输中，是指支付铁路发、配、变电厂及路外单位的电力机车牵引用电力和其他电力费。折旧指按规定提取的基本折旧费和修理提成费。其他指不属于以上各要素开支的费用，如福利费、集中费、差旅费、邮电费、租赁费、按照规定支付的客货运事故赔偿费和支付附属企业及其他单位的劳务费等。

以上要素是按支出的经济性质或经济内容划分的，这样划分可以了解各项要素费用所占的比重情况，分析运输成本构成变化，同时也便于计算国民收入。当然，随着生产的发展和管理制度的改革，各项费用要素的比重也会有所变化。

2. 按经济用途分类

运输企业设置成本科目和项目，首先是以按用途分类为基础的。例如，营运费用分别用于运输和装卸，就设置"运输支出""装卸支出"等分类账户；材料用于车船营运消耗或是用于装卸机械的保养和营运消耗，则列入相应的成本材料项目；而营运车辆各级保养所发生的工料费用以及车辆、装卸机械耗用的各种材料、液压油料等，则列入运输成本的保修项目。"其他业务支出"总分类账户下则设置"旅客服务""船舶出租""外轮理货""短途运输"等项目，也是根据用途分类设置的。

以上划分往往结合成本管理对核算的要求，和生产组织的有关部门相对应，便于实行成本管理责任制与加强定额管理。

3. 按支出与生产过程的关系分类

按支出与生产过程的关系，运输成本可以分为生产费用与管理费用（或称为基本费用和一般费用）。

生产费用是运输生产过程所发生的全部费用，它又分为基本生产费用和一般生产费用两种。前者指运输生产过程中运营、维修直接发生的费用，如办理客货运输业务费用、企业的车辆费用和船舶费用、运输机械设备维修费用等，以及燃料费、材料费、维修费等；后者是指为基本运输生产服务的辅助生产费用，如生产工具备品和劳动保护费等。管理费用则是指组织和管理运输生产而发生的各种费用，如管理及服务人员工资、办公费、差旅费等。

以上划分的目的是为了按不同用途分别掌握各类费用。一般来说，生产费用特别是基本生产费用占运输成本的比重较大。在节约支出的原则下，对基本生产费用要尽量予以保证，以利于生产。对管理费用则要严格控制和尽量压缩，促使企业不断提高经营管理水平。

4. 按支出与运量的关系分类

按支出与运量的关系，支出分为与运量有关的变动支出和与运量无关的固定支出，运输成本划分为变动成本和固定成本。

变动支出是指随客货运量的增减成比例变化的费用，例如各种客货运输服务费用、车船运营用燃料和电力费、车船维修费、轮胎费、港口费等。固定支出则是指在一定时期和一定运量范围内不随运量增减变化，相对保持稳定不变的费用，如房屋建筑物维修费、管理费、计时工资、船舶或车辆折旧等。但是，实际支出中还有介于变动支出和固定支出之间的费用，可称为半变动支出或半固定支出（或称为混合支出）。对这些支出要将其分解，以便分别列入变动成本和固定成本。

以上划分是为了分析运量和车船运营质量变化对运输成本的影响。这样划分是相对的和有条件的，因为从较长时期来看，几乎所有的支出都在不同程度上和运量的增长有关。因此，随着分析的时间范围不同，变动费用和固定费用所占比重也就有所不同。另外，随着运量的增长和技术设备的改变，这两种费用的比重也会有变化。

5. 按支出计入运输产品成本的方法分类

按支出计入运输产品成本的方法，运输成本分为直接费和间接费，也称直接列入支出和分配列入支出。

直接费是专为某种运输所发生的费用，如燃料、轮胎、港口费等，当分别计算不同运输产品成本时，可直接计入某项产品成本中。例如在分别计算旅客和货物运输成本时，客车维修费和货车维修费可直接计入旅客和货物运输成本。间接费则是完成两种或两种以上运输产品所共同发生的费用，当分别计算不同运输产品成本时，必须采取适当办法在各种产品之间进行分配，才能分别列入有关产品成本。例如管理费用、通信信号设备维修费、各项一般生产费等，在分别计算客货成本时，就要按适当比例进行分配。

以上划分是为了计算不同种类的运输成本。直接费和间接费的划分并不是绝对的，它和运输成本计算对象的粗细有关。此外，这种划分也和支出科目的设置有关，当支出科目尽量按不同运输产品分设时，直接费所占比重就大，否则所占比重就小。

运输成本的分类，实际工作中是按照运输支出科目进行划分的。支出科目是把同一业务或工作以及近似同类业务或工作发生的支出，或性质和用途相近的费用归纳在一起，分别进行记载，以便把内容繁多的支出进行系统整理和汇总，组成完整的运输支出信息系统。通过支出科目的设置，更进一步明确运输成本的开支范围，为运输成本管理提供最基本的数据，从而发挥多方面的功能。为适应运输支出分类的要求，对每个运输支出科目都是按上述费用要素进行计划和核算的，这样就可按要素汇总全部运输支出，在支出科目表中，分生产费和管理费，生产费中又分基本生产费与一般生产费，而基本生产费中又分各业务部门来设置各种科目。至于普通生产费与管理费科目则由各部门共同使用，分部门汇总。这样就可按用途分部门掌握全部运输支出。

（四）各种运输方式的运输成本的构成

各种运输方式的运输成本是根据每种运输方式在生产过程中所消耗的各种费用构成的。由于各种运输方式的特点不同，运输成本的组成项目不一定相同，各种费用在总成本中所占的比例也不一样，所以各种运输方式的成本构成也不一致。

铁路运输成本是综合机务、车辆、车站等直接从事运输生产的单位发生的各种费用来进行计算的，各项费用包括员工工资、材料、燃料、物料、电力、固定资产折旧和管理费用等。

水路运输成本分为三大类：水路运输固定设施成本、水路运输移动载运工具成本和水路运输运营成本。水路运输的固定设施成本包括了航道和港口起初的投资建设成本，航道和港口使用寿命内所需要的养护及维修等项使用成本，与投资相比，航道和港口的养护、维修及使用费用比较少。水路运输的运营成本包括船舶经营成本、设备折旧费、航次费用和货物费用。其中船舶经营成本和设备折旧费为固定成本，航次费用和货物费用为变动成本。船舶经营成本包括：船员工资、加班费、伙食费、社会保安费、旅游费、保险费、修理与维持费，船舶物料及杂项费用。航次费用是船舶在航次运行中所发生的费用，内容包括：燃料费、港口及运河费、货物费、客运费、垫舱材料费、事故损失及其他。

公路运输成本分为车辆费用和企业管理费两大类。车辆费用包括工资及福利费、燃料费、轮胎费、营运车辆保修费、大修理计提、折旧费等。

由于各种运输方式的技术经济特性不同，营运工作条件不同，各项费用在总费用中所占比重也各不相同。在铁道运输成本中，铁路线路的维修费包括在成本内，内河运输成本中则不包括航道的维护费。在铁路成本当中，工资的比重较大，这是因为铁路运输中除了有庞大的

运输组织工作人员外，还有线路维修、线路建筑物维修和机车车辆维修人员；水运则不计航道和航标工作人员，工资支出所占比重相对比铁路较小；公路运输只计司机及助手的工资，服务和管理人员的工资计入管理费用，工资在运输成本中的比重则较小。

二、各种运输方式成本比较

(一) 各种运输方式的特点及其对成本的影响

1. 铁路

铁路实行基层站段、铁路局、中国铁路总公司三级核算制度。在铁路运输中,铁路线路、桥梁、隧道、站场、货场、通信、信号、机车和车辆等固定运输设备较多,这方面消耗的支出也相应较多,因此在铁路运输成本中与运量无关的固定成本所占比重也较大。在变动成本不变的前提下,当运输密度增加时,铁路运输成本降低得多。运输密度大小对运输成本影响决定着不同运输方式的合理分工。铁路运输成本受运输密度影响较大,因而铁路适合承担客、货运较繁忙的中、长距离的旅客运输和大宗货物运输。

铁路运输可以采用内燃机车或电力机车牵引,采用不同的牵引动力或两种牵引方式所占比重不同,直接影响铁路平均运输成本的水平。另外,使用不同类型或载重量不同的车辆,对铁路运输成本也有一定的影响,如使用保温车或油罐车成本较高,而敞车成本则较低。

铁路运输的作业过程,同其他运输方式的作业过程一样,包括在始发地的发送作业、在途中的运行作业和到达目的地的到达作业。铁路运输在发到站有承运、装卸车、取送车、交付等作业,在运行过程中有会让、越行、中转解体、编组等较为复杂的作业,因此其始发、到达作业成本所占比重较低,而中转作业成本则相对较高,由于始发、到达作业成本与运距无关,因而运距越长,成本相应越低,运距变化对成本的影响同样决定着不同运输方式的合理分工。

铁路运输具有高度经常性,不分昼夜与季节,是连续不间断的运输,故其成本较低。当然,各铁路局、各条线路的成本也因所在地区的地形和气候条件影响而有所差异。

2. 公路

公路运输是我国最重要和最普遍的短途运输方式,尤其近年来,随着汽车工业的发展,无论客运量还是货运量均有大幅度上升,其平均运程也逐渐增加。

汽车运输企业一般归地方各级交通运输部门管理,运输活动比较分散。汽车运输企业类型相应较为复杂,从经营性质上看,除地方国有的运输企业外,还有相当数量的集体所有制、民营运输企业,以及大量机关、企事业单位的汽车参加社会运输,另外,粮食部门、商业外贸部门、石油部门、建筑部门以及一些大的厂矿企业都有自己的汽车运输公司。从经营的业务看,有专营旅客运输的,有专营货物运输的,同时也有兼营客、货运输的汽车运输企业。从运营范围来看,有专门的城市汽车运输企业,也有在一定区域内城市之间经营客、货运输业务企业。这些企业规模大小悬殊,在生产和管理组织上各具特点。在成本核算上,一些小型企业由公司一级核算,一般的汽车运输企业实行车队和公司二级核算,有些大型企业则实行车队、车场和公司三级核算。由于汽车运输行驶的公路是由各部门、各企事业单位和个人共同使用的,所以它不归汽车运输企业管理和维修,而由单设的公路管理部门管理。此外,大中型汽车运输企业都设有装卸和汽车修理等辅助生产部门，其成本是单独核算的。

汽车运输需要消耗大量燃料，所以燃料费在汽车运输的成本中所占比重较大，若降低了汽车的燃料消耗，则汽车运输成本也会随之下降。当然，汽车使用汽油、柴油或新能源，其成本有较大差别。另外，采用不同车型或载重量的汽车进行运输，其成本也不同。

由于汽车载重量较小，发到作业所需时间不多，故始发、到达作业成本比重很小。因此，运距长短对汽车运输的成本影响不太大，短途运输成为公路运输最明显的优势。

汽车运输受地形和路况条件限制较大，同时也受气候的影响，其经常性比铁路要差。这也是影响公路汽车运输成本的因素之一。

3. 水运

水运包括河运和海运。水运是利用天然水域运输的，其固定成本所占比重比之铁路小，而较之公路大，主要包括航道、港口、船舶费用等。

水运企业从经济性质上看，有国有、集体、民营之分；从管理体制上看，一般海运企业和港口企业是分开的，内河港埠有的属于内河运输企业，有的也分开。因此，水运成本区分为船舶运输成本和港口业务成本，其中港口业务成本主要是装卸成本。水运企业中，由于航行区域不同，航行条件各异，故内河、沿海及远洋运输企业分别设立，其成本也分别核算。此外，交通运输部直属水运企业和各级地方所属水运企业分别管理，其成本也分别核算。由于水运航道是利用河流、湖泊或海洋，在航道上有不同部门和企事业单位的船舶航行，包括军用船舶在内；有些内河与湖泊又与水利、发电等工程结合在一起，因此，内河航道和海上灯塔、港口设施也是专设机构管理，其设备维修等费用不直接计入水运成本中，而是由运输企业支付一定的养河费和港口费列入成本。

水运船舶可采用蒸汽或内燃做动力，采用不同的动力装置，水运成本也不同。另外，出于水运航道条件的复杂性等原因，让各种船舶载重量大小相差悬殊，一般载重量大的比载重量小的船舶成本低。

由于水运船舶载重量比其他运输工具大，而且港口装卸条件比较复杂，而船舶在运行过程中的途中作业较少，可以不间断地连续航行，故水运的始发、到达作业成本所占比重较之其他运输方式是最大的。因此，距离越长，水运成本降低越多，越能显示出水运的优越性。海运和河运的成本是不同的，海运因船舶载重量大，港口停泊费用高，更适宜于远距离运输。目前，海运成本在各种运输方式的成本中是最低的。

水运受自然形成的河流、海域影响较大，无法形成全国性的水运网，其经常性较差。有些地区的内河航道和港口受水位的季节变化与气候影响较大，有一定的通航限制，这些都直接影响到其成本的高低。

4. 民航

我国民用航空业务包括客货运输飞行和专业飞行（如航空农业、飞机播种造林、探矿、海上服务等）两大类。航空运输有其最突出的运营优点，就是不完全受天然和地理条件限制，可以跨越各种天然障碍。在航空运输中，所需机场、飞机、地勤设备等固定设备不多，但其造价极高，所以其固定成本所占比重较大。运距越远，越可体现航空运输的优越性。航空运输能量消耗很大，故燃料费在其成本中占较大比重。在航空运输作业成本中，中转作业成本所占比重较小，而始发、到达作业成本则相对较大。

采用不同的机型，航空运输的成本有所不同，即便是同种机型，因载重量不同，其成本大小仍然有别；不同的航线，其成本也是不同的；另外，各种专业飞行项目的航空运输成本是有差异的。航空运输易受到气候影响，他的经常性较差，这也是影响其成本的因素之一。

航空运输载重量小，成本高，但速度快，故而适宜发展边远地区、高档外贸和急需物资的运输。

5. 管道

管道运输目前已成为陆上石油、天然气运输的主要方式。在管道运输成本中，固定设备费用占比重很大，而这些费用和管道输送量关系不大，只有当达到一定输送量时，利用管道运输才是经济的。管道运输始发、到达作业成本所占比重很小，故输油距离和输油成本的关系不大。

管道运输占地少，运量大，安全可靠，可不间断输送，成本低。因此，在成品油集中的流向上，要尽快发展成品油管道运输，同时积极慎重地发展输煤管道运输。

（二）各种运输方式成本的比较

1. 各种运输方式的平均成本水平

各种运输方式的平均成本水平是不同的。各种运输方式的平均成本相比较，以水运企业中海运单位成本为最低，与之相反，民航运输企业的平均成本远远高于其他运输方式的平均成本。同时可以看到，陆路运输中，铁路仍占有较大优势，无论客、货运成本，都较之公路低，尤其货运成本，公路比铁路要高不少。至于管道运输平均成本，与铁路货运平均成本相比稍低，而比铁路用罐车运送石油的成本要低得多。

各种运输方式的成本水平不同，是受多方面因素影响的，其中最主要的因素之一就是该运输方式的成本中各项费用的构成，即成本结构，因此，需要进一步分析各种运输方式的成本结构特点。

2. 各种运输方式的成本结构

成本结构（或构成）一般用各项费用要素在成本中所占比重表示，各种运输方式所消耗的劳动力、燃料、材料、动力以及购置的固定资产各异，进而形成了不同的成本结构。

（1）铁路

在铁路运输成本中，折旧所占比重最大，将近达到40%，因为铁路占用固定资产较多，其中线路设备就占全路运输固定资产价值的一半以上。其次工资也占较大比重，这是因为铁路消耗人力较多。再次是燃料费，主要是内燃机车用油。相对来讲，材料、电力、其他所占比重较小。当然，随着生产技术发展和经营管理的改善，各项要素费用所占比重也将会有所变化。

(2)公路

按交通运输部的统计口径,公路运输成本是由以下10项费用构成:

①工资:按规定向企业职工支付的工资;

②职工福利费:按工资总额提取的用于职工福利的费用;

③燃料:营运车辆消耗的各种燃油的支出;

④轮胎:营运车辆运行耗用的外胎、内胎、垫带费用以及轮胎翻修费和零星修补费;

⑤修理:用于车辆各项修理的费用支出;

⑥折旧:营运车辆按规定提取的折旧费;

⑦运输管理费:运输企业向运管部门缴纳的管理费用;

⑧税金:企业按国家税法规定的税种、税率向国家缴纳的款项;

⑨行车事故费:用于支付行车肇事的损失费用;

⑩其他:不属于上述内容的成本支出都归于此类。

(3)水运

水运包括海运和河运。海运成本结构按成本项目划分为航次运行费用、船舶固定费用、集装箱固定费用、船舶租费和船队费用。航次运行费用、船舶固定费用、船舶租费共同构成船舶费用。河运成本结构按成本项目划分成船舶航行费用、船舶固定费用、船舶维护费用和港埠费用四部分。船舶航行费用和船舶固定费用共同构成船舶费用。在水运成本中,船舶费用占有相当大的比重,其他费用则相对较小。而且在船舶费用中,燃料费、折旧费、修理费所占比重较大。

(4)民航

民航运输企业的成本按费用要素划分为工资、航空油料消耗、折旧费、飞机保险费、维修费和其他费用等。其中航空油料消耗、折旧费所占比重较大,这与航空运输的特点是密切相关的。另外,维修费和其他费用也占一部分,但是比重不大。

(5)管道

在管道运输的成本中,折旧费用所占比重最大,达到全部成本的一半以上。其次,电力和燃料消耗也占一定比重。其余部分工资、材料等费用所占比重不大。

三、运输成本分析

(一)运输生产与生产要素

运输生产是指对各种生产要素进行组合以生产出运输产品的行为。由于在生产中需要投入各种生产要素并生产出产品,所以,运输生产也就是把运输要素的投入变为产出的过程。

生产要素是指生产中所使用的各种资源,在经济学当中,生产要素一般包括劳动、资本、技术、土地与企业家才能。劳动是指人类在生产过程中耗费的体力和智力的总和。土地不仅包括土地本身,还包括一切自然资源,如森林、矿藏、江河湖海等。资本可以是实物形态的资本,也可以是货币形态的资本。企业家才能指企业家组织建立和经营管理企业的能力。通过对生产要素的运用,生产企业可提供实物产品,也可以提供无形产品,如各种服务。运输企业所提供的产品便是无形的服务。

(二) 短期与长期的概念

短期指在此期间运输企业来不及调整全部生产要素的数量,或至少一种生产要素的数量在此期间内无法改变,如运输设备、场站。相应的,可以将短期中的生产要素分为不变要素与可变要素。那些在短期中投入数量无法改变的要素就是不变要素,投入数量可以改变的要素就是可变要素。例如,短期内运输企业的场站、运输工具设备是无法改变的,称为不变要素;而劳动力、材料和燃料则是可以变化的,称为可变要素。

长期则指此期间内所有生产要素的投入量都可以变动的时期。在长期中所有的要素投入量都是可以变化的,因而没有不变要素与可变要素之分。例如,企业不仅可以在长期中建设新场站、购置新的运输工具,甚至可以出售运输工具,决定完全停产,退出该行业。

从长短期的定义可以知道,短期与长期的划分标准是有无要素投入量发生变化,而非具体时间的长短。一定时期内生产要素变动的难易与企业所属行业的性质紧密相关,因而短期或长期的时间跨度普通取决于企业所属的行业

在短期,因为不变要素(场站、设备等)无法变动,运输企业只能通过增加可变要素(工人、材料等)的投入来扩大运输量。而在长期,由于所有要素都能变动,企业就可以扩建场站、增添设备、增加运输工具、扩大生产能力,以更经济有效地增加运输供给,而提高运输量。

第二节 运输价格

一、运输价格概述

(一) 运输价格的含义

所谓运输价格,是指运输企业对特定货物或旅客所提供的运输劳务的价格。

运输价格能有效地促进运输产业结构的优化配置。运输产业结构主要包括运输工具和其他与之相关的基础设施,如港口、码头、机场、车站及航道、道路设施等。无论是国家对运输产业结构进行统一规划还是运输企业对其自行调整,运输价格的高低将会在其中起至关重要的作用。运输企业对此尤为敏感。如果市场上运输价格上扬,运输企业认为有利可图,就会增加运输能力的投入;反之,则会减少运输能力的投入,甚至退出运输市场。运输产业结构通过运输价格进行调整,他的结果将有利于促进各种运输方式

之间的合理分工。

运输价格能有效地调节各种运输方式的运输需求，它是基于总体运输能力基本不变的情况下，因运输价格的变动导致运输需求的改变。但货物运输需求在性质上属于"派生需求"，运输总需求的大小，普通决定于社会经济活动的总水平，运输价格的高低对其产生的影响极其有限。但有时运输价格的变动对某一运输方式的需求调节却是十分明显的。

运输价格在国民经济各部门收入分配中起重要影响作用，它是运输企业借以计算和取得运输收入的根本依据。因此，运输价格的高低，直接关系到运输企业的收入水平。另一方面，货物运输价格又是商品销售价格中的有机组成部分，它的高低也会影响其他物质生产部门的收入水平。因此，运输价格的调节作用，可促使其他生产部门将生产要素投入到效益好的领域，从而达到资源的优化配置。

（二）运输价格的特点

1. 运输价格是一种劳务价格

运输企业为社会提供的效用不是实物形态的产品，而是通过运输工具实现货物或旅客在空间位置的移动。在运输生产过程中，运输企业为货物或旅客提供了运输劳务，运输价格就是运输劳务产品价格。

劳务产品与有形商品最大的区别是：它是无形的，既不能储存也不能调拨，只能满足一时一地发生的某种服务需求。运输企业产品的生产过程亦是其产品的消费过程。因此，运输价格就是一种销售价格。换言之，运输价格只有销售价格一种表现形式，而不像其他有形商品可有出厂价、批发价、零售价之分。同时，因为运输产品的不可储存性，当运输需求发生变化时，只能靠调整运输能力来达到运输供求的平衡。而在现实中，运输能力的调整一般具有滞后性，故运输价格因供求关系而产生波动的程度往往比一般有形商品大。

2. 货物运输价格是商品销售价格的组成部分

社会的生产过程不仅表现为劳动对象形态的改变，也包括劳动对象的空间转移，这样才能使物质产品从生产领域最终进入到消费领域。在很大程度上，商品的生产地在空间上是与消费者相隔离的，这就必须要经过运输才能满足消费者对商品的实际需要。在此过程中又必须通过价格作为媒介来实现商品的交换。这样，货物运价就成了商品销售价格的重要组成部分。

3. 运输价格具有比较复杂的比价关系

货物或旅客运输有时可采用不同运输方式或运输工具加以实现，最终达到的效果也各不相同，具体表现为所运货物的种类、旅客舱位等级、运载数量大小、距离、方向、时间、速度等都会有所差别，而这些差别均会影响到运输成本和供求关系，在价格上必然会有相应的反应。

4. 运输价格受政府管制政策限制

由于交通运输产业所提供的服务的必要性和产业具有一定的自然垄断性，因此受政府的宏观控制强，企业的经营自主权受到一定限制。在我国，从运输的价格来看，铁路的基本运价是由政府决定的，其余大部分交通运输部门的运价也必须得到政府的认可，运输价格受政府管制政策影响较大。

（三）运输价格的职能

1. 资源分配职能

在市场中，消费者根据价格决定各种商品和服务的消费量，因此，各种商品和服务的供给量也间接地由价格决定，各生产设施的利用程度也取决于价格。所以价格具有决定把社会能够利用的稀缺资源分配给什么产品、分配给多少，由哪个生产者或哪个生产设施生产，为了那部分消费者而生产等资源分配职能。价格的这个职能，不仅对现有生产设施下的短期资源分配起作用，而且也波及长期资源分配，高价格、高利润的部门吸引投资，从而使得对现有消费或其他部门（设施）所投入的资源减少。

运输价格具有对运输业与其他行业之间和运输业内部各运输方式之间的资源分配的调节功能，运价不仅在一定程度上决定了运输部门和各个交通设施的投资量和现有设施的利用程度，而且还决定了各设施的利用者及其利用量。

2. 分配收入的职能

通过价格，生产者要补偿生产中所付出的成本。当价格低于成本时，生产者就会发生亏损，这个亏损如果由其他产品销售的利益或政府补助补偿的话，就意味着其他产品的消费者以及一般纳税者实质上与该产品的消费者重新分配收入。

3. 刺激经济效益

刺激经济效益是指通过运价刺激每个运输企业改进技术，降低成本，提高劳动生产率的职能。价格反映平均的社会劳动量，而不管个别企业的实际劳动耗费的高低。因此，无论供求是否平衡，在正常情况下，对同类货物的运输，只能有一个价格或基准价格，每个运输企业必然要接受这把统一的社会尺子加以衡量与检验。如果企业的运输效率低，收入就会少，获取的利润就少。因此，运价刺激每个运输企业努力降低成本、增加收入，尽力使自己的个别成本低于社会成本，进而获取较高的利润，因此价格是促使企业提高经济效益的重要手段。

4. 调节供求关系

运价的调节职能即平衡运输供求的职能。价格的调节职能对运输生产者来说，表现为：供过于求而迫使价格下降，运输生产者无法通过运价的收入得到正常的利润，就可能被迫缩小生产规模，或转而从事别的产品的生产；如果供不应求而使价格上升，将使生产者增加生产，或使新的企业投入运输行业，使得总供给与价格按同一方向变动。运价所反映的不平衡的供求关系及价格对价值的背离，会使运输生产得到调节，资金在各运输方式或部门之间发生转移。

价格的调节职能对运输需求者来说，表现为：在一定的收入条件下，由于运价的变动，消费者会不断地对运输需求的结构作出新的调整与选择，在某种运输方式的运价提高时，一般来说，需求者对该种方式的需求必然减少，在运价降低之时，则需求必然上升。总之，对运输的需求一般是按与运价相反的方向变动的。当然，在供不应求的情况下，即当总的运输能力不足时，即使提高运价，也不一定导致运输需求减少到运输能力以下。在这种情况下，必须增加运力，才能满足对运输的需求。

在现实的经济社会中，由于运价与各类商品价格有着十分密切的关系，它的变化对整个国民经济的影响很大，因此，几乎所有的国家的运输价格都受政府不同程度的控制，以保持运价的稳定性和统一性。也就是说，运价的基本职能在实际上并不能完全地得到发挥。

在市场经济下，为尽可能充分发挥运输价格的职能，可以采取的做法是：运输生产者如果通过市场竞争，了解到运输市场现已供过于求，或者供不应求，那么就应通过价格的手段去平衡，努力使供需关系趋于和谐，实现价格调节供求的职能。因此，给企业一定的定价权是十分必要的。当然，实行浮动运价，包括浮动的幅度、浮动的时间等，都要得到有关部门批准。

二、运输价格的分类及其结构形式

（一）运输价格的分类

运输价格可按不同运输对象、不同运输方式及多种运输方式联合等划分为若干种类。

1. 按不同服务对象划分

运输业的服务对象主要有两类——货物和旅客，因此可分为货物运输价格和旅客运输价格两大类。

（1）货物运输价格

货物运输价格可按其适用范围、管理方式、货物种类及其批量大小等进行不同的划分。

①按货物运输价格的适用范围划分

具体可分为国内货物运输价格和国际货物运输价格两类，各种不同运输方式对此又有不同的规定。

②按对货物运输价格的管理方式划分

具体可分为国家定价、国家指导价与市场调节价等几种。目前我国对国有铁路货物运输、水路和公路运输中的救灾等货物、航空运输中的公布货物运输等均实行国家定价；交通运输部直属航运企业的计划内货物实行国家指导价；其他均实行市场调节价。

③按运输货物种类及其批量大小划分

第一，以货物不同种类划分，可分为普通货物运价、危险货物运价、冷藏货物运价、集装箱货物运价等。在普通货物运价中，一般又按照其不同的运输条件和货物本身价值高低等因素划分若干等级。

第二，以货物批量大小划分，一般将其区分为整批货物运价和零担货物运价两种，并规定后者价格高于前者。

（2）旅客运输价格

旅客运输价格可按其适用范围、管理方式以及旅客在途中占用的舱（座）位的不同而进行不同的划分。其中对适用范围和管理方式的划分与货物运价基本相同，这里不再赘述。铁路、航空运输因旅客舱（座）位等级不同，其运输价格也均有较大差异。

2. 按不同运输方式划分

按不同运输方式，可划分为水路、铁路、公路、航空和管道运输价格等。也可按运输对象不同，区别为货物运输价格和旅客运输价格。下面仅介绍不同运输方式的货物运价。

（1）水路货物运输价格

具体又可划分为国际海上货物运价与国内水路货物运价两大类。

第一，国际海上货物运价

①班轮运价（Liner Freight Rate）：指以班轮方式承运货物时规定的价格。它包括货物从装运港至目的港的海上运价及货物的装卸费率两部分。

②航次租船运价（Voyage Charter Freight Rate）：指船舶所有人与承租人在航次租船合同中约定的运输价格。由于租船市场基本上属于自由竞争的市场，因此，航次租船市场基本上是由运输的供求关系决定的，波动性较大。此外，其运价水平的高低还受运输货物的种类、数量的多少、船舶航行的区域和距离长短以及租船合同的其他条款如装卸时间的计算方法、装卸费的分担、运费支付的时间等因素的影响。

③油船运价（Tanker Freight Rate）：指油船所有人和承租人在航次租船合同中约定的运输价格。

第二，国内水路货物运价

我国国内水路货物运价按不同航区分别制定。具体划分为沿海航区、长江、黑龙江、珠江水系以及省（市）内河航区等。各个航区以不同货种、不同运输距离各自制定相应范围的货物运价。

①里程运价：又称航区运价，适用于同一航区各港口不同货种、不同运距货物的运价。

②航线运价：适用于两港口之间的直达货物运价。

③联运运价：适用于水陆联运、水水联运等货物运输的运价。

（2）铁路货物运输价格

我国铁路除少数线路外均实行全路统一货物运价，并按不同货种、不同运距分别制定。

①普通运价

这是运价的基本形式，它适用于整个铁路，是全国铁路统一执行的运价。

②特定运价

这是运价的一种辅助形式，以补充普通运价。根据运价政策，对按特殊运输条件办理，或在特定地区、线路运输的货物，规定特定运价，对提高服务水平或改善服务质量的列车（如全空调旅客列车、货物快运列车等）可实行与普通运价不同的特定运价。特定运价根据一定政策，比普通运价提高或降低一定数量，或者改用较低或较高的运价号，有时也可单独制定特定运价率。

③浮动运价

对于因季节不同，运量差异较大的线路，可根据不同情况，实行不同季节的浮动运价。实行浮动运价，运价水平可以根据普通运价上下浮动一定的百分比。

④分线运价

对于新建铁路线路、分线或电气化改造线路，可以实行新路新价。对于具有特殊意义的线路，如大秦线等，可以根据政策实行不同于统一运价的特殊运价。目前分线运价一般高于统一运价。

⑤地方铁路运价

有些铁路不属于中央铁路管理，具有较强的地方性，这些铁路一般实行与中央铁路不同的运价。

国外铁路运输企业所采用的运价形式与我国铁路有很多不同，比较突出的有以下两种。

第一，公开运价，这是铁路运输公司对外公开公布的运价，根据情况不同，公布的时间不同，如有的运输公司每周公布一次，公开运价定期调整，调整的依据是运输需求、通货膨胀等变化情况。

第二，合同运价，这是铁路与客户在公开运价的基础上，经过了协商制定双方均能接受的价格，所以合同运价又叫协议运价。与公开运价不同，合同运价是秘密运价。铁路公司为争取客户、对签订长期合同的客户以优惠价格相待，以保持稳定客户，争取运输市场。在美国、加拿大等国铁路，实行公开运价的部分约占15%～20%，实行合同运价的部分约占80%～85%。

在公开运价和合同运价中，由于运输部门提供的运输服务、运输条件、运输时间等因素不同，运价还有多种具体表现形式。总的来说，运价在这些国家铁路表现形式很多，也十分灵活。

（3）公路货物运输价格

我国公路货物运价由各省（市）行政区分别制定。具体按照不同货种、不同运输条件和不同运输距离分别制定。

①计程运价。按整车运输和零担运输分别计算，整车运输以吨千米、零担运输以公斤为单位计价。

②计时运价。以吨位小时为单位计价，适用特大型汽车或挂车以及计时包车运输的货物。

③长途运价。适用于长途运输的货物,实行递远递减的运价结构。

④短途运价。适用于短途运输的货物,按递近递增的原则采取里程分段或基本运价加吨次费的办法计算。

⑤公铁联运运价。公路、铁路联合运输的运价。

(4) 航空货物运输价格

我国航空货物运价先区分国际航线和国内航线,之后按不同航线并考虑货物种类和批量大小等因素分别制定。

(5) 管道货物运输价格

我国管道货物运价按不同管道运输线输送不同货种分别制定,目前输送的货种为石油类(原油和成品油)、压缩气体(天然气和燃化气体)、水浆(矿砂和煤粉)等。

(6) 货物联运运价

货物联运运价按货物联运起讫点不同,可分为国内货物联运和国际货物联运两大类。前者指起讫地点均在同一国境内的运输;后者为跨越国境的运输,据此,货物联运运价可相应划分为国内货物联运运价和国际货物联运运价两大类,分别适用了相应的运价规章或协议。

(二) 运输价格的结构形式

所谓运价的结构形式,是指按货物运输距离的差别制定的运价或按不同运输线路制定的运价。一般将前者称为距离运价或里程运价形式,后者称为线路运价或航线运价形式。

1. 距离运价

距离运价即按货物运输距离而制定的价格,目前主要有两种制定形式:均衡里程运价和递远递减运价。

(1) 均衡里程运价

均衡里程运价指对同一货种而言,货物运价率(即每吨货物运价)的增加与运输距离的增加成正比关系,亦即每吨千米运价不论其运输距离的长短均为一不变值。例如,交通运输部规定国际集装箱运输国内段的公路运价以每箱千米定价,就属于此类。

公路货物运价之所以采用均衡里程运价形式,主要是因为公路货物运输成本的变化与运输距离的变化有其内在的联系。亦即其运输成本的增加(或减少)与运输距离的增加(或减少)基本上成正比,因此,均衡里程运价能较好地反映运输成本的变化。

公路货物运输按其营运过程,成本由三部分组成:始发地作业成本、途中行驶成本和终止地作业成本。由于汽车的装载量一般都较小,故始发地、终止地作业成本占全部运输成本的比例很小,在长途运输中尤其如此。而在全部运输成本中占绝大部分的行驶成本,诸如燃料消耗、折旧费、人员工资、管理费用、保险费、税费等与运输时间的长短基本呈正比关系。而同一辆汽车的运输速度是基本固定的,这样,运输距离的长短与运输时间的多少亦基本呈正比关系。其结果,行驶成本的增减与运输距离的长短就有相同的正比关系,这为采用均衡里程运价提供了理论依据。当然,在实际制定运价时,考虑到短途运输中始发地、终止地作业成本的实际支出，另加一项"吨次费"作为公路货物运价的组成部分。但是就是这样，它在基本运价中所占的比重亦很小。因此可以认为，我国公路货物运价基本上采用均衡里程运价形式。

（2）递远递减运价

所谓递远递减，是针对每吨千米运价随运输距离增加而相应减少而言的。递远递减运价指对同一货种而言，货物运价率（即每吨货物运价）虽然随运输距离的增加而相应增加，但并不呈正比增加，致使每吨千米货物运价随运输距离的增加而逐渐降低。

递远递减运价被广泛使用于我国水路运输（包括沿海和内河）和铁路运输中。这是由于水路、铁路运输方式在营运中发生的成本与运输距离之间的变化关系与公路相比有较大的差别的缘故。

在公路运输中，因货物在始发地、终止地的作业成本占据全部运输成本的比重很小，故每吨千米运输成本基本上不随运输距离的变化而改变。而在水路和铁路运输中，由于运输工具的载重量比汽车大得多，故而在始发地、终止地发生的作业成本也较大。例如，同样在港（站）停留1h，船舶和火车发生的折旧费较汽车大得多。这样，在分析单位运输成本因运输距离发生变化时，这部分费用则不能忽略，在短途运输中尤其如此。由于无论在长距离或短距离运输中，若港（站）的作业条件一样，作为同一运输工具在始发地、终止地的作业成本没有改变，因此，随着运输距离的增加，每吨千米的停泊成本或停驶成本会随之下降，最终使每吨千米运输成本也随之下降。这就是通常所说的单位运输成本的"递远递减"。为使运价能适应运输成本随着运输距离的变化关系，故而在水路和铁路运输中采用递远递减运价。

2. 线路运价

线路运价指按运输线路或航线不同分别确定的货物运价。它被广泛使用于国际海运和航空货物运输中。

之所以采用距离运价的形式，主要是因为它能较好地适应运输成本随运输距离变化的规律。但也应该看到距离运价有其不足的一面。其一，单位运输成本的递远递减规律，应以运输条件相同或基本相同作为前提条件，亦即运输具有一定的区域性，否则距离运价便丧失制定基础。例如同一艘船舶，在运输条件较差的长江上游行驶200km的每吨千米成本，可能比在运输条件较好的长江下游行驶100km的每吨千米成本还要高，并不呈现"递远递减"规律。此时，若将整个长江作为一个航区统一实行距离运价，显然会严重脱离实际。其二，在市场经济条件下，货物运价的形成除运输成本外，还受运输供求关系、各种运输方式的竞争等多种因素的影响。所以，以运输成本为基础的距离运价有时在实际中无法实施。

由于国际海运和航空货物运输线路一般都较长，而每条线路的自然和运输条件千差万别，即使运输距离相同，其发生的运输成本也会有很大差异。例如北大西洋航线与太平洋航线的船舶运输显然不能相提并论。此外，各线路的运输供求关系、竞争状况以及社会、政治环境等各不相同，因此只有按不同线路（或航线）分别确定运价才更符合实际。

综上所述，从理论上看，无论何种运输方式，采用线路运价的形式比较符合运输价格的形成规律。但在实际操作中，由于港、站的密度大，加上货种复杂，为简化运价的制定和运费的计算，目前在我国水路、公路、铁路运输当中采用距离运价有其合理性。但对航区或运输区域的划分应予以改进和完善。

三、运输产品定价方法与定价策略

（一）运输产品定价方法

企业产品价格的高低要受市场需求、成本费用和竞争情况等因素的影响和制约。企业制定价格时理应全面考虑到这些因素。但是，在实际定价工作中往往只侧重某一个方面的因素。大体上，企业定价有三种导向，即成本导向、需求导向和竞争导向。

1. 成本导向定价

这是以运输成本为基础的定价方法。运输成本是运输价值的近似反映，以运输成本为基础定价，可以使运输企业在补偿运输成本之后仍有盈利。

（1）长期变动成本加成定价法

这种方法以长期变动成本为低限，以长期变动成本加上一定比例为高限来定价。西方国家铁路，如美国、加拿大等国铁路通常采用此种方法制定运价。

$$运价 = 长期变动成本 \times (1 + 加成率)$$

成本加成定价法具有计算简单、简便易行的特点，在正常情况下，按此方法定价可以使企业获取预期利润。同时，如果同行业中的所有企业都使用这种定价方法，他们的价格就会趋于一致，这样能避免价格竞争；但它忽视市场需求和竞争状况的影响，缺乏灵活性，难以适应市场竞争的变化形势。

（2）边际贡献定价法

边际贡献定价法是以变动成本为基础的一种定价方法。

$$运价 = 单位变动成本 + 边际贡献$$

其中，边际贡献指每增加一单位运量对企业所作的贡献，它等于每增加一单位运量所增加的营业收入（边际收益或单价）与单位变动成本（边际成本）之差。

这种定价方法说明价格实现的营业收入必须超过变动成本，即边际贡献必须大于零。超过的部分是对企业的贡献（边际贡献）。这一贡献首先用来补偿固定成本，补偿完全部固定成本以后的贡献才是企业的真正盈利。若这一边际贡献不能完全补偿固定成本，就会出现一定程度的亏损。

采用边际贡献方法进行定价的优点是定价灵活性较大，不受固定成本的限制，适用于竞争激烈的环境。当市场价格或买方出价低于企业产品的总成本而产品又无其他销路时，如果企业还坚持按单位总成本定价，产品就卖不出去；而在停产时，固定成本依旧支出，企业亏损更为严重。按照边际贡献定价，只要产品价格高于变动成本，就可获得一部分贡献来弥补企业的固定成本，这样，一方面减少企业的亏损，另一方面可维持企业生存，更为重要的是为企业重整旗鼓赢得了宝贵的时间。

（3）盈亏平衡定价法

所谓盈亏平衡，就是指企业生产某种产品所获得的销售收入恰好能够弥补其为生产和提供该产品所支付的全部成本，即总收入等于总成本。能够使盈亏平衡的运量称为盈亏平衡运量，而能使盈亏平衡的价格则称为盈亏平衡价格。

2. 需求导向定价法

这种方法是根据市场需求变化情况来确定运价水平。当市场需求增大时，可以适当提高运价水平；反之，当市场需求减少时，可以适当降低运价水平。需求导向定价法是较为灵活的定价方法，它可以使运输企业通过调整运价，及时地适应运输市场的发展变化。

（1）认知价值定价法

所谓认知价值定价法，就是企业根据购买者对产品的认知价值来制定价格的一种方法。认知价值定价与现代市场定位观念相一致。企业在为其目标市场开发新产品时，在质量、价格、服务等各方面都需要体现特定的市场定位观念，因此，首先要决定所提供的价值及价格；然后，企业要估计在此价格下所能销售的数量，再根据这一销售量决定所需要的产能、投资及单位成本；接着，管理人员还要计算在此价格和成本下能够获得满意的利润。如能获得的利润，则继续开发这一新产品；否则，就要放弃这一产品。

认知价值定价的关键，在于准确地计算产品所提供的全部市场认知价值。企业如果过高地估计认知价值，便会定出偏高的价格；若过低地估计认知价值，则会定出偏低的价格。所以需要进行市场调研，以便形成指导有效定价的市场认知价值。

（2）需求差异定价法

在消费者需求中存在着需求的个体差异性，这种需求个体差异性往往因为消费者所处的社会、经济、自然、地理、文化等环境的不同，表现为个体需求层次的不同。在同一层次的消费者中，也会因其经济、地理、文化素养、民族习俗等方面的差异，年龄、职业、性别的不同而呈现对同一产品或服务的不同需求。需求差异定价法就是针对人们的种种需求差异，对同一产品或服务因市场需求的时间、数量、地点、款式、消费水平及心理差异而制定不同的价格，以满足消费者个体需求的一种定价方法。这种定价方法所制定的价格通常与产品的成本无关，只和购买者的需求状况相联系。

3. 竞争导向定价法

有市场就有竞争，运输市场同样如此。运输企业在制定运价时，适应竞争的需要是要考虑的重要因素之一。随着运输市场的不断发育和完善，运价的竞争将会愈来愈明显，当然，这种竞争应当在政府的有效管制之下。

（1）随行就市定价法

随行就市定价法根据同行业企业的现行价格水平进行定价，是一种比较常见的定价方法。这是在产品成本测算比较困难，竞争对手不确定，以及企业希望得到一种公平的报酬和不愿打乱市场现有正常秩序的情况下，常采用的一种行之有效的方法。

采用这种方法时，既可以追随市场领先者进行定价，也可以针对市场的一般价格水平进行定价。采用哪种方法，应该根据企业产品的特征和产品的市场差异性而定。

（2）倾销定价法

倾销定价法是指一国企业为了进入或占领他国市场，排斥竞争对手，以低于国内市场的价格，甚至低于生产成本的价格向国外市场抛售商品而制定的价格。

采用这种定价法制定的价格，一般使用的时间比较短。一旦达到预期的目的，占领了他国市场后，企业就提高价格，以收回在倾销中的损失，并获得应得的利润或垄断利润，但是，采用这种方法制定的价格，易受反倾销法的限制和制裁，因而风险比较大。

利润陷阱定价法是一种以高价高利为诱饵设置陷阱，引诱竞争者进入圈套后，再以低价击退对手的一种独占市场的竞争定价法。采用这种方法的目标有两个：一是尽可能地多吸取市场的利润；二是设置陷阱诱使其他企业也投入该产品的竞争。企业采用该种定价方法要求具有较雄厚的实力和独特的技术优势，否则会在激烈的市场竞争中就难以与竞争对手抗衡，难以维持价格垄断的地位。

（3）投标定价法

采购机构（买方）一般在报刊上登广告或发出函件，说明拟采购商品的品种、规格、数量等具体要求，邀请供应商在规定的期限内投标。建筑工程承包、大型设备制造、政府大宗采购等通常采用这种办法。卖方竞争投标，密封或公开报价；买方按物美价廉的原则择优选取，到期当众开标，中标者与买方签约成交。

企业参加投标的目的是为了中标，所以它的报价应低于竞争对手的报价。一般来说，报价高、利润大，但中标机会小，如果投标失败则利润为零；反之，报价低，中标机会大，但利润低，其机会成本可能大于其他投资方向。因此，报价时既要考虑目标利润，又要考虑中标概率。最佳报价应是使预期利润达到最高水平的价格，这里的预期利润是指企业目标利润与中标概率的乘积。

（二）运输产品定价策略

定价策略是指在制定价格和调整价格的过程中，为达到企业的经营目标而采取的定价艺术和方法。

随着我国经济体制和企业体制的不断改革，运输价格的逐步放开和企业一定范围内定价自主权的落实，运输企业能够根据内外两方面因素的变化采取灵活的价格策略。例如，铁路客运列车实行优质优价、季节浮动，团体票、预售票、往返票价格优惠，铁路局对管内列车可自主定价等；铁路货运对空车方向顺路装车、大批量运输、与其他运输方式竞争以及其他特殊情况的货源实行运价下浮及杂费灵活浮动等，并对除基础运价、合理杂费、国家规定的建设基金以外的价外收费进行清理整顿，采取了对集装箱"五定班列"运输实行"一口价"、取消到达收费等措施，对于稳定和提高铁路的运输市场占有率起了较好的效果。

1. 运输新产品的定价策略

运输新产品是指运输企业提供新的运输服务项目或采用新的运输组织服务方式，如开辟新的运输线路，使用新的运输工具提供运输服务，采用新的分销渠道与支付方式等。新产品能否在市场上站住脚，并给企业带来预期收益，运价起着重要作用。

（1）撇脂定价策略

这是一种高价策略，就是在新的运输方式或项目开拓时期，运价定得很高，以便在较短的时间就获得最大利润。适用这种定价策略的新产品，一般在投入市场时竞争较小。企业利用消费者求新求奇的心理，以高价厚利迅速实现预期利润，同时使产品提高威望、抬高身价，为以后广泛占领市场打下基础。一旦竞争加剧，可采取降价策略，限制竞争者加入，稳定市场占有率。缺点是在新产品尚未在用户心目中建立声誉时，高价不利于打开市场，而如果市场销路旺盛则很容易引起竞争者加入，竞争者加入太多必然造成价格下降，使经营好景不长。

（2）渗透定价策略

这是一种低价策略，即在新产品投入市场时价格定得较低，使用户很容易接受，以利于快速打开市场。采用这种定价策略的产品，其特点是潜在市场很大，企业生产能力较大，同时竞争者容易加入。这种定价策略适用于以下几种情况。

①某种运输服务的需求弹性大，低价可以促进销售；

②营销费用、运输成本与运输量关系较大，即运输量越大，单位运输量和成本费用越低；

③潜在市场大，竞争者容易进入，采用渗透价格利润微薄，别的企业不愿参加竞争，有利于扩大市场占有率；

④运输不发达、购买力弱的地区，采用了渗透价格有利于逐步培育市场。

（3）满意定价策略

这是一种中间的价格政策，容易使运输企业与货主或旅客双方面都满意，故而得名。这种定价策略既可避免高价策略因高价而带来的市场风险，又可使企业避免因价低而带来的产品进入市场初期收入低微、投资回收期长等经营困难。采用这种策略时，企业将行业或社会平均利润率作为确定企业目标利润的主要参考标准，比照市场价格定价，避免不必要的价格竞争，通过其他促销手段扩大销售，推广了新产品。

2. 心理定价策略

这是运用心理学原理，根据不同类型的用户在购买运输服务时的不同消费心理来制定价格以诱导用户增加购买的定价策略，其主要策略有：

（1）分级定价策略

分级定价策略即在定价时把同种运输分为几个等级，不同等级采用不同的运输价格。这种定价策略能使用户产生货真价实、按质论价的感觉，因而较易为用户所接受。采用这种定价策略时，等级划分不能过多，级差也不能太大或太小，否则会使用户感到繁琐或显不出差距而起不到应有的效果。

（2）声誉定价策略

这是根据用户对某些运输企业的信任心理而使用的价格策略。有些运输企业在长期市场经营中在用户心中树立了声望，如服务态度好、运输质量高、送达速度快等，因此这些企业可以采用比其他企业稍高的价格。当然，这种价格策略要以高质量作保证，否则就会丧失企业的声望。

3. 折扣和让价策略

企业为了鼓励顾客大量购买、淡季购买、及早付清贷款等，还可酌情降低其基本价格。这种价格调整叫作价格折扣或折让，主要有下列几种。

（1）现金折扣

即企业对以现金付款或提前付款的用户给予一定比例的价格折扣优待，以促进确认成交，加快收款，防止坏账。

（2）数量折扣

即因用户托运货物数量大、购买客票数量多所给予的折扣优惠。数量折扣又分为累计数量折扣和一次数量折扣，前者规定在一定时期内购买量达到一定数量即给予的折扣。这一策略鼓励用户大量或集中向企业购买。

（3）季节折扣

运输生产的季节性很强，在运输淡季时给予一定价格折扣，有利于刺激消费者均衡需求，便于企业均衡运输组织作业。

（4）代理折扣

即运输企业给运输中间商（如货运代理商、票务代理）的价格折扣，以便发挥中间商的组货、组客功能，提高企业的市场占有率。

（5）回程和方向折扣

即在回程或运力供应富裕的运输线路与方向给予价格折扣，来减少运能浪费。

（6）复合折扣

即在竞争加剧环境下，同时采用多种折扣组合争取顾客购买，如给予货主或旅客在本企业办的饭店、旅馆中住宿的优待等。

4. 差别定价策略

差别定价是指企业根据不同顾客群、不同的时间和地点，对同一产品或劳务采用不同的销售价格。这种差别不反映生产和经营成本的变化，它有利于满足顾客不同需求和企业组织管理的要求。美国的航空公司将形式上一致的座位人为地加以区分，以满足不同层次旅客的需求。它们将不同的消费者群体细分为质量敏感型、价格敏感型和中间型乘客，考虑其分别希望享受什么样的服务，然后据以设计和提供相应的航空运输产品（即不同的空运服务、价格体系、购买限制等特征的组合），供消费者选择。在满足不同市场需求的情况下，实现公司利润最大化。从具体运作上讲，则是航空公司利用收益管理系统，在大量数据信息收集整理的基础上，利用相关软件进行分析，最终决定超售、多级舱位、流量流向控制的具体限额，尽可能多地以全价销售客票，兼顾客票销售收入大小与客座率的高低，以实现航班收入最大化。

5. 价格调整策略

运价制定以后，主客观情况的各种变化会影响到已定运价，需及时调整价格。调整运价分为主动调整和被动调整两种情况。

（1）主动调整

主动调整指企业因市场供求、成本变动需要调高或调低自己的运价。调低价格策略适用于运力供过于求，运输市场竞争激烈，或是本企业成本降低，有较强成本优势，企业欲利用该策略扩大市场占有率等情况。调高价格策略适用于运力供不应求、企业因非经营因素所导致的成本上涨等情况。

无论采用调低还是调高价格策略，企业在价格调整前须对竞争者、顾客、企业自身情况进行认真分析，包括竞争产品的成本结构、竞争者过去的价格竞争行为和习惯、竞争者生产能力的利用情况、顾客对该产品的市场需求量大小、顾客对该产品价格敏感程度、企业各项产品与竞争者产品线之间的竞争关系、企业的经济实力和优势劣势等。在此基础上做好调价的计划，包括调价的时间、调价的幅度、是一次调整还是多次调整以及调价后整个市场营销策略的变动等。调价后要注意分析顾客和竞争者对调价的反应，以及企业市场占有率和收入利润的变化。

（2）被动调整

被动调整是指在竞争对手率先调价后，本企业据此作出的反应。企业同样须对竞争者、顾客及本企业情况进行分析研究进而作出决策。一般说来，企业对调高价格的反应较容易。竞争者具备某些差别优势，考虑到提价的不利因素，没有把握不会提价。若本公司也有相似优势，正好跟进；若本公司不具备类似优势，则不宜紧随，待大部分公司提价后，本公司再提较为稳妥。对于竞争者率先降价，企业一般反应较慎重，通常有三种处理方式：一是置之不理，这在竞争者降价幅度较小时采用；二是价格不变，但增加服务内容或加大销售折扣；三是跟随降价，通常在竞争者降价幅度较大时采用。当然，提高和降低价格对企业都是有风险的，实际操作较妥当的方法则是企业稳定价格策略。

四、运输价格管理

当今世界各国虽然采用不同类型的市场经济体制，但在商品或劳务交换过程中，对价格并不都是自由放任的。国家对价格的管理已普遍成为各国政府加强宏观调控的重要手段，对运输价格尤其是这样。

运输业是连接商品生产和消费的桥梁和纽带。如果作为运输产品交换媒介的运输价格因市场秩序混乱、管理不规范而被扭曲并发出一种失真的信号，会导致严重的后果。若货物运价信号失真，则会直接影响商品的正常交换，并导致运输企业经营决策的失误；若旅客票价信号失真，则会严重扰乱人们正常的工作、生活秩序。即使是被称为"自由市场经济"的美国，长期以来并未放松对运输价格的管理，由此可见运输价格管理的重要性。

所谓运输价格管理，是指根据运价本身运动的客观规律和外部环境，采用一定的管理原则和管理手段对运价的运动过程所进行的组织、指挥、监督、调节等各种职能活动的总和。具体包括：规定运输价格的管理模式、管理原则、管理形式及实施管理的基本手段等。

（一）运输价格的管理模式

运输价格的管理模式是指在一定的社会形态下，国家对运输价格的形成及运行机制等的调节方式。运输价格管理模式的类型取决于社会经济性质和整个社会的经济模式。也就是说，社会经济及其运行模式不同，形成了不同的价格模式，而运输价格管理模式则从属于社会的价格模式。

在社会主义市场经济体制下，社会经济的运行模式应该是"国家调控市场，市场形成价格，价格引导企业"。即国家主要运用间接手段，调节和控制市场。在此条件下形成市场价格，引导企业对商品实施生产、流通、消费和分配。而这种被称为"有控制的市场价格"模式，应该是我国价格管理的目标模式，同时也是我国运输价格管理的目标模式。

运输价格管理采用有控制的市场价格模式，其积极作用的发挥是有一定前提或条件的。归纳起来，主要有以下几方面：其一，市场机制必须与计划机制有机结合，其二，要有一个健全的运输市场体系，市场主体、行为都要求规范化；其三，要有一个比较宽松的社会经济环境，特别是要有一个相对平衡的运输市场供求环境；其四，需要国家的各种法律手段、经济手段、行政手段等有效的调控和指导。

（二）运输价格的管理原则

国家对运输业实行有控制的市场价格管理模式时，他的管理原则是：统一领导、分级管理；直接管理与间接控制相结合；保护竞争、禁止垄断。

1. 统一领导、分级管理的原则

运输价格管理的"统一领导"，是指涉及全国性运输价格管理工作的价格方针、价格调控计划、定价原则、调价方案与步骤、价格管理法规等内容应由国务院价格主管部门统一制定、统一部署、全面安排。并借助一定的组织程序和组织机构，采用相应的管理手段，对运输价格管理过程进行组织、监督、调节与协调。

运输价格的"分级管理"，是指各级政府、运输主管部门按照各自的价格管理权限，对运输价格和收费标准实施的管理。

2. 直接管理与间接控制相结合的原则

对运输价格的直接管理，是指国家直接制定、调整和管理运价的一种行政管理方法。这也是我国20世纪80年代以前对运输价格管理使用的一种主要方法。其基本特点是运价由国家价格主管部门或业务主管部门直接制定并调整，并采用行政手段，强制企业执行。运输价格一经制定，具有相对稳定性。

在社会主义市场经济体制下，在一定范围内保留对价格的直接管理是有必要的。即使是实行自由市场经济体制的国家也不例外。就我国来讲，铁路运输和航空运输基本上由国家垄断经营，目前对国家铁路的客货运价、航空运输的公布运价等实施国家直接管理。如果不这样，会导致垄断价格，使市场调节作用弱化，最终影响国民经济的正常发展。

对运输价格的间接控制，是指国家通过经济政策的制定与实施，并运用经济手段来影响市场定价环境，诱导企业定价行为的一种价格控制方法。它的基本点是国家不直接规定和调整运价，而主要采用经济政策和经济手段来诱导运输企业作出准确的价格决策。

按照前述的运输价格管理采用有控制的市场价格模式，就是要建立以市场形成价格为主体，国家宏观调整的运价形成机制。其实施途径应采用直接管理与间接控制相结合，并以间接控制为主的方式。目前，对水路、公路运输，随着运输市场的开放，多种经济成分、多渠道的运输格局已经形成，除对少数必须列入国家指令性货物，如抢险救灾、军运物资等实行运价的直接管理外，其余货物运输价格均应采用间接控制的办法，即由企业根据市场供求的变化自主定价。而铁路、航空运输因垄断性强，市场发育程度不高，当前对其运价仍应以采用直接管理为主。但随着我国现代企业制度的建立，运输市场供求关系日趋缓和，应逐步缩小国家指令性货物运输范围，最终达到主要由企业根据市场供求情况自主定价。

为达到政府部门对运输市场交易进行监控的目的，并且引导运输企业在运输市场交易中合理定价，国家应建立和完善运输价格信息网络。以水运为例，应将已经组建的航运交易所的有关交易信息联网，各交易所各自对运价信息进行采集并向网内反馈。这样，运输企业可利用计算机终端及时掌握自身需要的运价信息。与此同时，交通运输部运价信息监控中心应定期或不定期地向全国水运系统发布主要航线、主要货种的运价指数，分析运价变化走向，并开展对运输价格的咨询服务。这样，运输企业便可根据自身的条件，参与运输市场的正常交易。若在某些航线发生运价指数异常，大大背离以往正常交易下的指数，运价信息监控中心在进一步确认的前提下，应亮"红灯"以示警戒，必要时应采取果断措施，责令有关航运交易所暂停交易，以保护运输企业或货主的利益。

3. 保护竞争、禁止垄断的原则

价格竞争是商品经济发展的必然产物，在客货运输质量大体相同的条件下，通过不同运输方式之间、同一运输方式各企业之间的运价竞争，达到运输资源的合理配置和提高企业的经济效率，保护竞争，实质就是实行"公平、公开、公正"的市场交易。

（三）运输价格的管理形式

国家采取何种价格管理形式，是价格管理的最基本内容，是由管理模式决定的。目前，我国采取三种运输价格形式，即国家定价、国家指导价和市场调节价，并限定其各自的适用范围。

1. 国家定价

国家定价是由县级以上各级政府价格部门、运输主管部门按照国家规定的权限制定并负责调整的运输价格。

目前我国对国家铁路的客货运价实行国家定价。因为国家铁路由国家直接参与经营，具有较强的垄断性，因此其价格由国家直接制定并实施管理是很有必要的，否则会扰乱正常的运输秩序。但应该看到，按有控制的市场价格模式，国家定价不等同于过去计划经济体制下的"固定价格"，而是在定价时，除了反映运输价值外，还应注意在市场经济条件下的客观经济规律的要求，诸如运输市场的供求关系、与其他运输方式之间的比价关系等。同时，还应根据运价指数的走向，定期与不定期地对运价进行调整。

2. 国家指导价

国家指导价是县级以上各级政府物价部门、运输主管部门通过规定基准价、浮动幅度或最高、最低保护价等形式制定的运输价格。

目前我国对于水路、公路中的旅客运输以及属于国家指令性计划内的货物运输均实行国家指导价。由于我国水路、公路运输市场已基本确立，市场竞争机制也已基本形成，从理论上看可不失时机地全部实行市场调节价。但是目前对于旅客票价以及属于关系到国计民生的重要物资、抢险救灾物资等列入国家指令性计划运输的价格仍不宜仓促放开，否则会造成社会不安定或给人民生活带来较严重的影响。即便如此，国家还是应兼顾运输企业的经济利益，由企业依据市场供求情况在规定的浮动幅度范围内自主定价。

3. 市场调节价

市场调节价是运输企业根据国家有关政策和规定，主要通过市场供求情况自行确定的运输价格。除国家定价和国家指导价外，运输企业均采用市场调节价。目前我国公路货运和水路运输已经完全放开，实行市场调节价。

按照我国运输价格的管理模式，最终应实现以市场调节价为主、国家定价和国家指导价为辅的价格管理形式。这样，才有利于价值规律在市场体系中真正发挥调节运输供求，合理配置运输资源，提高运输企业生产效率等作用。只要国家所采用的调控手段运用得当，市场调节价必然会推进运输业乃至整个国民经济的健康发展。

（四）运输价格管理的基本手段

根据有控制的市场价格模式及其相应的直接管理与间接控制相结合的管理原则，运输价格管理手段应是法律手段、经济手段及行政手段的三者结合体。

1. 以法律手段管理运输价格

价格管理的法律手段，是指国家通过制定价格法律、法规对价格进行规范化的管理。就运输价格而言，就是指规范其管理形式和管理权限、调价的基本原则、保护措施、禁止运输价格垄断和暴利行为的措施和制裁办法等。

2. 以经济手段管理运输价格

市场调节实质上是利益机制的自动调节。它是通过价格信号使社会资源流向需要的、效益高的部门，从而达到资源的优化配置。但是它同时又有自发性和调节的滞后性，这样有可能导致资源的浪费。当一个部门产品供不应求，引起价格上升，从而利润率较高时，社会资源就会自动流向该部门，并由此得到有效的利用。但这种流动只有在超过供求均衡点以致造成供给大于需求、价格下跌、利润率降低时才会停止。结果，这个部门因生产能力过剩而造成社会资源的浪费。

以经济手段管理运输价格，是指国家利用财政、税收、货币、信贷、投资等经济手段来影响和控制运价水平，即变原来的事后价格对资源的调节为事先调整运价的形成机制，从而达到社会资源的合理配置和运输能力的最有效使用。

3. 以行政手段管理运输价格

行政手段是指国家运输主管机关或部门运用行政命令，下达统一的运价和实施带强制性的措施和监督等办法，管理和协调各种价格关系的一种手段。

我国长期以来主要通过行政手段来管理运输价格，这在计划经济体制下是完全必要的。在市场经济体制下，应更注重法律手段或者经济手段管理价格，但也并非完全取消采用行政手段。例如铁路运输由国家经营，采用行政手段管理其价格就比较有效；社会发生非常事件或生产故障而急需运输某些物资，就必须由有关部门运用行政命令的办法责令有关运输企业按国家定价或国家指导价实施运输等。

但是，随着我国经济体制改革的进一步深化，用行政手段管理运价的范围应逐步缩小，否则就会损害运输企业的经济利益而影响运输市场的正常交易。

第四章 交通运输市场

第一节 运输服务的定价

一、定价原理

(一)定价的作用与目标

定价,是一种资源配置的方法。不存在所谓"正确的"价格,只有可实现预期目标的优化定价策略。例如,为达到利润最大化的优化价格,可能不同于使福利最大化或者是保证最高的销售收入所需要的价格。在某些场合,制定价格并非为了试图把什么东西最大化或最小化,而只是为去实现较低水平的目标。进一步说,定价可能是为了实现运输供应商在福利方面的某些目标;但在另外一些情况下,定价可能是为了增进消费者的福利。其中的区别是很细微的,甚至许多企业认为运用定价机制去达到它们的目标也将自动地与顾客的利益相符合。因此,讨论实际定价政策的一个首要问题是确定"目标"到底是什么。例如对于港口定价问题,"欧洲"的定价理论与"英国"的定价方法之间曾存在较大的差异,前者旨在促进港口后面内陆的经济增长,而后者试图确保港口能收回自身的成本,如有可能还要盈利,不顾对较广大的地方经济的影响。但无论是哪一种目标,企业理论都假定供给者意在使自己的福利最大化,不管是把福利定义为利润还是较高层次的追求。

（二）企业定价的标准状况

利润最大化是私营企业传统的动机。在竞争相当激烈的地方，没有单独一个企业可以操纵价格水平，价格水平取决于整个市场中供给与需求的相互作用。在这一完全竞争的环境中，任何运输供应商不可能长期获得超额利润，因为这种利润的刺激将使新的企业进入市场并增加供应总量。因此，从长期看来，价格将与每个供应者的边际和平均成本相等。

相反，一个真正的垄断供应商不担心新的进入者增加运输服务的总供给，并且可以自由地制定价格或者规定他所准备提供的服务水平。对垄断者的有效约束是需求的抵消力量，它可以组织产出和价格的联合决定。然而，鉴于假定没有竞争以及垄断者享有的自由程度，几乎可以肯定，利润最大化的价格将导致收费超过边际成本和平均成本。这就是为什么政府总是趋向于管理具有垄断特征的铁路、港口和其他运输企业的原因之一了。

可是，对标准状况的这种简单描述，确实掩盖了一些运输市场的某些独特性。因为实际供应单位——运输工具——是活动的，所以运输市场有可能看起来基本上是竞争的，但各个供应商制定价格时，但好像是垄断者，或似乎至少能发挥某种垄断力量。

二、边际成本定价与效率原则

（一）经济效率原则

对运价进行评价的标准首先应该是经济效率原则，一个好的运价结构必定是鼓励运输消费者和生产者有效利用其所得到的资源。若一家公路运输公司的运营活动导致了过多的车辆空驶，那肯定存在着无效率；如果车辆的维修工作实际只需要 40 个修理工，但公司却雇用了 50 个，那肯定也浪费了资源。经济效率原则的重要性在于，它可以使人们在给定土地、劳动力和资本等资源数量下取得最大的社会福利。运输活动中的经济效率原则不只适用于减少空车行驶，它也涉及社会经济生活中应该生产哪些产品和服务，以及这些产品或服务的供求水平是否合理。这并不奇怪，频繁发生的交通堵塞就是造成导致人力与资本严重浪费的明显例子，而交通堵塞就产生于对拥挤道路的过度需求。如果人与车辆不是在阻塞的道路上一再耽搁，这些人和耗费掉的资源完全可以在其他领域或用途中产生出更大的社会福利来。显然，在道路上的堵塞和在企业中使用过多的人力对于社会福利造成的损失，从性质上看没有本质区别，它们都产生于资源的无效率使用。

而很多经济活动中的无效率都与价格水平的不适当有关。价格是同时引导消费者和供给者的最有效信号：过低的价格会导致某些产品或服务的需求过于旺盛，但生产者却没有兴趣增加供给；而过高的价格又会引起了生产者在缺少足够社会需求的产品或服务上投入过多资源。此原理在运输市场是完全适用的，因为身在其中的运输服务消费者与供给者也是根据运输价格做出自己的判断，是价格在引导它们做出正确或者错误的选择，运价决定了运输市场上运输服务的种类与数量，也决定了需求者的满足程度。

（二）效率与机会成本

为了实现资源的有效利用，价格应该等于所提供产品或服务的机会成本，这一原理是普遍适用的，对于运输价格也是如此，不管是进行短期还是长期分析。只有运价等于提供运输位移的机会成本时，社会为该位移所付出的资源数量才是最合理的，否则不是过多就是过少。例如，重型卡车行驶时对道路的损坏较大，因此就应该对它们收取较大的费用，不这样那些卡车对道路的使用和损害就会更大，而社会为维修道路所支付的代价也会超过重型卡车本身由于使用道路所获得的收益。又如，小汽车从 A 地到 B 地的机会成本是 10 元，但是如果驾车者仅需要支付 5 元，那么驾车者们就会得到有关资源稀缺与否的错误信息，即他们的驾车成本只有 5 元，但实际上被占用的社会资源却价值 10 元。在该两地之间的车流中，有些驾车者其实愿意为他们的出行支付 10 元，如果剥夺他们的这一出行机会，损失会更大；而另一些驾车者的支付意愿可能是在 5～10 元之间，如果需要支付 10 元全额，他们就会放弃这次出行，但现在只需付 5 元，所以他们还是开车上路了。后一部分驾车者实际上浪费了社会资源，因为他们的出行决策是在 5 元的价格上做出的，如果价格正确，这些人就可能不出行或者会选择其他交通方式，而社会资源就会节省，道路上的拥挤程度也不会那么厉害。

从运价与载运工具拥有成本的关系看，运价的效率表现在它对市场配置稀缺资源起着重要作用。价格对载运工具拥有者的保有和维护行为有着相当的影响。当市场上的运价较高以至于导致载运工具的租赁价格也较高时，这些拥有者一般就会加紧对自己的机队或车队进行维修，以保证尽可能充足地向市场提供载运工具；而当运价和租赁价格都较低时，维修工作一般也要减少，甚至机队或车队的规模都可能萎缩。以机会成本为基础的价格会使载运工具拥有者在决定维修费用和机队或车队的规模时做出正确的权衡。

因此，使运输活动经济效率最大化的定价原则之一是。

$$运价 = 运输活动的机会成本$$

三、现实中的定价方法

（一）互不补贴定价

1. 互不补贴定价的原理

互不补贴定价（subsidy-free pricing）源于这样一个原则，即某一运输设施的所有使用者作为一个整体，应该补偿该设施的全部成本。如若做不到这一点，那么肯定就会出现由其他人对他们提供补贴的情况。因此，从道理上讲，所有公路的使用者就应该支付公路的机会成本，而所有铁路的使用者也就应该支付铁路的机会成本等等，依此类推。

但是当一个使用者的整体恰好支付了运输设施的全部机会成本时，在该群体内部也会存在一部分人比另一部分人支付的更多些的情况，也就是说在群体内部存在着一部分人补贴另一部分人的现象。但在这里我们只把注意力集中在使用者的类别或群体上。一种价格结构如果做到了使任何一个使用者群体都不能通过取消其他使用者而使自己对运输系统的利用状况变得更好,那么就可被叫作互不补贴定价。

2. 互不补贴定价的困难

互不补贴定价原则所决定的固定设施成本分摊方法,大大减少了由于多个使用者共同使用基础设施所导致成本计算的不确定性和任意性。比起有效率原则的定价,互不补贴定价原理的适用条件放宽了一些,但它也还是只能适应长期成本与短期成本的区别不是十分清晰,固定成本与沉淀成本的区别也不是十分清晰的那些情况,它对交通量与运输基础设施能力可及时随价格变化而协调也有比较严格的要求。然而在现实生活中,对交通量的预测往往并不能做到很准确,运输能力及交通量的反应也往往显得迟钝,因此仍旧需要像对收取拥挤费用一样,对互不补贴定价原则的使用也允许有偏差。

对于现实不可能像以上理论所要求的瞬间完成市场调整的情况,例如高速公路上行驶重型卡车的例子。由于现有的高速公路当初可能并不是为这些大型车辆设计和修筑的,因此这些重型卡车对道路路面造成了很大的破坏,所以很多人主张对重型卡车征收较高的通行费。但如果当时设计和修筑高速公路时能够把路面的厚度增加,路面的损坏就不会像现在这样严重,较高的重型卡车通行费只不过是一种惩罚性或补救性的短期措施。而从长期来看,对道路今后的维修和建设计划是要根据目前的交通量来制定的,那么由于过高惩罚性收费导致的车流量扭曲又可能会进一步引起投资判断的失误,所以短期均衡也许会引起长期的低效率。

交通设施确实应该根据预期的交通流量进行设计和建设,通行重型卡车的道路必须路面较宽较厚,路上的桥隧也必须更加坚固,通行深水船舶的航道则必须达到相应的深度等等。根据互不补贴定价原理,引起这些更大固定设施成本的交通工具,像重型卡车和深水船舶就有责任补偿相应的额外成本。如果一种运输方式仍旧处在扩张时期,即仍旧需要新建或扩建设施,而新的设施标准可以根据目前交通流量的信息指标加以确定,那么每一类交通量显然就应该为自己所引起的增量成本负责,这些增量成本不仅包括现有设施的维修费,也应该包括新的投资。但是还是有很多情况是反方向的,运输设施建设时制定的标准对于现有交通量来说过高或过大,运输设施的能力得不到充分利用,例如目前一些高速公路的车流量已经很小,显然也不能制定很高的收费让公路的使用者去补偿当初为满足大量车流而修建高速公路的投资。

(二)次优定价

1. 次优定价的原理

互不补贴定价法在不同使用者群体之间确定了费用分摊的上下限标准,这些标准往往不是针对使用者个人,而是针对使用者群体的。此外,互不补贴定价法常常也不能把成本全部分摊完毕,因而仍旧不能完全解决固定设施成本的回收问题。我们知道,任何偏离边际成本的定价都会导致资源配置的低效率,如果目标是高效率,就需要有一种"次优"的定价方法。为了克服固定成本分摊的武断性并尽可能增进社会福利，有学者提出了"次优定价法"（second-best pricing）。

该方法是指在最优（最有效或福利最大化）定价无法实行的情况下，采取次优方式分摊固定设施成本，具体地说，是利用不同使用者群体的需求价格弹性差别作为分摊固定成本的基础。根据次优定价法，每一个使用者群体都要支付一部分固定成本，其中需求弹性最小（也就是其他选择可能最少）的使用者群体承担的比重相对最大。该理论的解释是，任何偏离边际成本的定价（此时已无法避免）都会引起运输设施使用中的无效率，对于那些需求弹性较大的使用者，价格上升引起的退出使用的无效率也会较大，而为了尽可能地减少这种无效率，就只好对需求弹性较小的使用者提高价格。

2. 次优定价的优势

一些学者认为次优定价法只能应用于剩余固定设施成本的分摊，也就是说，应该先利用互不补贴定价将固定设施成本的主要部分在不同使用者群体之间进行分摊，分摊不完的部分再使用次优定价法。其实，次优定价法运用的领域很广。例如，许多非营利性企业从税收或慈善机构的捐款中接受补贴。在这种有补贴的企业里（例如地铁公司），次优定价法仍然有用。即便有补贴，把价格定在边际成本上也不一定能使企业补偿其总成本，但通过使用次优定价法，经理们就既能补偿一定数量的固定成本，又能使对资源配置的消极影响最小化。此外，次优定价法有时候遭到批评是由于对那些替代品最少的产品或服务（即需求弹性最小的产品）在定价时偏离边际成本最远，因而面对的价格最高。尽管这一情况属实，但除了使用次优定价法外，的确没有更好的其他方法了。

（三）全部成本和增量成本定价

1. 全部成本定价法

对基础设施经营者来说，诸如信息指示标志之类的费用属于共同成本（common costs）。由于这些设施对每一类用户都是需要的，任何分摊这些共同成本的方法都是武断的。事实上，分摊共同成本的概念本身就是自相矛盾。它要分摊的成本，在概念上早已确定是不能归属于任一种具体产品或者服务的。尽管存在这一问题，许多运输基础设施经营者仍在广泛使用全部成本定价法（fully distributed cost pricing）。这一方法要向企业的每种产品或服务分摊共同成本。这样，每种产品的定价必须能补偿被分摊的共同成本加上直接与提供这种产品或服务有关的成本。但这种定价方法的真正问题在于，分摊方案的选择会对价格的确定有重要影响，从而也影响到企业所提供的产品或服务的需求量。向一种产品分摊共同成本较少的方案，会导致低定价；而分摊较多的方案，则会导致高定价。

2. 增量成本定价法

虽然运输企业必须补偿它的共同成本，但并不是每种运输服务的价格都必须高到足以补偿被武断分摊的共同成本。有时，正确定价要求的是，价格至少要能补偿生产每种产品的增量成本。增量成本是指额外增加的成本，如果不生产产品，这种成本就不会发生。只要产品的价格超过它的增量成本,企业提供了这种服务就能增加总利润。因此,应当根据对增量成本的评价来做决策。

(四)差别定价

1. 差别定价的原理

差别定价,也可称为价格歧视(Discrimination Pricing),指的是一家企业在出售一样的产品或服务时,对不同的顾客索取不同的价格的现象,有时候差别定价是指对成本不同的产品制度统一的价格,更多的差别价格是指成本基本相同而价格不同,其目的都是为了增加企业的总利润。实施差别定价需要满足三个条件:首先,企业对价格至少有一定的控制能力(垄断能力),而不是只能被动地接受既定的市场价格。其次,企业能够根据价格弹性的不同把企业的产品市场划分为几个不同的市场,即企业必须能够分清应该向谁索取高价,向谁只能索取低价。最后,企业的市场必须是能分割的,即企业必须能够阻止可以支付高价的顾客以低价购买商品,满足这三个条件,企业就能实施价格歧视,并从中谋取到更大的利益。

2. 差别定价的分类

差别定价可采取许多形式,但通常分为三类,它们的共同点是允许企业攫取统一定价本来能给予消费者的部分消费者剩余。

一度差别价格是指为每单位产品或服务索取最高可能的价格。一度差别价格是差别价格最极端的形式,也是企业最能盈利的一种定价方法。由于每个单位的产品或服务都被索取了最高价格,因此,所有的消费者剩余都被攫取了。一度差别价格并不常见,因为它要求卖者十分了解市场需求曲线。较接近的可能是某些城市私车牌照拍卖制度,管理部门要求每一个可能的买者进行投标,凡超过最低标价的投标都被接受,投标人就有义务按投标的报价购买车牌。通过这一过程,就有可能向每个准车主索取他愿意支付的最高价格。

二度差别价格是一度差别价格的不完全形式,它不是为每单位产品或服务制定不同价格,而是根据单个消费者购买的数量大小来定价,每个购买相同数量的消费者支付的价格相同。二度差别价格主要用于产品和服务的消费量可以进行测度的情况,例如一些铁路旅客票价的单位里程运价随乘车总里程的不同而发生变化,乘车总里程越长,单位里程的旅客票价越便宜。某些城市公交采用月票制和季票制,通常季票比月票更"划算",因为这样可以鼓励消费者购买更多的产品。

三度差别价格最为常见,它要求按照需求价格弹性的不同来划分顾客或市场。这种划分可以根据市场的不同地理位置来定,也可以根据用户的特征来定。与拉姆齐定价法很相似,三度差别价格也是对需求弹性较小的顾客或市场制定较高的价格,而对需求弹性较大的顾客或市场制定较低的价格。

3. 服务质量歧视

有时候,价格歧视不仅会体现在成本或价格上,在服务质量上也会有极大的区别。

一家公司常常会降低其顶级产品或服务的级别来生产性能较差的产品或提供质量较差的服务，这样它就可以较低的价格出售这些产品从而赢得低端的市场。

第二节　运输市场结构

一、运输市场

（一）市场的概念

市场（market），是买者和卖者相互作用并共同决定商品和劳务的价格和交易的机制。市场看上去只是一群杂乱无章的卖者和买者，但却总是有适量的产品被生产出来运送到合适的地点。这似乎是一个奇迹，然而，市场体系既不是混乱也不是奇迹，它是一个具有自身内在逻辑的体系。在市场者中，是价格在协调生产者和消费者的决策。

（二）运输市场的概念

运输市场（transportation market）有狭义和广义之分。狭义的运输市场是指为完成旅客和货物的空间位移而提供客位或吨位的场所，即运输需求方、运输供给方及运输代理者共同进行运输交易的机制。广义的运输市场则包括运输活动各方在交易中所产生的经济活动和经济关系的总和，即不仅包括运输营业场地、运输代理机构等各种提供客位和吨位的场所，也包括运输产品的生产者和消费者之间、运输能力供给和运输需求之间、运输部门和其他部门之间的经济关系，还包括了运输市场结构、运输市场机制、运输市场调节和管理以及企业在运输市场的经营等。

二、运输市场的类型

按照不同的标准，运输市场可以有多种分类方式。

（一）完全竞争市场

完全竞争市场（fully competitive market）是一个理想化的市场，在这样的市场当中，有许多规模较小但进出市场自由的企业，每一个企业都生产完全相同的产品，每一个企业的规模都太小，以至于无法影响到市场的价格；而且，市场交易活动自由，没有人为限制，市场的所有参与者（企业和消费者）均拥有充分的信息。在完全竞争市场中，市场完全由"看不见的手"—价格—进行调节，政府对市场不作任何干预，只起维护社会安定和抵御外来侵略的作用。

(二) 完全垄断市场

不完全竞争可以达到怎样不完全的程度呢？极端的情况是垄断（monopoly）：单一的卖者是它所在行业的唯一生产者，同时，没有哪一个行业能够生产出相似的替代品。

完全的垄断在今天是罕见的。实际上，许多典型的垄断案例仅仅存在于那些受到政府保护的产业。例如，如果一家制药企业研制出一种获得专利的神奇药品，并在若干年内保持自己对这种药物的垄断权。垄断的另一重要的例子是获得当地公用事业的特许经营权，例如一家自来水公司。尽管如此，即使是一个垄断者，它也必须经常注意那些潜在的竞争者，上面所说的那家制药企业会发现竞争者很可能正在生产类似的药品。于是，在长期内，没有一个垄断者能确保自己免受竞争的冲击。

完全垄断市场具有促进资源效率提高的可能性，也具有刺激创新的作用。但是，完全垄断市场会造成市场竞争和生产效率的损失、会造成了社会产量的损失以及消费者利益的损失。

(三) 寡头垄断市场

寡头（oligopoly）或寡头垄断市场是介于垄断竞争与完全垄断之间的一种比较现实的混合市场，是指少数几个企业控制整个市场的生产和销售的市场结构，这几个企业被称为寡头企业。寡头企业在现实生活中是普遍存在的，例如国际上民用航空工业与民用航空运输业已纷纷进入寡头垄断时代，干线飞机市场波音和空中客车两家"楚汉相争"，支线飞机市场加拿大庞巴迪、巴西飞机公司和德国道尼尔"三国鼎立"的格局基本确立。中国国内的航空运输市场基本上被中国航空集团公司、中国东方航空集团公司和中国南方航空集团公司三巨头分割。这些都是典型的寡头市场。寡头的重要特征是每个企业都可以影响市场价格。在航空业，仅一家航空公司降低票价的决定，就会引起它的所有竞争者降低票价，引发一场价格大战。

当寡头能够互相勾结，使他们的共同利润达到最大时，考虑到他们之间的相互依赖性，他们就会以垄断者的价格和产量来赢得垄断者的利润。虽然许多寡头会对于获得如此高的利润感到渴望，但在现实生活中，存在许多阻碍他们有效勾结的因素：第一，勾结可能是非法的；第二，企业可能通过对所选择的顾客降低价格以增加其市场份额来"欺骗"协议中的其他成员；第三，随着国际贸易的不断深入，许多企业不但要应对国内竞争，还要迎接国外企业的激烈挑战。

另外，值得注意的是，垄断虽然是竞争的矛盾对立面，但它的存在并没有消灭竞争，尤其是寡头垄断改变的只是竞争形式，而非竞争本身。另外，如果从国际范围、某一国来看，寡头垄断反而会使竞争大大加剧，激烈的竞争足以使寡头垄断企业尽可能地努力进行研究和开发，尽可能提高效率，尽可能降低产品的价格。而不是像传统的经济学理论认为的垄断破坏和降低有效的市场竞争，阻碍经济和技术的发展。可以看到航空运输业的残酷竞争，在一条特定的航线上往往只有两三家航空公司，但在它们之间，仍然是过一段时间就要发生一场票价大战。那么，我们如何把寡头间的对抗（rivalry）和完全竞争（competition）区分开来呢？对抗包含了很多提高利润和占有市场的行为。它包括利用广告向外移动需求曲线（即刺激需求）、降低价格吸引业务，以及通过研究提高产品质量或研制新的产品。完全竞争并不意味着对抗，而只是表示行业中没有一个企业能影响市场价格。同时，寡头垄断的形成可以避免无序竞争，减少资源浪费；寡头垄断也可以避免完全垄断的"唯我独尊"，使行业发展具有竞争的动力和潜力。因此，如果说寡头垄断企业在缺乏竞争的环境中，一般不会自觉地追求高效率，从而导致实际效率往往与最大可能效率之间存在巨大偏差，高效率只是寡头垄断企业自身天然优势带来的一种可能性的话，那么寡头垄断企业并非真正独占市场，这一点就使寡头垄断企业不得不追求高效率，从而使其高效率具有现实性。

（四）垄断竞争市场

最后一种不完全竞争的类型是垄断竞争（monopolistic competition）。垄断竞争在三个方面类似于完全竞争：有许多买者与卖者，进入和退出某一产业是自由的，各企业都把其他企业的价格视为既定。二者之间的差别在于：在完全竞争的条件下，产品是完全相同的；而在垄断竞争的条件下，由不同企业销售的产品是有差别的。

差别产品（differentiated products）在重要的特征上表现不同。例如，去商店要花一定的时间，而到达不同的商店所需时间的差异会影响我们的购买决策。用经济语言来说，购买物品的总机会成本（包括时间成本）依赖于我们与商店之间的距离。因为去当地商店购买的机会成本要低一些，所以人们倾向于就近购买很多商品。地理位置给产品带来的差别是零售贸易形成垄断竞争的重要原因。此外，质量差异已经成为产品差别中越来越重要的因素。产品质量的差异也许是产品的真实品质上的，也许是外观设计上的，也许仅仅是品牌认知的原因，使得消费者认为各个生产者提供的产品是有差异的。不管这种差异是否真的存在，在现实中消费者在面对商品时确实存在着某种偏好。

为便于分析，我们应记住这样一个重要的观点，即产品存在差别意味着每个销售者相对于完全竞争市场来说在某种程度上都有提高或降低价格的自由，即产品的差别使得每个卖者所面临的需求曲线向下倾斜。从短期来看，企业可通过一定的价格策略使价格高于边际成本，来争取更大的市场份额或更大的利润率。但从长期来看，随着具有新差别产品的企业的进入，这种不完全竞争行业的长期利润率为零。垄断竞争市场的长期均衡，实际上就是生产者自身不断调整规模以适应由于其他生产者的进入或者退出而被打破的短期均衡的过程多

（五）不完全竞争的实质与代价

如果一个企业能够明显地影响其产品的市场价格，那么，该企业就是一个"不完全竞争者"。当个别卖者在一定程度上具有控制某一行业的产品价格的能力时，该行业就处于不完全竞争（imperfect competition）之中。当然，不完全竞争并非指某一企业对其产品的价格具有绝对的控制力，毕竟制定出的价格还需要消费者买账。另外，决定价格的自由度在不同的行业之间也有差异。

多数不完全竞争的例子可以归于这样两条主要的原因。第一，当大规模生产出规模

效益并降低成本时，一个产业中的竞争者就会越来越少。在这些条件下，大企业就可以比小企业以更低的成本进行生产，但小企业只能以低于成本的价格销售，因而无法生存。第二，当出现"进入壁垒"，即新的企业很难加入某一行业时，也有可能出现不完全竞争。在某些情况下，政府的一些限制竞争者数量的法律或规章，也会产生这些壁垒。在其他情况下，新企业也可能因为进入市场的成本太高而被拒之门外。

1. 成本和市场的不完全性

了解一个产业的技术与成本结构，有助于分析该产业需要多少个企业来支撑，各自的规模需要有多大。这里关键的是要了解这个产业是否存在规模经济。如果存在规模经济，企业就可以通过提高产量来降低成本，至少产量可以提高到一定的程度。这就意味着较大的企业在成本上比小企业具有一定的优势。当规模经济发生重要作用时，一个或几个企业就可以将产量提高到一定程度，以至于能够在整个产业的总产量中占据重要的比例。于是这个产业就成为一个不完全竞争市场。也许是单个垄断者主宰整个行业；更有可能的则是有几个大的企业控制市场的大部分份额；或会存在许多企业，它们各自的产品存在一定的差异。不管是哪种结果，它们终究跳不出不完全竞争的范畴，更不会出现完全竞争中企业仅仅是作为价格的接受者的情况。

2. 进入壁垒

尽管成本差异是决定市场结构的最重要因素，但是，进入壁垒也能增加产业集中程度，有时甚至会成为主导因素。进入壁垒（barriers to entry）是新企业进入一个产业的各种阻碍因素。当进入壁垒很大时，这个产业的企业就很少。规模经济是进入壁垒的一种很普遍的类型，除此以外，法律限制、进入的高成本以及广告宣传也会形成进入壁垒。

法律限制——有时，政府会限制某些产业的竞争。重要的法律限制包括专利、关税与配额、准入限制或干脆实行国家垄断经营。

进入的高成本——进入壁垒除了法规上的，还有经济上的。某些产业的进入成本是很高的。例如航空制造业，对于新飞机的设计和检测的成本是如此之高，足以使潜在的进入者退却。

广告宣传——有时候企业也可以通过广告宣传来构筑对付潜在竞争者的进入壁垒。广告宣传可以提升产品的知名度并形成品牌效应。例如，百事可乐和可口可乐公司每年都要花费上亿美元做广告。这样一来，潜在的竞争者要进入到可乐市场就必须花费很高的成本。

策略的相互作用——当在某一市场上仅仅有少数几个企业时，它们必然会认识到它们之间的相互依赖性。当每个企业的经营战略取决于它的竞争对手的行为时，就会出现策略互动，这属于博弈论研究的领域。

三、运输市场结构的组成

产业组织结构和市场结构是经济学研究的重要领域，这个方面的学术成果对企业边界的确定、对政府制定明确和有针对性的行业政策、建立合理和有效的管理体制都具有重要理论和实践意义。而作为网络型产业的运输业，其产业组织和市场结构又具有特殊的复杂性，不能不引起运输经济学更多关注。分析运输市场结构的目的，是要了解各种运输方式或企业是否存在规模经济、是否具有市场势力或市场操纵力（market power），能够凭借垄断价格获得超额利润。

（一）上下一体化的运输经营者

铁路运输可能是被政府管制最严格的运输方式。如果不考虑管道运输的特殊情况，传统管理体制下的铁路是唯一实行上下一体化经营的运输方式：铁路公司既拥有线路等基础设施，又拥有移动的机车车辆，还负责提供直接的客货运输服务，这就使他们比任何其他运输方式在收取运价方面拥有更大的自主决断权力。正是由于这样的一种权力，使得铁路到现在可能还是受管制最多的运输方式，但也很奇怪：在人们抱怨铁路垄断经营的同时，在这个行业的投资却得不到正常回报。这里显然有些误解，其实并不是所有拥有固定运输设施的经营者都具有攫取所有消费者剩余的能力的。

铁路对它的一部分使用者应该是具有市场支配力量的，即它有可能对这些使用者收取高于有效水平的价格，如果铁路运输成本的计算和分摊方法可以做到准确可靠，那么铁路公司是否真的滥用了这种市场力量就可以明确地判断出来。因此，铁路成本分析无论对于铁路使用者还是对于铁路公司都成了至关重要的问题。但运输经济学家恰恰在这个问题上很不自信，原因就是铁路运输成本的计算难度太高，且计算数据的获取十分困难。

铁路所运输的货物中有一大部分属于本身价格较低的产品，它们承受运价的能力也不强，对运价的变动比较敏感。例如煤炭就是一种常由铁路运输的货物，由于该产品的市场竞争性很强，加之政府的价格管制，因此煤炭产品的供应商无法自己决定其市场价格而只能是价格的接受者。这样，如果铁路提高对煤炭的运输价格，供应商就可能无法用市场上的收入弥补运价的上涨。这与航空货运的对象多为较高价值货物，运价在货物本身价格中仅占很小比例，所以对运价上涨承受力较高不同，铁路的用户对运价的敏感性更大。一旦铁路运价的上调威胁到铁路用户的利益，他们就会转而求助于管制机构，要求对铁路运价进行限制。但由于铁路运价计算与分摊的复杂性，管制机构也无法判明铁路公司的运价是否真的不合理，而只能大致根据粗略的总体平均或其他类似方法估计，结果这样裁定出来的铁路运价往往既给铁路公司造成损害，也使更多铁路用户深受其苦。

（二）基本上不拥有固定设施的运输经营者

1. 行业的可竞争性

在上面假定同时拥有运输基础设施和载运工具的铁路公司具备对使用者的市场操纵力量，与此相对应的是，像市内计程出租车、整车公路货运、航空包机和海运不定期航线等只利用可移动载运工具从事客货运营的运输业经营者，显然不具有这种市场力量。我们已经知道，只有当使用者支付的运价与其所引起的运输成本相等时，该运价才是有效率的。而私人交通往往因为没有承担使用稀缺道路或路面资源的足够费用，因此经常出现交通无效率的情况。

从行业的可竞争性来看，与同时拥有运输基础设施和载运工具的铁路公司相比，整车公路货运企业这种只利用可移动载运工具从事货物运输的运输业经营者，显然不具前者对使用者的市场操纵力量。在不存在严格的市场进入管制，而且人们可以为货车找到比较规范的二手交易市场，只经营可移动载运工具的公路货运业者可以很方便地将这些载运工具转移到有市场需求的地方去，在一个地区或一条线路经营不好时，就可以较低的代价转移到另一个地区或另一条线路上去。类似这种沉没成本较低同时市场比较容易进入的行业，在经济学中被称为可竞争的行业。可竞争市场是指市场内可能只有一家或少数几家供给者，但这些厂商却很难利用垄断地位获取垄断利润，因为市场以外的"潜在"竞争者随时可能进入以分享这种利润。根据这种原理，原本市场结构要由规模经济与范围经济来决定的原则在可竞争的市场中已经不那么重要，而且在这里，市场价格就等于机会成本。因此，这些上下分离且只由移动载运工具经营者组成供给方的（整车）公路货运市场，应该属于可以竞争的市场，运输业者不具有垄断力量，其市场价格就等于他们的运营机会成本。

2. "过度竞争"问题

然而，尽管这一类运输市场不具有垄断性，但在过去不短的时期里它们也受到管制，原因是可能存在毁灭性竞争（又称过度竞争，excessive competition）。原来的理论是，这种市场中的运输厂商有可能在价格战中把运价压得过低，结果导致最后市场上还是只剩下一家垄断者。

在由移动载运工具经营者供给的运输市场上，运价决定于经营者的机会成本。若出现运输需求在方向上的不平衡，那么在回程方向上就会有运输能力的过剩，任何希望揽到回程运量的经营者都可能接受较低的运价，只要该运价高于载运工具空返的成本加上少量增加的燃料费和保险费等，否则空返成本就要全部加在重载方向的成本上了。但如果运输需求在方向上比较平衡，那么两个方向的运价水平就会相差不多，分别与本方向的运输成本相对应。另外，经营载运工具的机会成本与运输总需求及其他一些因素显然也有很密切的关系。在经济衰退期间，由于运输总需求下降，所有车、船和飞机的运输能力可能都过剩了，因此使用这些载运工具的机会成本也下降，结果必然导致运价水平降低。

总之从经济学上看，对于这些不拥有固定设施的运输服务经营者，不需担心他们具有过大的市场价格操纵力量。

（三）拥有部分固定设施的运输经营者

1. 行业的范围经济

对于完全上下分离的运输经营者，因为他们并不拥有固定基础设施，因此那些运输业者可以很方便地将他们的载运工具转移到任何有市场需求的地方去。但对于那些拥有一定但并不是全部固定基础设施的运输经营者，例如零担公路货运公司必须要有自己的货站或运转中心以便集散、配载和中转货物，尽管并不需要拥有和经营公路网，它们的服务与经营地域固定性相对更大一些，因为它们在其固定设施上的投资是不能移动的，这种较大的沉没性把它们一定程度上"拴"在了某些地区。在候机登机和飞机固定维护设施等方面投资较多的航空公司，以及在集装箱专用码头及设施方面投资较多的海运公司也有类似的情况，尽管它们也不需要同时拥有机场的跑道和空中指挥系统或整个港口。这些运输经营者也因此必须面对典型与固定设施有关的财务或经营问题：投资的沉没性、能力增长的突变性、服务对象的普遍性以及为有效利用固定设施而制定价格等等。

固定运输设施能力扩张的突变性产生了一种需要，即这些设施最好由多种客流或货流同时利用，否则设施的利用效率在大多数时间都可能会很低，除非存在着某一种数量很大的客流或货流，大到足以支持在某一个运输通道上实现直接的点点直达运输。这种由多种交通流共用固定设施所产生的经济性，与大型移动载运设备所具有的经济性相结合，就是运输业网络经济存在的基础。能够把多个运输市场，即把多种客流或货流在其运营网络上较好地结合在一起的运输企业，往往可以比单纯提供点点直达服务的运输企业效率更高、成本更低。一般来说，只要其中转枢纽的处理能力足够，具有较大运营网络的运输企业就可以较高的频率为客户提供服务，也可实现较高的运输设备实载率，而这常常是运输经营低成本高效益的必要条件。因此，这一类运输经营者可以较明显地利用运输业的规模经济和范围经济，例如，通过扩大服务网络的幅员来提高自己的运输密度和设备利用率。

2. 航空公司的市场势力

对于那些部分上下分离的运输经营者而言，他们提供的一般都是定期服务，而定期服务是最典型的公共运输服务，因为它的服务对象具有普遍性，包括各种类别的使用者。由于不同类别的使用者所引起的机会成本不一样，因此在价格的制定上也有可能通过这些机会成本的差别去制定，或者采用互不补贴定价原理。例如，航空乘客之间的差别之一是在对航班时间的要求上：公务旅行人员往往对他们旅程的时间安排很严格，甚至很多是临时就有需要，因而宁愿付出较高票价以满足他们在时间上的要求，而假期旅游者相对比较闲散，对时间的要求也不那么严。从理论上讲，如果所有的乘客都对起飞时间不是那么苛求，能够调整到大家都接受的时间上，那么航空公司就可以取消定期航班，所有的航班都可以改成包机飞行，并且做到100%的实载率。很显然，这种全部包机飞行的运营成本肯定会大大低于目前固定航班的运营方式。运营成本较高的定期航班是为满足那些时间要求严格的乘客才设计出来的，而这些乘客主要是公务旅行人员，他们愿意支付较高的票价。在这种情况下，如果定期航班所有乘客的票价相同，旅游者就会认为价格过高因而放弃旅行或选择其他运输方式，而没有足够的客座率，定期航班也无法维持。让定期航班能够实现的办法就是对这两类乘客实行不同的票价，公务旅行者付高价使用公务舱，一般乘客则持低价票使用经济舱，于是互不补贴定价原理在这里就有效地实行了。这种定价方法使经济舱乘客在提高飞机客座率的同时，又不致让公务旅行者买不到所需航班的机票,由于定期航班毕竟首先是要为这些时间价值较高的乘客提供方便的。

航空客运可能是做到了把市场划分最细的行业。例如,除了由于飞机上的舱位等级和高峰与淡季差别导致的票价差别,航空公司还根据乘客购票所提前的时间制定了不同的优惠比例,一般是提前得越多优惠也越多,飞机起飞前的剩余票当然可能更便宜;根据旅客是否有更改乘机日期的要求也有不同票价,不准备更改的可获最大优惠;可以服从航空公司中转安排的与不希望中转而直飞的相比,前者票价较低;此外,选择把回程日期放在周末的,也可获得较大优惠;等等,不一而足。所有这些看起来十分复杂的票价结构,都是为了使得固定航班的飞行具有最大的吸引力,以便航班上的载客率能够达到最高。当然,为了使任何时候的运营收入都能实现最大化,航空公司还会根据季节或其他情况对每一种票价所对应的机座数量进行及时调整,这样当每架飞机起飞时上面乘客的消费者剩余应该是已经最小化了。定期航班票价的复杂性是以不同乘客对时间要求的严格与否,和他们的旅行机会成本为基础的,但因为航空业并不属于可竞争程度很大的市场结构,因此不排除航空公司利用其所拥有的市场操纵力使票价高于相应机会成本的实际水平,以增加运营所得。

3. 公路零担货运公司的市场势力

公路零担货运与大多数航空公司很相似,也提供定期服务,一般是地区性的业务保证第二天送到,长途货物则保证隔日或三天内送到。为了提供这种定期服务,零担运输公司显然每天都必须派出足够的车辆上路,而不论在任何一条线路上是否满载。显然,对于业务量较大的零担运输公司,车辆的实载率就会较高,运营成本就可能较低,他们甚至有能力把服务延伸到比较偏远的地区,以便为自己的经营网络收集到更多的货源;而对于较小规模的公司,他们在较低车辆实载率的地区维持经营就很困难。零担货运公司之间这种基于运营网络经济性的竞争,让小型公司较难生存。

零担运输的客户不像航空客运可以分为公务旅行者和旅游者,然而由于货主托运批量大小的差异,零担运输公司可以通过公布运价表与折扣谈判相结合的方式实行区别运价,主要是给托运量大的货主提供优惠。但是零担运输公司很难把一辆卡车的全程成本都转移到其中某一件或少数几件货物的运费中去,因此互不补贴定价在这里的使用受到很大限制。可以认为,公路零担运输公司主导市场的能力是比较小的,原因是货主往往有比较多的选择可能性,有些货主可以把货物累积到足以雇用整车服务,更多的货主甚至选择购买自备车辆自我服务,此外运输市场上还有很多货运代理商或经纪人可以为货主提供帮助,所以托运人被运输公司彻底俘获的机遇不多。这样,尽管公路零担运输正处在不断集中化的过程中,但由于存在外部竞争,因此似乎并没有特别多要求由政府严加控制的社会压力。

第三节　运输市场中的交易成本

一、交易成本概述

（一）交易成本的概念

交易成本（Transaction Costs）又称交易费用，是指达成了一笔交易所要花费的成本，也指买卖过程中所花费的全部时间和货币成本。包括传播信息、广告、与市场有关的运输以及谈判、协商、签约、合约执行的监督等活动所花费的成本。

所谓交易成本就是在一定的社会关系中，人们自愿交往、彼此合作达成交易所支付的成本，也即人——人关系成本。它与一般的生产成本（人——自然界关系成本）是对应概念。从本质上讲，有人类交往互换活动，就会有交易成本，它是人类社会生活中一个不可分割的组成部分。

（二）交易成本的分类

由于交易成本泛指所有为促成交易发生而形成的成本，因此很难进行明确的界定与列举。但通常，我们可以将交易成本区分为事前与事后两大类。

（三）交易成本产生的原因

交易成本来自于人性因素与交易环境因素的交互影响，其产生的原因主要有。

1. 风险与不确定性（risk and uncertainty）

指交易过程中各种风险的发生概率。现实中充满不可预期性和各种变化，由于人类有限理性的限制，使得面对未来的情况时人们无法完全事先预测。加上交易过程买卖双方常发生交易信息不对称的情形，交易双方因此会将未来的不确定性及复杂性纳入契约中，通过契约来保障自身的利益。所以，交易不确定性的升高会导致监督成本、议价成本的提升，使交易成本增加。

2. 有限理性（bounded rationality）

指交易进行参与的人，因为身心、智能及情绪等限制，在追求效益极大化时所产生的限制约束。

3. 机会主义（opportunism）

是指人们对自我利益的考虑和追求，即人具有随机应变、投机取巧、为自己谋取更大利益的行为倾向。参与交易进行的各方为寻求自我利益而采取的欺诈手法，同时增加彼此不信任与怀疑，因而导致交易过程监督成本的增加。

4. 信息不对称（information asymmetric）

因为环境的不确定性和自利行为产生的机会主义，交易双方往往握有不同程度的信息，使得市场的先占者（first mover）拥有较多的有利信息而获益，并且形成少数交易。

5. 资产专用性（asset specificity）

指交易所投资的资产本身不具市场流通性，或者契约一旦终止，投资于资产上的成本难以回收或转换使用用途，称之为资产的专属性。资产专用性可以分为五类：地点的专用性；有形资产用途的专用性；人力资产专用性；奉献性资产（指根据特定客户的紧急要求特意进行的投资）的专用性；品牌资产的专用性。

6. 交易的频率（frequency of transaction）

交易的频率越高，相对的管理成本与议价成本也升高。交易频率的升高使得企业会将该交易的经济活动内部化以节省交易成本。

7. 气氛（atmosphere）

指交易双方若互不信任，且又处于对立立场，无法营造一个令人满意的交易关系，将使得交易过程过于重视形式，徒增不必要的交易困难以及成本。

二、风险与不确定性

在现实生活中，商业活动都充满了风险与不确定性。理论上，所有的企业都会发现产品价格每月都在波动；劳动、土地、设备和燃料等投入品的价格常常有很高的不稳定性；竞争者的行为也很难提前预知。经济生活就是这样一些充满风险的交易。

一般说来，人们更喜欢做有把握的事情，人们总是想要避开风险和不确定性。若一个人为损失一定量的收入而产生的痛苦大于他为得到同等数量的收入而产生的满足感，他就是一个风险规避（risk-averse）者。从消费者的角度，在同样的平均值条件下人们宁愿选择不确定性小的结果，由于这个原因，降低消费不确定性的活动能够导致经济福利的改善。

尽管风险规避者都会努力避免风险，但是风险并不会因此而被消除。当有人在汽车事故中丧生，或者台风席卷了港口之时，某些人必然要因此而付出某种代价。市场机制通过风险分摊（risk spreading）来应对各种风险。这一过程就是将对一个人来说可能是很大的风险分摊给许多人，从而使每个人所承担的风险降到很低。

风险分摊的主要形式是一种方向相反的赌博形式——保险（insurance）。例如，在购买车辆自燃保险时，车主就好像是就其车辆自燃的可能性与保险公司打赌：如果车辆不自燃，则车主只需要付出一小笔保险费；而如果车辆真的有天自燃了，则保险公司必须按合同规定的价格赔偿车主的惨重损失。所以，保险是将风险从风险规避者或风险较大者的一方，转移到风险偏好者或较容易承担风险的一方。

另一种分散风险的方式是经由资本市场来进行，这是因为，有形资本的资金所有权可以通过企业所有权这个媒介，将风险在很多的所有者之间进行分摊，并且能够提供比单个的所有者大得多的投资和承担大得多的风险。投资生产一种新型商业飞机就是这样的例子。这种飞机是全新设计的，包括研究与开发，可能需要为期10年、总额达到20亿美元的投资。然而，如此巨大的投入并不能确保这种飞机将会拥有足够的商业市场前景以补偿其投资。因此，几乎没有人愿意冒如此巨大的风险（即使他拥有这笔财富）进行这样的投资，市场经济可以通过公众拥有公司的办法来完成这一巨大的任务。

三、有限理性与机会主义

（一）"契约人"假说

社会科学中的所有理论都直接或间接地包含着对人的行为的假设。其中，古典经济学的"经济人"假说无疑是十分理想化的。新古典经济学中，经济人的理性日益膨胀，逐步偏离了斯密关于"经济人"理性阐述的范畴：理性行为被看做是旨在发现达到最大化的最佳方案的选择行为，并进一步要求选择符合一系列的"理性公理"，特别是在数学化的一般均衡论和"主观期望效用理论"中，经济人获得了神一般的理性，而被戏称为"超级经济人"。正是由于此，与古典学派中相应的经济伦理观的不同，当代主流经济学中的伦理因素日益减少。特别是在经济学的数学化潮流中，经济人的非人化倾向已经成为主流。此刻，经济人的数学化形式使得经济学家的注意力离开交换契约中的个人行为，只去重视目的——工具的纯逻辑选择，甚至根本不把市场作为一种交换过程或制度看待，而把市场仅仅视为一种计算手段和机械结构。20世纪中后期，越来越多的经济学家开始主张放弃人是"理性的效用最大化者"的观点，以恢复"实际的人"的显著特点。其中，比较有影响的概念包括契约人、政治人、等级人等等。交易成本经济学认为，实际社会中的人都是"契约人"，他们无不处于交易当中，并用明的或暗的契约来治理他们的交易。契约人的行为特征不同于经济人的理性行为，具体表现为"有限理性"和"机会主义行为"。

（二）有限理性

有限理性涉及人与环境的关系，是指人的行为"是有意识性的，但这种理性又是有限的"。有限理性包括两个方面的含义：一是环境是复杂的，在非个人交换形式中，人们面临的是一个复杂的、不确定的世界，而且交易越多，不确定性就越大，信息也越不完全；二是人对环境的认识能力和计算能力是有限的，人不可能无所不知。

"有限理性"与"不完全信息"的关系。一种观点认为，所谓的有限理性可以归结为不完全信息，即只要愿意支付足够高的信息成本，人的理性就可以是无限的。但实际上，且不论信息的获取成本有时将非常高昂，真正的问题不在于是否有信息，而在于我们有限的大脑能够"加工"多少信息。这里存在一个信息悖论，即信息的搜寻不可能达到最佳状态，因为人们在获得信息之前无法确定信息的价值；但，一旦人们了解了信息的价值，事实上他/她已无成本地获得了这一信息。此外，太多的信息与太少的信息可能同样是不理想的。

在现实世界中，信息不仅具有不完全的特征，而且还具有不对称的特征。所谓不对称，是指交易双方对交易品所拥有的信息量不对等。例如在汽车交易特别是二手车中，卖方可能要比买方对汽车有价值的特征知道得多。且，人们可以通过向对方披露部分信息甚至欺骗等手段隐瞒信息获利。

（三）机会主义

广义上人的机会主义行为倾向具有二重性，一方面，机会主义动机或行为往往与冒风险、寻找机遇、创新等现象有一定的联系，从这个意义上说机会主义的对立面是保持现状；另一方面，机会主义又会对他人造成一定的危害，如机会主义者有时把自己的成本或费用转嫁给他人，从而对他人造成侵害，从这个方面看，机会主义行为也是一种损人利己的行为。损人利己的行为又可以分为两类：一类是在追求私利的时候，"附带地"损害了他人的利益。另一类损人利己的行为则纯粹是人为的、故意地以损人为手段来为自己牟利，其典型的例子是偷窃和诈骗。而用经济学术语来定义，所谓人的机会主义倾向是指在非均衡市场上，人们追求收益内在、成本外化的逃避经济责任的行为，机会主义的具体表现主要有。

1. 基于信息不对称的"道德风险"和"逆向选择"行为

完全信息是西方经济的基本微观假设之一，也就是说，一堆理论都是在完全信息（每个参与主体都拥有完全的信息，即做出的抉择包含了所有的信息）的假设基础之上的。而现实生活中，信息常常是不完全的（包括了信息不确定和信息不对称两种情况），即实际生活中人们的抉择常常不能包含或者无法包含市场的全部信息。

所谓信息不对称（information asymmetric），是指市场交易的各方所拥有的信息不对等，买卖双方所掌握的商品或服务的价格、质量等信息不相同，即一方比另一方占有较多的相关信息，处于信息优势地位，而另一方则处于信息劣势地位。在各种交易市场上，都不同程度地存在着信息不对称问题。正常情况下，尽管存在信息不对称，但根据通常所拥有的市场信息也足以保证产品和服务的生产与销售有效进行；在另一些情况下，信息不对称却可能导致市场失灵。在信息不对称的情况之下，人们可能有不完全如实地披露所有的信息及从事其他损人利己行为的倾向。信息不对称引起的机会主义行为倾向，可以分为事前机会主义行为和事后机会主义行为。

（1）事前机会主义行为

指交易各方在签约时利用签约之前的信息不对称或隐蔽信息，交易的一方掌握着交易的某些特性，而另一方却在此无法观察或试验，在交易完成后，此种信息不利因素即不复存在。在这种条件下，掌握私有信息的一方就会利用对方的信息弱势故意扭曲事实真相、迷惑他人和浑水摸鱼，为自己谋取利益。这又被称为"逆向选择"。例如，如果卡车的养路费只取决于车辆的登记吨位，车主就会购买装载能力较强而登记吨位较低（"大吨小标"）的车型甚至伪造行车证等等。

（2）事后机会主义行为

指即便在交易完成后，交易一方所具有的信息少于另外一方的情况依然存在，交易方得以在签约之后利用信息不对称与信息优势,通过去减少自己的要素投入或采取机会主义行为,违背合同,钻制度、政策及合同的空子,采取隐蔽行动的方法以达到自我效用最大化而影响组织效率的道德因素,因为交易的一方因观察监督困难无法观察另一方的行为,或因成本太高根本无法监督对方的行为。这通常被称作"道德风险"。

基于信息问题的两种机会主义行为,都造成了效率的损失。一方想要识别另一方的隐蔽行动与隐蔽信息并不是不可能的,但需要在收集信息、进行检查和监督所需要的相应成本与所获得的相应收益之间进行权衡。这种对检查监督活动本身成本收益的计量说明组织与合作中的"逆向选择"与"道德风险"会或多或少地始终存在。

2. 基于集体行动的"搭便车"行为

集体行动的难题,即"搭便车"也是一种机会主义行为,搭便车指的是即使个人未支付费用,他也享受到了团体所提供的服务,在协作性交易当中表现为个人某种形式的"偷懒"却获得相同的报酬。当产出的物品带有集体物品或公共物品性质时,搭便车现象尤其严重。个人理性造成了集体或合作方的外部负效应,使集团利益的激励不足,导致行为人的激励弱化,却为搭便车者提供了偷懒的激励。

以红绿灯的设置为例,在一个拥挤的十字路口,由于没有红绿灯的控制,每辆车都急于通过路口,从而导致路口变得更加拥挤,每辆车都无法通过。设置一个红绿灯的成本为5万元/年,一年该路口通过10万辆汽车,每辆汽车由于能够顺利的通过路口而节约的成本为10元。由于节约的成本100万元大于5万元,设置红绿灯是有效率的。但市场会提供这个有效率的结果吗,可能性比较小。公共物品的非排他性使得通过市场交换获得公共产品的利益这种机制失灵。对于红绿灯提供者而言,他必须能够把那些不付钱而享受红绿灯的人排除在消费之外,否则他将无法弥补生产成本。而对于一个消费者而言,由于公共产品的非排他性,公共产品一旦生产出来,每一个消费者都可以不支付就获得消费的权力,每一个消费者都可以搭便车。消费者这种行为意味着生产公共产品的厂商很有可能得不到弥补生产成本的收益,在长期当中,厂商不会提供这种物品,这使得公共物品很难由市场提供。

3. 基于资产专用性投资的"敲竹杠"行为

机会主义行为在共同投资的双方或多方之间也极为普遍后按资产市场转换的难易,可以将专用性维度分成三类:非专用、混合和特质(专用)。"专用性"是指耐用性实物资本或人力资本投入某一特定的交易关系从而被锁定的程度。一旦要打破既有关系或制度规则,专用性资产将付出巨大的转置和退出成本,产生"套住"效应。这个概念之所以重要,是因为一旦进行了专用性投资,交易双方都要在相当长时期内在双边交易关系下进行活动;不可交易的资产特征确定了投资方退出交易过程与契约关系的困难程度,对合约的另一方产生依赖,这无疑将弱化投资方在投资完成后的谈判地位而无法防止另一方的机会主义行为。若交易中包含某种性质的专用性投资,事先的竞争将被事后的垄断或买方垄断所取代,从而导致另一方将专用性资产的"准租金"为己有的"机会主义"行为。如利用合约的不完全性,寻找了种种借口"敲竹杠",使自己在交易中处于有利的位置。被对方"敲竹杠"风险的存在增加了专用性资产的交易费用，它影响当事人事后讨价还价的地位，从而影响事前的投资决策，资产专用性越高，市场交易的潜在风险即成本越大，纵向一体化的可能性就越大。

4. 基于博弈的短期化行为与消极等待行为

博弈（game），是指在一定的游戏规则约束下，基于直接相互作用的环境条件，各参与人依靠所掌握的信息，选择各自策略（行动），以实现利益最大化和风险成本最小化的过程。简单说博弈就是人与人之间为了谋取利益而竞争。从博弈的角度来看，人的机会主义行为在一次性的交易与合作中会有更加突出的表现。

著名的"囚徒困境"说明了一个十分通俗而又重要的概念，即在一次博弈过程中，人们是不会为了集体的利益而有所奉献的，相反会不遗余力地追求自身的利益最大化。尽管在这种情况下博弈的结果对于集体来说往往不是最佳状态。一定程度上，合作的时间与交易次数成为个人采取机会主义行为的诱因，来自合作性交易或遵守契约带来的未来预期收益的减少甚至终止，是理性人采取行动需要考虑的一个方面。特别是当未来合作性收益无法由个人完全控制而须视群体或交易对手的共同决策而定时，为防止他人采取自利行为，个人为了取胜应该采取何种策略，任何一种团体游戏，都是一种群体环境之下如何进行决策的问题，各个策略之间存在互动关联。面对不对称信息，与同样有智能和谋略思想的对手与之强烈竞争情况下，为了防止对手的机会主义行为，实现自身行为的最优化，个人需要不断在来自交易的长期收益与短期收益、眼前收益与未来收益之间进行权衡。若说在长期的重复博弈交易与契约执行过程中，还存在着相互适应，改变策略的许多机会，采取动态跟随策略，参照对方不断调整自己的战略和策略以获得"双赢"博弈结果的机会，而在即将结束的交易或为数有限的利益互换的交易中，参与者则更有可能采取"一锤子买卖"方式，用"先下手为强"的策略防止"后下手遭殃"的结局。

第五章 交通物流运输与运输方式经济分析

第一节 物流与交通运输经济

一、物流的发展

（一）当代物流发展的趋势

1. 平台化

平台化是基于产业全链数字化相连而提供端到端的优质体验与差异化服务，保持运营的效率和灵活性，同时降低供需双方的交易成本与摩擦成本。物流平台不是单一的业务，是以行业生态为基础的新型商业模式。物流平台表面看是实体整合，实际上是商业模式的融合，同时也是战略思路的协同，它不是建个网站或弄个 App 那么简单。物流平台经济需要商业模式的裂变，依托平台积累的资金流、信息流等其他商业服务获取利润，通过信息通路和资源整合获得更多的价值空间。

2. 多功能化

多功能化是物流业发展的方向。当代物流不仅提供仓储和运输服务，还必须开展配货、配送和各种提高附加值的流通加工服务项目，也可按客户的需要提供其他服务。供应链作为物流系统充分延伸，人们开始关注通过从供应者到消费者供应链的综合运作，使物流达到最优化。企业追求全面的系统的综合效果，而不是单一的、孤立的片面观点。

3. 服务精细化

一流的服务水平是物流企业追求的目标。物流业是介于供货方和购货方之间的第三方，是以服务作为第一宗旨。从当前物流的现状来看，物流企业不仅要为本地区服务，而且还要进行长距离的服务。因为客户不但希望得到很好的服务，而且希望服务点不是一处，而是多处。因此，如何提供高质量的服务便成了物流企业管理的中心课题。首先，在概念上变革，由"推"到"拉"。物流系统应更多地考虑"客户要我提供哪些服务"，从这层意义讲，它是"拉"（Pull），而不是仅考虑"我能为客户提供哪些服务"，即"推"（Push）。

4. 全球化

20世纪90年代初期，由于电子商务的出现，加速了全球经济的一体化，致使物流企业的发展达到了多国化，它从许多不同的国家收集所需要资源，再加工后向各国出口。全球化战略的趋势，使物流企业和生产企业更紧密地联系在一起，形成了社会大分工。生产厂家集中精力制造产品、降低成本、创造价值；物流企业则花费大量时间、精力从事物流服务。

5. 智慧化

智能物流是连接供应和生产的重要环节，也是构建智能工厂的基石。智能单元化物流技术、自动物流装备以及智能物流信息系统是打造智能物流的核心元素。未来智慧工厂的物流控制系统将负责生产设备和被处理对象的衔接，在系统中起着承上启下的作用。智能物流仓储系统是以立体仓库和配送分拣中心为主体，由立体货架等，检测阅读系统、智能通信，实现快速消费行业的需求。随着物联网、机器人、仓储机器人、无人机等新技术的应用，智能物流仓储系统已经成为智能物流方式的最佳解决方案。

6. 生态化

物流生态化是指使物流达到一种可持续发展的平衡状态。物流生态是对物流及其衍生物的一种理想描述，物流生态的最终目的是以最低的成本、最好的服务质量、最便捷的方式，通过运输、保管、配送等物流方式结合物流衍生物的信息流、商务流、资金流，实现原材料、半成品、成品等从产地到消费地的合理高效管理，达到物流资源优化配置的目的。其构成要素包括：商品的设计、生产、运输、配送、仓储、包装、搬运装卸、流通加工，以及相关的信息流、商务流、资金流等环节的流通。

（二）我国的物流发展

我国的物流事业起步较晚，经历了几十年的发展后，已有了长足的进步。物流科学是当代最有影响的一门新科学，是一门综合的横断系统科学，糅合了现代管理技术、经济学、运筹学、计算机和通讯科学、运输技术、仓储技术、装载技术、搬卸技术等。物流科学影响到社会再生产的方方面面，物流是将来各种运输方式的最终发展趋势，任何一种运输方式将离不开物流科学的指导。

市场经济是实现资源最佳配置的经济形式。因此，从市场经济供求运动的角度分析物流，有助于我们对人类的经济活动规律及社会经济的发展有进一步的认识。

1. 物流的市场观

人们通常将流通领域里所发生的商品买卖，以及由商品买卖所引起的人、财、物的全部运动，称为物流。作为商务概念，通常认为物流涉及的是实物及相关信息在供应者与需求者之间传递的全过程。

作为经济学概念的商品，是使用价值和价值的统一体。商品的市场供求活动实际是物质流和价值流运动，即商品流通过程实际包括两种流程。首先表现为"实体流通"（简称"物流"），即商品的实体运动过程，它是通过运输、储存及其他机构的配合来完成的。商品物流的内容包括了商品的包装、运输、装卸、储存、养护等活动，反映商品在时间和空间上的变换。商品流通的另一过程是"交易流程"或称之为"所有权流程"（简称"商流"），即商品的所有权转移过程。它是通过一次或多次交易活动，使商品价值形式发生变化，将商品的所有权逐次转移，最后到达消费者或使用者手中。

不难看出，物流的基本特征是实物的流通，即使用价值的流转；而商流的本质特征则是商品价值的流转，即商品所有权的转移。在商品经济条件下，物流与商流一般是统一的，即商流是物流的前提，物流实现商流。正是物流与商流的辩证统一运动，推动所有商品（生产、生活、物质和精神等）的交易行为，促成了各行各业、不同种类、各个层次和大小不等的市场，并由这种市场交易的网络形成商品交换的供求运动和供求运动的渠道。

2. 物流的需求观

从工业化和后工业化经济发展历程可以看出，需求是带动商品经济发展的龙头。人们常把投资需求、消费需求、政府购买、出口看成是启动内需和外需，拉动经济增长的四驾马车。需求变动不仅带动经济增长，而且促进产业结构的调整、升级，进而引导物流的发展。

需要与需求是两个具有不同含义的概念。需要的层次性、多样性、复杂性和永不饱和性，是人们不断从事物质和精神生产活动的永恒动力。而从市场经济引申出来的需求则包含着商品的价格、人们的支付能力及其偏好等因素。但是需要仍然是构成需求的初始因素。

人们无限多样的物质与精神需要向各地区、各民族、各国家的社会生产提出了越来越多和越来越高的要求。但是，受自然历史条件等多方面限制，仅在产品结构上不可能从质量、数量和规格品种上满足人们的需要，不可避免地存在着经济状况的局限性和物质需要多样性的矛盾。生产力越发展，社会分工越细密，这种矛盾越尖锐。在市场经济条件下，物流不断缓解着这种矛与盾的对立，通过商品交换形式，广泛开展地际、省际、国际的经济交流和贸易往来，建立和发展各部门、各行业的横向联系，一业托两体（业是物流业，体是市场运行的生产者和消费者），互通有无，沟通市场供与求。

3. 物流的费用和信息观

市场经济下的物流，除了与诸多的需求因素相关之外，还有些不可忽视的另一方面，就是市场供求运行的交易费用和信息。交易是市场经济存在的基础，经济学用"交易费用"这一概念来说明完成市场交易所需要的费用。由于交易费用的存在，交易者在价格之外必须另行支付一笔费用，这笔费用如果太大就会使得交易不能进行，不会发生。因此，交易费用的降低直接关系到经济运行的效率和物流业的发展。

寻找理论说明市场的大多数商品交易是交易主体寻找的结果，寻找不仅存在寻找费用，而且，寻找问题的复杂性和特殊性使人们可以有各式各样的寻找方法。市场中的交易主体不仅面临着选择样本空间的选择对象，也面临着选择对象的"完美信息"和"完全信息"问题。市场不会把全部的信息无偿传递给需求者和供给者，因此，信息的寻找和传递也是有费用的。显然，要使物流有效率，呈现有次序的状态，就必须不断改进物流运动的形式和状态。不断创新的方法能够有效地降低寻找费用和次数。新的物流网络、站点不断涌现，新的交易伙伴、企业的出现以及新的市场运行制度的出现，正在让社会成员具有较低的交易实施的费用（进入市场的费用）及较低的信息寻找费用（容易找到交易伙伴）。实践表明，降低交易费用和寻找费用，促进了交易效率，提高交易中的"透明度"，显示可信的市场信息，是物流发展的基石。

商品经济的发展，意味着世界经济水平和国际分工程度的提高，也意味着寻找费用和交易费用的增加。但是，交易费用太高将影响交易的实现，降低物流的能力和水平。因此，那些不断降低交易费用，使交易费用更低的物流形式和业态，也具有更强的竞争力，更容易被经济社会所选择。那些加强信息传递，不断提高市场"透明度"的物流形式，那些具有更强的产生经济信息能力的物流业态将会成长壮大。

以上从市场运行的需求、交易费用和信息等方面分析了影响物流的相关因素，还不能揭示当代物流迅猛发展的内在动力。受传统观念的影响，认为物流或流通领域不创造价值的错误认识，混淆了价值创造和财富创造的关系，束缚了物流发展。物流这一经济范畴，既独立于商品市场，又内涵于商品市场。当我们从市场供求配置资源的财富观认识物流时，物流实际上是商品市场供给链的延长，物流不仅仅实现和转移价值，增加附加值，而且不断地创造着更多的社会财富。

4. 物流的财富创造

市场经济条件下，物流也创造财富和利润。物流的发展不仅促进了物质生产领域和精神领域财富的增加，而且它自身也创造着财富。

（1）物流的财富观

财富是相对人类社会而言的。当我们把财富看成是用来满足人们需求的有用物时，财富的创造就必定是由生产要素即土地、劳动、资本和企业家所共同创造。一个国家、地区或个人家庭的财富多寡，常用价值形式表示，即简化为人均国民收入的多少来衡量。

国民收入是所有要素投入的价值总和，这里当然包括物流业的要素投入。然而，在国民收入这一总量的抽象分析和计算中，物流所创造国民收入却是隐含的。这就给人们一个错觉,似乎物流仅仅媒介财富的转移,其实,所有物流业都是通过投入生产要素而运转的。试想,仓储能不投入地皮?运输难道不投入交通工具?大型超市岂能不投入劳动管理?现代物流网络的哪一个节点不投入现代高新科技?从市场供求运行角度看资源配置,物流的所有投入要素都创造了财富。

综观今天的世界财富,不仅是多变的,而且是有时效的。由于物流是带有时空特点的运动,所以物流的时空变化还会影响供求的市场价值形成,进而影响国民财富的变化。

（2）物流的时空观

物流可以创造出时间价值和场所价值,包括物流加工作业中所创造的加工附加值。物流不是"物"和"流"的简单统一,生产、分配、交换、消费的物质运动过程是时间和空间的统一。"时间是金钱"是物流真实的反映。商品在不同时间和不同地点具有不同价格,因此时间差别和场所区别给物流带来了"时间价值"和"场所价值";物流过程中不同场所,根据专业化分工和场所优势所从事的补充性的加工作业也会形成劳动对象的附加值。另外,物流的加速一定会节约商品在流通领域里的时间,这会节约流通费用,又会加快资金周转,带来经济效益。现代科学技术在物流领域里的应用,大大加快了物流的速度,节约了时间。比如集装箱、条码、网络信息等新技术的应用和推广,加快了物流速度,使现代物流创造出了前所未有的时间价值。

物流不仅存在时间特征,而且具有向高价值区流动趋向。在竞争的市场经济中,商品总是向价值高的场所流动。不管是从集中生产场所流向分散的需求场所,还是从分散生产场所流向集中需求场所的物流,追求场所价值是区域间、国际物流发展的主要因素之一,也是物流产业链不断延伸的根本所在。

（3）物流的利润源

从物流的财富观出发,从物流交易费用和物流时空价值论分析,就不难说明物流业存在着丰厚的利润,这是当今世界范围内物流蓬勃发展的基本原因。流通领域蕴藏着提高经济效益的无穷潜力,发展前景十分可观。

从历史角度看,有两大提供利润的领域:一是资源领域,二是人力资源领域。在经济学中,人们的经济行为和行为选择多年来首先考虑的是土地、资本、劳动为第一经济资源,后来才逐步认识到企业的组织形态或组织潜能、企业家素质是更重要的经济资源。当这两个领域潜力已越来越小时,人们越来越清楚地认识到物流领域是具有巨大潜力的"第三利润源泉",应该不失时机地开拓这一新的"利润源"。当前,物流业的发展已充分证明了这一结论。

我国第三方物流的市场需求十分可观,依据世界银行的估算,中国物流成本占GDP的比例为16.7%,2019年中国GDP为99.1万亿元,按15%计算,物流成本为14.87万亿元,这无疑是一个巨大的市场。可以预计,伴随中国经济的持续、稳定、协调、健康的发展,一个具有好前景、高需求和高收益三大特点的中国物流业一定会蒸蒸日上。

毫无疑问,现代物流的发展,意味着流通费用的不断降低,利润的增加。对社会生产而言,物流的发展有利于提高企业效益和社会经济效益,有利于合理调整商品的价格,有利于促进和提高经营管理水平,提高服务质量。所以,研究物流业的变革和发展,具有重要的理论意义和实践意义。

二、物流在国民经济中的地位与作用

物流是国民经济的基础和动脉,物流通过不断输送各种物资产品,使生产者不断获得原材料、燃料以保证生产过程的进行,又不断将产品运送给不同的需求者,以使这些需求者的生产、生活得以正常进行,这些相互依赖的存在,是靠物流系统来维持的,国民经济也因此得以成为一个整体。具体来说,物流在国民经济中的地位和作用表现在以下几个方面。

(一)物流是再生产过程的必要条件和社会生产力的重要组成部分

第一,生产领域中的物流活动,显然是生产过程的重要组成部分。例如,工厂内通过汽车、专用铁路以及其他运输设备,使生产过程中的原材料、半成品和再制品的位置发生移动,是生产得以进行的重要条件,至于某些生产部门如:煤炭/石油等,其生产过程在很大程度上就是运输的过程,毫不夸张地讲,如果没有这些物流活动,工农业生产就不能顺利进行。

第二,产品从生产过程中生产出来后,必须通过运输、分配、交换,才能达到消费领域,如果没有运输这个环节,产品的使用价值就难以实现,社会的再生产过程就不可能进行,人们生活的需要也就难以满足。

第三,物流是"第三利润的源泉"。人们在实际的经营活动中,发现流通费用占整个产品成本的比率实在太高,一个企业是如此,一个国家亦是如此,为此,人们通过各种途径开展了物流合理化的研究,物流合理化的研究至少能够收到几个方面的作用:降低物流费用,减少产品成本,缩短生产周期,加快资金周转,提高资金的使用效率;提高产品的市场适应能力,进而增强一个企业、一个供应链、一个行业、一个国家的竞争能力。

(二)物流保证了社会产品的提供并创造了国民收入

物流一般不创造新的物质,不增加社会产品的总数量,但是却是社会产品生产过程中所必需的生产劳动,如果是生产过程中的物流,则物流工人、物流设备直接参与物资产品的创造过程;如果是流通中的物流,则它是一个必要的追加的生产过程,产品经物流环节虽然没有使其使用价值发生任何变化,但是由于物流过程中消耗的生产资料价值以及物流职工新创造的价值追加到产品的价值中去,让产品的价值增加了。

(三)物流确保了社会正常的生活和工作秩序

物流活动是社会赖以存在和发展的必要条件之一,特别是随着现代社会经济的发展,没有发达的物流业,社会生产活动,人们的正常生活和工作简直无法想象。虽然现代化的信息流将会减少对交通运输的依赖,而更多地依靠现代化的通信设备,但目前信息载体还有相当部分是信函、报纸、杂志和其他印刷品,而这些均由交通运输部门处理。可见没有完善的交通运输系统,社会就像人患了消化不良、水肿甚至血栓等病一样,不可以正常运转。

(四)物流是发展现代化电子商务的必要条件

电子商务形式的出现是流通经济领域的一次革命性变革,是人类由工业经济步入知识经济、信息经济的主要标志,是现代网络经济的特征体现,是一个国家的经济新增长点。电子商务经过多年的发展,历经了几个阶段,取得了极大的发展,但在发展的过程中也暴露出许多问题,物流环境、网络交易安全、电子支付、法律规范等一系列问题阻碍了电子商务的发展,人们意识到只有很好地解决这些"拦路虎",电子商务才能真正得到广泛应用和发展。现代化的物流系统对电子商务的支持作用是显而易见的,试想,在电子商务下,消费者在网上浏览后,通过轻松点击完成网上购物,但所购货物迟迟不能送到手中,甚至出现了买电视机送茶叶的情况,其结果可想而知,消费者只能放弃电子商务,选择更为安全的传统购物方式,因此,加强物流管理现代化的建设,让其适应电子商务的要求,将推动电子商务的开展。

(五)物流占用、消耗了大量的社会资源

物流业不仅占用了大量的劳动力,而且消耗了大量的社会资源,运输费用在生产费用中占有很大的比重。例如,我国在发电工业的发电成本中,燃料的运输费用占1/3以上,在商品流通费用中,比重最大的也是物流费用。物流业的发展,有赖于国民经济其他部门的发展,反过来又促进其他经济部门的发展。

(六)物流增加国家的国防力量

在战时,无论武器装备何等精良,但若不及时送达前线,就不可能发挥应有的作用。因此,运输线路的畅通程度,特别是铁路、公路的运输能力对国防力量是至关重要的。运输业平时确保社会经济的发展,战时则可以用于国防的需要,充分保障兵力的调集,武器、弹药的后勤支持。历史证明,大力发展物流业,对于国防建设有着重要的作用。

近些年来,人们已经认识到,包含交通运输在内的且包括了产品的生产、流通和消费过程中诸环节的物流系统,已成为国家经济在高起点上持续发展的重要基础。随着现代科技、管理和信息技术在物流系统中的广泛应用,物流行业已经成为适合于市场经济发展的基础产业之一。

三、交通运输在物流中的作用与地位

交通运输是连接生产、流通、分配、消费、商贸等各个环节,沟通国际间、地区间、城乡间的纽带和桥梁,它在物流过程之中起着举足轻重的作用。

(一)运输是构成物流有机系统的核心组成部分

物流活动实质上是一种物资资源配置活动,物流技术实质上是一种物资资源配置技

术。它由运输、仓储、包装、搬运、流通加工、物流信息六大功能要素构成，通过对这些要素的有机整合来实现对物资资源在时间和空间的有效合理配置。运输和仓储是其中的核心环节，在其他环节的紧密配合之下，共同完成物资在时间和空间上的移动。其中，运输是物流的核心，它贯穿物流产生和结束的全过程，物流通过运输实现商品的价值和使用价值。仓储和运输是构成一个物流系统的两个中心环节，缺一不可。作为物流的中心环节之一，可以说运输是物流中的最重要的功能，运输的作用主要有以下几点。

一是物资部门通过运输解决物资在生产地点和需要地点之间的空间距离问题，从而创造商品的空间价值，以满足社会的需求。无论产品以什么形式存在，也不管是在制造过程中将被转移到下一阶段，还是更接近最终用户，运输都是必不可少的，运输的主要功能就是产品在价值链中的来回运动，运输的主要目的就是用最小的时间、环境、财务资源成本，将产品从原地转移到规定地，此外，产品的灭失损坏费用也应该是最小的，同时，产品转移所采用的方式必须能够满足客户有关交付履行和装运信息的可得性等方面的要求。

二是运输扩大了经济的作用范围和在一定的经济范围内促进物价的平均化，现代化大生产的发展，社会分工越来越细，产品种类越来越多，无论是原材料的需求，还是产品的输出量，都大幅度地上升，区域间的物资交换更加频繁，运输手段的发达也是这些产业发展的支柱。

三是运费成本在物流成本中所占的比例最大，根据日本经济产业省对六大货物物流成本的研究结果表明，其中运输成本占40%左右，因此，深入地对运输问题进行研究，促进运输的合理化发展具有重要的意义。合理化的途径有以下几个方面。

1. 运输网络的合理配置

应该区别储存型仓库和流通型仓库，合理配置各物流基地，基地的设置应有利于货物直达比率的提高。

2. 选择最佳的运输方式

首先要决定使用水运、铁路、汽车或航空，例如用汽车还要考虑车型，用自有车还是委托运输公司。

3. 提高运送效率

努力提高车辆的运行率、装载率、减少空车行驶，缩短等待时间和装卸时间，提高有效的工作时间，降低燃料的消耗。

4. 推进共同运输

提倡部门、集团、行业间的合作和批发、零售与物流中心之间的配合，提高运输工作效率，降低运输成本。

当然，运输的合理化必须考虑包装、装卸等有关环节的配合及其制约因素，还必须依赖有效的信息系统，才能实现其改善的目标。运输合理化要考虑输送系统的基本特征。对城市之间、地区之间由于货物的批量大、对时间要求不很苛刻，因此，合理化的着眼点要考虑降低运输成本,对于地区内和城市内的短距离运输(末端运输),以向顾客配送为主要内容,批量小时应及时、准确地将货物运到,这类情况下合理化目标应该是以提高物流的服务质量为主。

(二)运输合理化和现代化是物流合理化、现代化的主要内容

交通运输合理化是实现物流合理化的重要因素。交通运输合理化的主要内容有:建立综合运输体系,处理好铁路、公路、水运、航空、管道五种运输方式的合理分工,协调发展;采用先进运输设备,不断提高运输管理现代化的水平;设计安排好工业企业内运输服务于工业生产的各个环节;选择物流合理运输方案与经验,组织好具体的运输工作。

首先,建立包括五种运输方式的综合运输体系。综合运输体系最能发挥各种运输方式的特点,是提高经济效益的重要方法,对建立合理的运输结构,缓解运输能力的不足,扩大运输能力有着重要的意义。运输合理化首先在很大程度上就是充分利用综合运输网,发挥各种运输方式的优势,按照各种运输方式的技术经济特点,合理分工连接贯通,合理地选择运输路线,发挥各个运输网点、站、港、机场的作用,提高社会效益和企业效益。

其次,运输工具的选择是实现物流的合理化的重要因素。交通运输工具及其基础设施的现代化程度越高,商品在流通中的时间就越短,运输的速度越快。如铁路采用重载运输,水运采用大吨位的船舶,汽车、大型飞机采用集装箱运输等,对挖掘运输设备的潜力,扩大运输能力,加快货物运达,都有着很重要的作用。

最后,改善运输经营组织,实现交通运输管理现代化是实现物流合理化的重要内容,对提高物资运输的质量和效率,保证货物运输的安全,改善运输部门的劳动条件,降低运输成本,提高运输效率有着十分重要的意义。

物流现代化的目的是用先进的手段,将商品按时间、按质量、按标准、按运输方式送达目的地,使流通时间最短、流通费用最小,流通增值最快,以达到社会效益和企业效益最优化。物流现代化的内在要求就是实现交通运输的现代化。为实现交通运输的现代化,应采取以下措施。

第一,建立与完善由铁路、公路、水运、航空、管道五种运输方式组成的综合运输体系,发挥各种运输方式的优势,按不同运输方式的技术经济特点,协作分工,连接贯通,综合利用,统筹规划,形成合理的运输结构。

第二,加快交通运输体制改革。一是交通运输管理体制改革,建立适应社会主义市场经济需要的新体制。改革的重点是实现政企分开、企业重构,市场经营。二是运输企业改革,抓大放小,实行资产重组和结构优化,形成若干个全国性、地区性的大集团。通过改组、联合、兼并、股份制、承包、租赁等形式,让众多小型运输企业找到适合自身发展的组织模式和适合自身的管理模式。

(三)运输的发展对物流的发展将产生重要的影响

运输作为物流的核心组成部分,它的发展将从很大程度上对物流的发展产生巨大的

影响，主要体现在以下几个方面。

第一，交通运输网的发展促使物流网络的建立和完善。物流网络是由若干个节点和联络各点的交通线路组成的一个运输网。在一个地区的物流网络当中，各城市的货运站、港口、机场等都是节点，而铁路、公路、航空是联络这些节点的主干线，大小不同的诸多节点与运输能力不同的各条线路，组成了一个覆盖整个地区的物流网络。

第二，交通运输网络的发展促使综合物流中心的建立与发展。交通运输网络的发展，使得集装箱多式联运取得很快的发展，集装箱运输业从一开始就十分重视货物运输过程的整体性，目前国外一些班轮公司大量投资于公路运输、仓储、流通、铁路网甚至航空，集装箱运输业正在走向综合物流时代，有了现代的综合物流中心，货主、托运人或其代理人，便可以借助于现代通信手段，对物流全过程进行信息跟踪，使货物不仅能够得到准时准地的"门到门"甚至是"货架到货架"的运输，而且能够使其在综合物流系统的节点上得到按照信息指示进行处理。

第三，交通运输网的发展，新的道路建成，对加速物流的流通过程，节约商品的流通费用起着重要的作用。如沪宁高速公路建成后，由沪、宁、杭二地四家国有运输企业联手组建的"金三角"道路快速货运网络已经形成。快运系统以上海、南京、杭州商店为主体，以沪宁、沪杭两条高速公路为轴心，开展以零担货物快运为基础的整车直达快运，并开展集装箱快运和特快专递业务，并向华东以及华东边缘地区的中心城市和全国拓展。

第四，在交通运输网中，交通运输枢纽的发展对物流具有重要的影响，交通运输枢纽是交通运输网的重要组成部分，交通运输枢纽是集运输生产、商贸经营、物资流通、信息服务和运输组织为一体的枢纽设施。交通运输枢纽由"四个系统"组成，一是组织管理系统，包括运输市场管理，主枢纽的内外协调，调度指挥，运输代理、组织联运以及站内、港内的作业组织等。二是通信信息系统，包括为货源联络，售票，站场联系，车船调度等信息的收集、加工、处理服务的计算机和通信设施。三是生产服务系统，包括仓库堆场、站房、停车场、码头泊位等设施，以及必要的装卸机械设施、运输车辆、船舶等设备。四是辅助服务系统，包括为满足生产、生产辅助服务而必需的各种设施。

交通运输枢纽在客货运方面要充分满足其需要，在客运方面，对运输的舒适、安全、中转换乘的便捷提出更严的要求。在货运方面，要求提供运输代理、多式联运以及必要的仓储和信息。现代化的交通运输枢纽设施，也是现代化城市建设不可缺少的组成部分。现代化的运输设施、完善的信息网络和科学的运输组织，对于疏通物流的各个环节，实现客货集散运的畅通，发挥中心城市的集散力，从而带动周边地区的经济发展起着重大的作用。

（四）物流配送是物流运输的一种特殊延伸方式

随着商品消费市场的不断发展，仓储周转速度的逐渐加快，过去大批量的货物运输改为多批次、少批量，造成物流成本上升、城市交通堵塞和环境污染等各项问题。为此，需要采用一种新型高效的物流活动方式来取代传统的方式。实践证明，配送是多年来国际物流业创造的最佳服务形式，现在配送业在发达国家已是一个成熟的行业。

第一，配送是道路运输服务的一种特殊形式，它是体现物流基本特点的一项重要功能，也是货物运输作业的一种特殊形式，它的服务水平很大程度上体现物流服务的水准。

所谓配送就是按照用户的订货要求和配送计划，在物流据点（仓库、商店、货运站、物流中心等）进行分拣、加工和配货等作业后，将配好的货物送交收货人的过程。从货物的位移特点而言，配送多表现为短距离、小批量的货物位移，因而，也可以将配送理解为描述运输中某一指定部分的专用术语。配送作业也不等同于送货，它亦有别于单纯送货的时代特征。

①配送是从物流据点到用户之间的一种特殊送货形式，这种特殊形式表现在配送的主体是专门经营物流的企业；配送是中转环节的送货，与通常的直达运输有所不同。

②配送连接了物流其他功能的物流服务形式，在配磅（分拣、加工、配货、送货）中所包含的那种部分运输（送货）作业在整个运送的过程中处于"二次运送""终端运送"的地位。

③配送体现了配货与送货过程的有机结合而极大地方便了用户。体现了较高的物流服务水准，即完全按用户对货物种类、品种、数量、时间等方面的要求而进行的运送作业。

④配送是复杂的作业体系，它通常伴随较高的作业成本。配送成本较高，就既要提高物流服务质量，又要采用降低配送成本的措施，因此，提高配送作业设计等组织管理水平就显得十分重要。在配送中心大量采用各种传输设备、分拣设备，可实现一些环节的专业分工或流水作业方式，降低有关成本费用。

⑤配送在固定设施、移动设备、专用工具组织形式等方面都可看成系统化的运作体系。

第二，最早的配送概念是在原来营销活动的送货概念上发展起来的，今天，它已经独立于运输，而成为物流的一个环节，发挥其不可替代的作用，通过配送作业可以实现以下目标。

①通过集中仓储与配送可以实现企业组织的低库存或零库存的设想，并提高社会物流经济效益。配送服务水准的提高，尤其是采用定时配送或准时配送方式，可以满足企业准时生产制的需要，生产企业依靠配送中心的准时配送，就可以减少库存或只保持少量保险库存。这样，有助于实现"库存向零进军"的目标。

②通过配送也可因减少库存而解脱出大量储备资金用来开发新业务、改善财务状况。配送总是和集中库存相联系的，集中库存的总量远远低于各企业分散的总量，则可以从整个社会角度提高市场调节物资的能力，增强社会物流效益。采用集中库存还可以使仓储与配送环节建立和运用规模经济优势，使单位存货配送成本下降。

③配送提高了物流服务水准，简化了手续、方便了用户，并相应提高了货物供应的保证程度。使用配送服务方式，用户简化订货手续，节约了有关物流程序；同时，由于配送中心物资品种多、储备量大，在一定时间，可以在企业供需时间差上进行，故提高了供货保证程度，也相应减少了各企业单位由于缺货而影响生产正常进行的风险。

④完善了干线运输中的社会物流功能体系。配送活动与干线运输有许多不同特点，配送活动可以将灵活性、适应性、服务水准高等优势充分利用，从而使运行成本过高的问题得以解决。采用配送作业方式，可以在一定范围内，将干线、支线运输与仓储等环节统一起来，使干线输送过程及功能体系得到优化和完善。

四、物流环节的交通运输经济

物流环节主要包括运输、存储、包装、装卸、配送、流通加工、信息处理等活动。而交通运输是物流系统中的一个主要部分，对物流过程起着不可或缺的重要作用。物流环节中的运输主要指的是货物运输，物流运输涉及的范围广，除干线运输外，还包括城市交通和厂内运输。运输活动与客户服务水平有密切关系，在物流业务活动直接耗费的活劳动和物化劳动所支付的费用中，运输费用是物流成本的最大组成部分，运输成本在一般成品的价格中占到10%~20%，乃至更多。因此，研究物流环节的交通运输经济具有重要意义。

（一）物流环节中与运输经济相关的因素

承运人制定运输费率时，必须对距离、装载量、产品密度、空间利用率、搬运的难易、责任以及市场等7个因素进行综合考虑。

1. 距离

距离是影响运输成本的主要因素，由于它直接对劳动力、燃料和维修保养等变动成本发生作用。

2. 装载量

大多数物流活动中存在着规模经济，装载量的大小也会影响运输成本。装载量增加时，每单位重量的运输成本会减少。这是因为装载、运送及管理成本等固定成本可以分摊到每一装载量中。这也意味着为利用规模经济，小批量的装载应整合成更大的装载量。

3. 产品密度

产品密度是指产品的质量和体积之比，它把重量和空间方面的因素结合起来考虑。钢铁、罐装食品、建筑材料等物品的密度较大，而电子产品、衣服、玩具等物品的密度较小。通常密度小的产品每单位重量所花费的运输成本比密度大的产品要高。

对单一车辆而言，通常受空间的限制比受重量的限制要大。产品密度越高，可以把固定运输成本分摊到更多的重量上去，让每单位重量的运输成本较低。因此，增加产品密度一般可以降低运输成本。

4. 空间利用率

空间利用率这一因素是指产品的具体尺寸及其对运输工具的空间利用程度的影响。由于某些产品具有古怪的尺寸和形状，以及超重或超长等特征，通常不能很好地利用空间。例如，谷类、矿石及石油产品可以完全装满容器，能很好地利用空间；而汽车、机械设备等的空间利用率不高;标准长方体的物体比形状古怪的物体能更好地利用空间。空间利用率还受到装运规模的影响,大批量产品往往能相互嵌套,能够较好地利用空间。

5. 搬运的难易

容易搬运的产品可以通过一般的搬运设备完成搬运,而特别的搬运设备则会提高总的运输成本。此外,产品在运输和存储时所采用的包装方式也会对搬运成本产生影响。

6. 责任

责任主要关系到货物损坏风险和导致事故索赔,对产品要考虑的因素是易损坏性、易腐性、易被盗窃性、易自燃性及货物的单位价值。高价值产品一般比较易受损,也容易被盗窃。当承运人承担的责任风险较大时,他可以索要的运输费用也就较高。

承运人必须通过向保险公司投保来预防可能发生的索赔,否则有可能要承担任何可能损坏的赔偿责任。托运人可以通过改善保护性包装,或通过减少货物灭失损坏的可能性来降低其风险,从而最终降低运输成本。

7. 市场

除了与产品有关的因素外,市场因素也对物流成本有重要因素。影响比较大的市场因素有。

①同种运输方式之间的竞争及不同种运输方式之间的竞争。

②市场的位置。

③政府对承运人规制的现状和趋势。

④运输活动的季节性等。

另外,运输通道流量和通道流量均衡等市场因素也会影响到运输成本。运输通道指的是从始发地到终到点的移动途径。因为车辆最后必须回到始发地,它们要么另外找到待运的货物,要么空车返回。当发生空车返回时,有关劳动、燃料和维修保养等费用仍然必须按照原先的"全程"运输支付。理想的情况就是"平衡"运输,即运输通道两端的流量相等。但由于制造地点与消费地点需求的不均衡,使得通道两端流量相等的情况很少见。物流系统的设计必须考虑这方面的因素,且应尽可能地增加回程运输。

(二)物流环节中的运输成本结构

1. 变动成本和固定成本

变动成本是指与每一次运送直接相关的运送费用,包括劳动成本、燃料费用、维修保养费用等。通常以一种可预计的、与某种层次的活动有关的形式变化。固定成本是指在短期内虽不发生变化,但又必须得到补偿的那些费用。这类固定成本包括不受装运量直接影响的费用。对运输企业而言,固定成本包括站点,信息系统以及车辆成本等。一般而言,运输费率至少必须弥补变动成本。

2. 会计成本和机会成本

会计成本也是财务成本,是以实际发生的成本为基础。一般认为,为生产而发生的各项财务支出均为成本。机会成本则是经济学意义上的成本,如运输公司用一卡车去运输 5t 棉花赚取 200 元时,公司不可能同时用它去运输 10t 矿砂赚 400 元,后者就是被前者错过的服务的机会成本。

在正常运作的市场上,价格通常等于(趋于)机会成本。

3. 联合成本和公共成本

联合成本是指决定提供某种特定的运输服务而产生的不可避免的费用。例如,当承运人决定拖一卡车的货物从地点 A 运往地点 B 时,意味着这项决定已产生了从地点 B 往地点 A 的回程运输的"联合"成本。于是,这种联合成本要么由最初从地点 A 至地点 B 的运输补偿,要么必须找一位有回程货的托运人以得到补偿。公共成本是承运人代表所有的托运人或某个分市场的托运人支付的费用。公共成本,诸如端点站、路桥费或管理部门收取的费用,通常是按照装运量分摊给托运人。

承运人在向托运人索要运费时,必须考虑到对于联合运输成本和公共运输成本来说,要随时保持运输费率既有利可图又有竞争优势。当承运人有必要与托运人洽谈运输费率时,他们必须持续评估这些费率,以保证其精确度和可获利性。

4. 边际成本和平均成本

边际成本表示每增加 1 单位的产出所需要增加的成本,例如,企业生产 1000 张光盘的总成本是 2000 元,生产 1001 张光盘的总成本是 2001 元,那么生产第 1001 张光盘的边际成本是 1 元。

平均成本是指平均每 1 单位产出所需要的成本。成本 = 总成本 / 产量。总成本由固定成本和可变成本组成,平均成本也同样由固定成本和平均可变成本组成。通过比较平均成本和平均价格,或平均成本和平均收益,企业可以知道是否可以获利。

具体计算时,运输成本通常由两类成本构成:一是直接成本,即完成运输过程直接使用的费用;二是间接成本,即管理和营销等费用。

(三)定价策略和费率的制定

向托运人定价时,承运人可以采用按服务成本定价或按运输价格定价两种策略。前者是从承运人角度出发的,后者则是从托运人角度出发的。单一定价策略简单易行;综合定价策略则可以对承运人的服务成本和托运人得到的价值进行权衡考虑,从而制定一个更合理的价格。

1. 定价策略

(1)按服务成本定价

按服务成本定价是一种"累积"的方法。承运人是根据提供这类服务的成本加上毛利润来确定运输费率的。这种服务成本方法代表了基本或者最低的运输收费,是对低价值货物或在高度竞争的情况下使用的一种定价方法。

(2)按运输价值定价

按运输价值定价是根据托运人所能感觉到的服务价值,而不是实际提供这种服务的成本来收取运费的。例如，托运人感觉到，运输 1000kg 的电子设备要比运输 1000kg 的煤炭更重要或更有价值，托运人可能愿意多支付些运输费用。显然，对于高价值货物，承运人倾向于使用运输价值定价，这样可收取较高的运输费用。

（3）综合定价

综合定价策略是在最低的服务成本和最大的运输（服务）价值之间来确定某种中间水平的定价。大多数运输公司都使用这种中间值的定价。

2．费率的制定

（1）分类费率

分类费率是指特定的产品在两点之间运输时，单位重量产品的运输价格。费率一般都会罗列在价格单上。承运人为了定价的方便，通常将产品进行分类定价。制定分类费率，第一步是按照一定的规则将运输的产品进行分类；第二步是基于产品的分类和起点站及终点站的位置来确定精确的费率。

（2）特殊费率

特殊费率是分类费率的例外，承运人有时向托运人索要一个比通用的费率更高或者低的费率。一般情况下，当竞争情况允许，或者运输量很大的时候，承运人通常会针对特定的地区或特定的起点（终点）或特定的商品提出特殊费率。

（3）合同费率

分类费率是承运人向托运人收费的一种常用的方法。但是在很多情况下，承运人和托运人是以合同的方式合作的，此时他们间可能会采用特殊的费率。合同费率的优先级一般高于分类费率。

第二节　各种运输方式技术经济特征分析

一、各种运输方式的基本技术经济特征

各种运输方式虽然大都能提供客、货位移，但由于它们的技术性能、对地理环境的适应程度以及经济指标（运输成本、运输能耗、资金占用量）等不同，所以各有一定的适用范围。

（一）铁路运输技术经济特征

铁路运输是由铁路、车站枢纽设备、机车车辆诸要素协调配合，共同实现客、货位移的现代化运输方式。铁路运输主要有如下技术经济特征。

1．牵引重量大

机车的牵引力是动力和线路状况的函数。在 4‰ 的坡道上，蒸汽机车、内燃机车、

电力机车的牵引力分别为 4100t、5700t、电力机车最大可以达 9300t。

2. 输送能力强

输送能力取决于机车、线路和管理状况。在 6‰ 的坡道上，蒸汽机车、内燃机车和电力机车的年输送能力分别为 1280 万 t、1520 万 t 和 2000 万 t，在复线自动闭塞的线路上，年输送能力可达 7000～8000 万 t。

3. 长途运输成本低

运输成本与运距、运量以及运输密度成反比。铁路运输的重载和高密度，决定它得以保持较低的运营支出。通常来说铁路运输成本比河运和海运要高一些，但比公路和航空运输要低得多。

4. 运输连续性强

凭借独特的钢制固定轨道，铁路能克服自然条件的种种限制，保证一年四季、昼夜不停地连续运输。

5. 运输速度较高

铁路列车的技术速度较高，但是在货物列车运行过程中，需要进行列车的编组、解体等技术作业，因而运营速度比技术速度要低很多，使货物的送达速度降低。缩短列车的技术作业时间，提高始发直达列车的比重，可以提高货物的送达速度。

6. 基本建设投资大

铁路运输由于固定设施的工程费、建筑材料、劳动力消耗大，因此线路投资高。

7. 能耗少，环境污染程度低

铁路运输是沿着轨道行进的，车辆借助于轮轨接触面间产生的蠕滑力行进，因此，铁路运输轮轨之间的摩擦阻力要小于汽车和飞机受到的摩擦阻力。铁路机车单位功率所能牵引的重量约比汽车高 10 倍，也比飞机高得多，进而铁路运输单位运量的能耗也比公路运输和航空运输小得多。高速旅客列车的能耗按人·公里计不到汽车和飞机的 1/50。由于能耗小，在各种运输中铁路是仅次于水运的对环境影响较小的工具之一。有数据表明，铁路运输对生态环境的污染比例为 3.9%，只相当于公路运输（79.7%）的 1/20，航空运输（10.9%）的 1/3。随着科技水平的提高，铁路运输在能耗和环保上的优势更加明显：如随着重载技术的发展，单位运量的能耗将进一步降低；磁悬浮列车的开通和铁路电气化程度的提高，将使能耗与对环境的污染减少到最低程度。

（二）公路运输技术经济特征

公路汽车运输是发展最快、应用最广、地位日趋重要的一种运输方式。公路汽车运输主要有如下技术经济特征。

1. 直达性好

汽车运输的直达性可转换为 3 个效益，即距离效益，主要指汽车运输可以抄近路，而使运距少于铁路和水运；时间效益，指公路汽车运输的送达速度比铁路、水运快而带来经济效益；质量效益，主要表现为汽车直达运输只要一装一卸，货物损伤少，而铁路运输通常需要多装多卸，货物损伤要大得多。

2. 机动灵活

汽车运输以一人一车为基本特点，体形小且操作方便，又无须铁路那样的专门轨道，对各种自然条件有较强的适应性，机动灵活，农村运输、城市内部运输、城乡联系、铁路和水运港、站旅客和货物的集散，日用百货和鲜货的定期运输，主要由汽车承担。

3. 载运量少

汽车运输运载量小，劳动生产率低，成本高。因此，不适于运载大宗、笨重物资。

4. 环境污染严重

公路运输的环境污染比较严重，包括噪声污染、营运车辆的尾气等。

（三）水路运输技术经济特征

水路运输包括内河运输和海洋运输两种形式，由船舶、航道、港口、泊位诸要素构成，凭借水的浮力与机械动力实现客货位移。水运主要有如下技术经济特征。

1. 线路投资少

水运是线路投资较省的一种运输方式，江河、湖、海为水运提供了天然、廉价的航道，只要稍加治理，建立一些轮船泊位和装卸设备，便可供船只通航。据估计，内河航道单位基建成本只有公路的1/10，铁路的1/100；整治航道每公里投资大约只及公路的1/10～1/5；而且内河航道的建设还可与兴修水利与修建水电站相结合，取得综合经济效益。

2. 运载量大

水运比其他陆上运输有较大的载运量。内河驳船运载量一般相当于普通列车的3～5倍。

3. 运输成本低

由于线路投资少和运载量大，内河航运成本分别是铁路运输和公路汽车运输的1/5和1/35，海运成本分别为铁路和公路运输的1/8和1/53。

4. 运输速度较低

水上运输船舶送达速度慢，船舶的技术速度慢（只有汽车的1/2，火车的1/3），在港停泊的时间长（约几天到十几天），许多货物要几个月甚至半年才能送到用户手中。

5. 灵活性较差

水运受自然环境限制大，因此运输灵活性较差。水运网的分布是自然结果，往往与运输的经济要求不一致，而且很少能直线行驶；灵活性差，往往因航道河流枯水、冰冻以及大风和浓雾而被迫中止运输。

（四）航空运输技术经济特征

航空运输是由飞机、机场、导航设备诸要素协调配合，共同实现客、货位移的最快速的一种运输方式。航空运输主要有以下技术经济特征。

1. 速度快

具有先进性能的民航飞机，如波音737、空客350等，飞行速度都在900km/h以上，这是其他运输方式望尘莫及的。

2. 径路短，不受地面条件影响

航空运输是在三维空间进行的，它几乎不受地面任何障碍物的影响。能实现两点间的直线运输，并可以到达其他运输方式不能到达的地方。

3. 基建成本低

开辟一条1000km的民航线路，需投资5亿元，占地1万亩。而新建一条同样长的铁路需要投资20亿元，占地4.5万亩。

4. 服务频次高

北京至广州的火车，一天的发车频次为10趟左右，旅行时间为9h左右。而北京至广州的飞机，一天的航班有60班左右，后者服务频次约为前者的6倍。

5. 运输成本高

航空运输的运输成本高，运价昂贵。由于飞机造价高，飞行消耗高级燃料多，运载量较小，因而它的每吨·公里运输成本相当于公路汽车运输的7倍，铁路的18.6倍，水路的146倍。

6. 易受气候影响

航空运输受天气状况限制大。航空运输主要受惠于空气的浮力，因此气象状况是最大限制因素。早期的飞机机型小、速度慢、燃料容积小，只能在低空飞行，暴雨、大风均使飞行受阻。20世纪末期飞机性能得到显著改善，而且人们还用雷达、除冰设备、夜航标以及各种辅助设施同恶劣天气做斗争，由天气限制和支配航行的现象比以前大有改善。尽管如此，在冰、飘尘、暴雨和其他异常天气时，飞行仍受干扰，甚至造成事故。

（五）管道运输技术经济特征

管道运输是运输工具与线路合二为一的运输方式。它既可以输送液体和气体（如石油、天然气），又可输送固体物资（如煤炭、矿石、建材等），管道运输主要有如下技术经济特征。

1. 工程量小，占地少

由于管道运输只需铺设管线，修建泵站，上石方工程量比修建铁路小得多，而且在平原地区大多埋在地下、不占用农田。

2. 连续性好

管道受自然条件影响小，可以保证一年四季昼夜均匀运输。

3. 运输量大

例如，我国一条管道口径达 720mm 的原油干线管道，年输送能力超过 2000 万 t。

4. 运价便宜

按 t·km 能耗计算，管道输送石油，在各类运输方式中是最低的。

5. 污染少

管道运输基本上不污染环境。

6. 投资巨大

管道运输的主要缺点是修建管道、加油站和储油器都要耗费巨额投资。

7. 灵活性差

管道线路一经确定，运量无调节余地，运输弹性小、灵活性差。

综上所述，可以看出，每一种运输方式各自都具有另外一种运输方式所不具有或者不完全具有的优点，也就是说，各种运输方式都有其最有利的适用范围。

二、高新技术在交通运输行业中的应用与发展

（一）科学技术是交通运输发展的催化剂

科学技术是第一生产力的规律，随着科学技术在世界各国的经济发展过程中的作用与贡献的强化而不断被人们运用与掌握。人类经济社会的发展，主要表现在人类适应自然、利用自然以及协调人与自然之间的相互关系的能力的不断提高。人类能力提高的基本标志，在于人类科学技术创新的速度，在于运用科学技术创新的成果于具体经济活动的广度与深度。当今世界各国经济发展的潜力与综合国力的真正分水岭是一国的科学技术及其创新、应用能力。亦即一国的经济发展，归宿与科学技术的应用。

运输的发展，实际上遵循了上述规律。世界范围内运输系统的每一次革命性变化，都是当时技术革新、应用与科学发展的直接产物。从以自然力——畜力、风力等为动力的马车、帆船等，到以蒸汽、内燃机、电力等为动力的火车、汽车、飞机，人类经历了漫长的岁月，但每种新运输方式的兴起，都是因为科学技术的作用才完成的。因此科学技术是交通运输发展的催化剂，是交通运输发展的首要推动力量。

（二）高新技术应用与运输技术创新

高新运输技术主要是指：新的技术在运输上的应用；新的运输方式；新的运营组织与管理。根据高新运输技术的特点，可以将其归结为两大类，即有关运输移动设备（如车辆）、基础设施技术部分和已有运输系统的运营管理技术。实际上前者表示运输"硬件技术"；后者表示运输"软件技术"。近些年来，中国交通运输技术应用与运输技术创新能力大幅跃升，核心技术逐步自主可控。

1. 交通超级工程举世瞩目

高速铁路、高寒铁路、高原铁路、重载铁路技术达到世界领先水平，高原冻土、膨胀土、沙漠等特殊地质公路建设技术攻克世界级难题。离岸深水港建设关键技术、巨型河口航道整治技术、长河段航道系统治理技术及大型机场工程建设技术世界领先。世界单条运营里程最长的京广高铁全线贯通，一次性建成里程最长的兰新高铁，世界首条高寒地区高铁哈大高铁开通运营，大秦重载铁路年运量世界第一。世界上海拔最高的青海果洛藏族自治州雪山一号隧道通车。川藏铁路雅安至林芝段开工建设。港珠澳大桥、西成高铁秦岭隧道群、洋山港集装箱码头、青岛港全自动化集装箱码头、长江口深水航道治理等系列重大工程举世瞩目。

2. 交通装备技术取得重大突破

瞄准世界科技前沿发展"国之重器"，交通运输关键装备技术自主研发水平大幅提升。具有完全自主知识产权的"复兴号"中国标准动车组实现世界上首次时速420km交会和重联运行，在京沪高铁、京津城际铁路、京张高铁实现世界最高时速350km持续商业运营，智能型动车组首次实现时速350km自动驾驶功能；时速600km高速磁浮试验样车、具备跨国互联互通能力的时速400km可变轨距高速动车组下线，盾构机等特种工程机械研发实现巨大突破，最大直径土压平衡盾构机、最大直径硬岩盾构机、最大直径泥水平衡盾构机等相继研制成功。节能与新能源汽车产业蓬勃发展，与国际先进水平基本保持同步。海工机械特种船舶、大型自动化专业化集装箱成套设备制造技术领先世界，300m饱和潜水取得创新性突破。C919大型客机成功首飞。支线客机ARJ21开始商业运营。快递分拣技术快速发展。远洋船舶、高速动车组、铁路大功率机车、海工机械等领跑全球，大型飞机、新一代智联网汽车等装备技术方兴未艾，成为了中国制造业走向世界的"金名片"。

3. 智慧交通发展步伐加快

推进"互联网＋"交通发展，推动现代信息技术与交通运输管理和服务全面融合，提升交通运输服务水平。充分运用5G通信、大数据、人工智能等新兴技术，交通运输基础设施和装备领域智能化不断取得突破。铁路、公路、水运、民航客运电子客票、联网售票日益普及，运输生产调度指挥信息化水平显著提升，截至2020年年底，233个机场和主要航空公司实现"无纸化"出行。全面取消全国高速公路省界收费站，高速公路电子不停车收费系统（ETC）等新技术应用成效显著，截至2020年年底，全国ETC客户累计超过2亿，全路网、全时段、全天候监测及信息发布能力不断增强，北斗系统在交通运输全领域广泛应用。

（三）高新运输技术应用的前景展望

人类利用科学技术的进步改造自然、社会取得了巨大的成功，这类成功将进一步得到辉煌。运输行业的情况也不例外，为了适应经济社会发展的需要以及提高运输方式的市场竞争能力，许多高新技术不断地被应用到运输领域中来，运输技术创新的活动也一直在进行着，除了围绕提高运输服务质量、提高劳动生产效率和运营管理水平以及降低运输成本的一系列常规技术创新活动外，运输技术的创新更是在以微电子、人工智能、新材料、新能源等高新技术领域里，展现了广阔的前景，并取得了相应的成就。

交通运输可以说是各种科学技术的实验场，许多现代高新科技都将能够在其中得到充分的利用。交通运输科技种类虽然很多，但大致可以分为软科技和硬科技两大类。其中软科技在交通领域中的应用主要体现在先进的交通管理和控制方面，如现代物流科技作为一种全新的管理和组织技术在交通运输领域的应用，ITS管理技术在各种交通方式中的全面展开和应用。硬科技在交通运输领域的应用主要体现在各种新交通工具的开发和推广应用，各种运输设施的现代化、智能化等。未来将有更加大量的高新运输技术涌现，加速推动运输的飞速发展。

1. ITS（智能运输系统）技术及现代物流技术的推广

未来的高新运输技术除了上述的硬件成果以外，还有许多软件成果可供人类使用。交通运输的能力是由硬件能力和软件能力两部分组成的。任何一方面的失衡都将导致交通运输能力的低效化。交通运输软科技的发展应用主要体现在：ITS作为先进的技术手段、控制手段、管理手段将在未来的各种交通运输方式中得到广泛的应用；现代物流技术作为一种先进的组织方式、管理技术将对于各种运输方式加以系统的集成，提高各系统的协作性和有序性。

ITS是将先进的信息技术、数据通信传输技术、电子传感技术、电子控制技术以及计算机处理技术等有效地集成运用于整个地面运输管理体系，而建立起的一种在大范围内、全方位发挥作用的，实时、准确、高效的综合运输和管理系统。具体地说，该系统将采集到的各种道路交通及服务信息经交通管理中心集中处理后，传输到公路运输系统的各个用户，出行者可实时选择交通方式和交通路线；交通管理等部门可自动进行合理的交通疏导、控制和事故处理；运输部门可随时掌握车辆的运行情况，进行合理调度。从而使路网上的交通流运行处于最佳状态，改善交通拥挤和阻塞，最大限度地提高路网的通行能力，提高整个公路运输系统的机动性、安全性和生产效率。

对于公路交通而言，ITS将产生的效果主要包括下列几个方面：一是提高公路交通的安全性；二是降低能源消耗，减少汽车运输对环境的影响；三是提高公路网络的通行能力；四是提高汽车运输生产率和经济效益，并对社会经济发展的各方面都将产生积极的影响；五是通过系统的研究、开发和普及，创造出新的市场。

目前，国际上正在研究的"新一代道路系统"即智能交通系统的道路和车辆的智能化，这项研究将对未来的道路交通产生深远的影响，其直接导致的结果是促使人、车、路的一体化，智能车辆、智能道路的出现。它将从根本上解决道路交通的拥挤问题，极大地减低交通事故的发生，改善道路交通对环境造成的不良影响，如全球变暖、噪声、废气等。通过先进的信息采集、传输和处理系统，将有效实现人、车、路的实时通信和控制指挥，极大地提高道路交通系统的整体效率，未来智能交通领域将是各种高新科技的大会堂，人类智慧的集成在这里体现无遗。

2. 高速铁路技术

（1）高速铁路的技术经济优势比之普通铁路、公路、航空等，都非常明显

①极强的经济性。

运输对于使用者来说，在于节约旅行时间和旅行费用。若单从时间节约的角度进行定量分析，当高速铁路的运营速度为300km/h、公路为100km/h、飞机为800km/h时，且假定乘客利用上述三种方式所花费的非旅行时间分别为1h，0.5h，和3h，从花费的旅行总时间来看，高速铁路在75～1440km范围内，比上述两种方式节约时间。

②运输能力大

我国高速铁路客运专线的列车追踪间隔为4～5min，京沪高速铁路年运量已达2.1亿人次。

③占用土地少

运输的发展要占用相当的土地资源。高速铁路占地是高速公路的1/3。与航空运输相比，尽管飞机航线不占用土地，但是一个大型机场占地就高达20km^2，这相当于1000km双线铁路的占地面积，而1000km的航线通常设有2～3个大型机场，由此可见，高速铁路的占地比航空运输也要少得多。

④改善日益恶化的环境

以小汽车为中心的运输系统，是真正环境污染的发生源之一。高速铁路不仅具有能耗低的特点，而且由于采用电力牵引，基本消除了粉尘、油烟等废气的污染。在噪声方面，在高速铁路外轨中心线两侧30m处，繁忙干线繁忙区段内的噪声监测值约为68dB，较航空、小汽车更低，因而在环境保护方面，高速铁路较公路和航空具有明显的优势。

⑤最安全的运输方式

安全是旅客最为关心的问题，公路交通事故给旧的运输模式蒙上了一层阴影。高速铁路客运系统却很少发生旅客伤亡的事故。

⑥经济效益好

高速铁路的直接经济效益显著。在2020年新冠疫情对全球交通运输行业造成严重冲击下，京沪高铁仍实现盈利45.86亿元，保持了较好的盈利韧性。

（2）磁悬浮列车

超导技术的研究与开发，给高速铁路技术带来新的生力军。其主要优点是：①速度快，普通超导磁铁的超导线性电动机列车，速度可以达到500km/h，而新一代的线性电动机列车由于采用高温超导磁铁，最高速度可以达到700km/h；②噪声小，由于磁悬浮列车的车体轻，而且浮在铁轨上运行既没有与铁轨接触的车轮，车体上也不带有动力装置及其他的转动装置，几乎不存在噪声的发生源；③能耗低，以速度为400km/h运行的磁悬浮列车，单位运量耗能只以及飞机的一半，同时由于磁悬浮列车的电力驱动优势，相对于以汽油驱动的汽车和飞机，对改善环境具有极大的优越性。2021年1月13日，由我国自主研发设计及制造的首列高温超导磁悬浮列车在西南交通大学正式投用，标志着中国在高温超导悬浮技术上具备了完全自主的知识产权。

（3）智能列车

2019年，复兴号智能动车组开始在京张高铁上运行。智能列车主要有以下的特征：①智能。车体上安装了用于各种控制作用的高性能计算机，这种列车将发挥出许多新的功能，如动态开展功能，自动辅助驾驶功能等。②车体的轻量化和大功率化。③拐弯时速度高。由于智能列车的车体重心较低，所以允许这种列车拐弯时有较高的速度。

由于高速铁路与智能列车，既符合时代的高速化的要求，又具备能耗低等资源节约的优势，加之其技术与经济的可行性，将很可能成为未来世界运输发展的主流。

3．新汽车技术

由于传统汽车文明与新时代要求的生存哲学（更高的环境质量、更安全的运输系统、更舒适的旅行等）相背离，因此汽车技术的创新已经迫在眉睫，新一代汽车将应运而生。

（1）新能源汽车崛起

新能源汽车是指采用非常规的车用燃料作为动力来源（或使用常规的车用燃料、采用新型车载动力装置），综合车辆的动力控制和驱动方面的先进技术，形成的技术原理先进、具有新技术、新结构的汽车。新能源汽车包括四大类型：混合动力电动汽车（HEV）、纯电动汽车（BEV，包括太阳能汽车）、燃料电池电动汽车（FCEV）、其他新能源（如超级电容器、飞轮等高效储能器）汽车等。十分规的车用燃料指除汽油、柴油之外的燃料。

（2）革新的汽车制造技术

革新的汽车制造技术的根本目的是在于解决传统汽车制造业面临的许多课题，如节能、环境保护、资源的回收利用等。

（3）辅助驾驶汽车技术

辅助驾驶汽车是通过车载传感系统感知道路环境，自动规划行车路线并控制车辆到达预定目标的智能汽车。辅助驾驶技术能够降低交通风险，提高驾驶安全性，同时提高道路交通效率，避免阻塞，还能减少环境污染，降低成本。辅助驾驶汽车技术还在进一步研究和完善中。

4．新的船舶技术

新的船舶技术创新的主要目的是在于节能与提高水运的速度，来改变传统水运的慢速形象。

（1）超导船舶推进系统

超导船舶推进系统主要有两种类型：①超导电气推进系统。这种系统在船舶发电机、电动机上采用超导材料，驱动船体前进仍靠螺旋桨。②超导电磁推进系统。这种系统是在船上安装超导电磁铁，让之在海水中产生电磁场，同时在海水中通以电流，从而依靠电磁驱动力驱动船体前进。

（2）高科技超级班轮

这是通过船体自身的浮力、水中船翼的升力以及气垫的空气压力三者巧妙地结合在一起，以复合支撑型新概念而设计的船舶。这种船舶载重在1000t，速度达50km/h，即使在浪高达6m的大洋中，也能安全运行。这种高科技超级班轮在本世纪将作为一种高速班轮投入在一些地区进行商业性试运行，需要解决的关键性技术是开发复合性的支撑推进系统，船体姿态控制技术，以及耐候性的船体材料。

5. 新航空技术

新航空技术开发的主要目的是增大航空运输能力和提高航速。

（1）高超速客机

这种飞机的独特之处在于它完全采用燃料效率高的吸气式发动机，而不只是依赖于火箭推送到轨道。航天飞机的技术将可以用来研制特超高速飞机，高超速客机的速度为 4~6Ma，载客量为 200~300 人。

（2）新型宽体飞机

根据预测，全世界的航空客运量将继续增加，但机场的建设受到许多条件的限制，而不能需求增长同步，为此，一些国际航空公司需要发展新型宽体客机。它的显著特点主要体现在：飞机大，但噪声比现在的飞机低得多，速度高了，飞行高度也高了，而且所需的燃料量比较少，飞机上各项设施更加舒适。从运输能力来看，航空公司可以节约成本 20%，这种飞机要利用许多先进的技术，包括推进动力系统；计算机和数字航空设备，先进的金属材料和非金属材料，空气动力学结构以及复杂的设计工具和制造工艺。

（3）具有耐高温发动机的飞机

如今，人们已经开始设想将温度提高几百度，这将产生一种质的突破。目前，有关研究人员在几个交叉领域已经做出了很大的贡献，发明几种高级材料，并探索了未来高温喷气发动机的研究方法。

第六章 运输收入清算与交通运输政策法规

第一节 运输收入与清算

一、运输收入与清算概述

收入是企业在销售商品或者提供劳务等经营业务中实现的营业收入。包括了基本业务收入和其他业务收入。基本业务收入也叫主营业务收入,是指企业从事主要生产经营活动而取得的营业收入。在交通运输企业当中,是指沿海、内河、远洋和汽车、铁路运输企业经营旅客、货物运输业务所取得的运输收入,海、河、港口企业和经营装卸业务的汽车运输企业的装卸收入,企业经营仓库、堆场业务取得的堆存收入,等等。其他业务收入也叫附营业务收入,是指各类企业主营业务以外不独立核算的其他业务或附营业务所取得的收入。在工业企业中,是指销售材料、技术转让、固定资产出租,包装物出租等业务所取得的收入。不论运输企业和其他工业企业,其他的业务收入不十分稳定,服务对象不太固定,占营业收入的比重比较小。

(一)收入结算的特殊性

运输企业通过提供各种运输服务而获得营运收入。出于公路、海域、水系、航路的区域性货物流向要求运输的连续性,进而产生了各种联运模式,如直达运输、江海河联运、水陆联运,等等。此外,运输货物的种类较多,比较复杂,运量大小不等,运输距离有长途、短途，还有省内、省外、国内与国外之分。而运输收入却通常一次性由运地或目的地接收，由此而产生在参与运输的各部门、各企业、各地区，以至各个国家之间进行结算与清算的大量工作。在运输企业的内部，各部门和单位之间因进行相互协作提供服务，也会产生各种内部结算工作，这些运输企业内、外的结算工作量大，发生频繁，涉及环节多，内容也较复杂。

（二）资金周转的特殊性

运输营运过程是生产过程和销售过程相统一的过程，即运输生产的完成就是销售的实现。这就决定了运输业务的资金周转方式的特殊性。在运输业务的资金周转中，不需要进行产成品存货的账务处理，由于没有产成品资金的周转环节。

（三）计量单位的特殊性

运输生产的结果是劳动对象（所运货物与旅客）空间位置的移动，即位移是运输生产的唯一结果，这就决定了运输生产计量单位的特殊性。运输生产计量单位是货物与旅客的周转量。货物与旅客周转量的计量取决于两个因素：一是数量，即货物的重量和旅客的人次；二是距离，即位移的公里、海里等。

（四）成本费用构成的特殊性

运输企业为了完成运输生产也需发生各项运营支出，形成营运成本。在运输企业营运成本的构成中，没有像工业产品成本那样具有构成产品实体并占相当高的比重的原材料和主要材料，而多是与运输工具使用有关的费用，如燃料、修理、折旧等支出。所以，在一定时期内的运输生产成本可视作这一期间的产品销售成本。

（五）计算对象的特殊性

交通运输企业的劳动对象，不是对原材料加工制造，而是它所运输的商品。商品在运输后，不是物质形态的变化，而是空间位置的变化。商品经过运输，所追加的交换价值和其他任何商品的交换价值一样，都要有生产过程，也就是运输过程中所消耗的生产要素的价值所决定的。交通运输企业的材料，基本上是被运输设备在执行职能时所消费，或是在生产过程中起协助作用，或是以维护修理的形式将价值转移到所运输的商品上去。因此，成本和利润的计算不是对原材料加工完成的各批产品，而是对货物、船舶、车辆、航线、航次等不同计算对象所形成的特有的计算方法。

（六）基本业务核算的特殊性

工业企业和交通运输企业都是从国家或银行或者向社会集资获得货币资金，购买材料，支付工资和其他费用，供应过程是相同的，在生产过程中，都要消耗各种生产要素。交通运输企业不同之处在于没有与生产过程相分离的产品销售过程。企业进行运输生产过程，经过核收费用和装卸费等的结算过程（统称为"营运过程"），即可获得更多的货币资金，因而交通运输企业在基本业务中不需要组织产成品和销售的核算。

此外，由于生产地点的流动分散，以及交通运输的特殊生产条件，交通运输企业的工资结算也有其特殊的要求。不同运输企业由于生产条件、生产组织、生产过程、生产工具等不同,因此,铁路运输、公路运输、航空运输以及船舶运输收入与清算也有一定的差异。

(七) 运输企业收入与清算的任务

交通运输业是国民经济的基础产业,是社会生产、分配、消费各环节正常运转和协调发展的先决条件,是完善社会主义市场经济的重要基础。运输企业经营管理的要求和运输企业会计的对象决定了运输企业收入与清算的任务。其主要内容如下。

第一,运输企业收入与清算必须正确、及时、完整地记录和反映企业的各项财产物资的增减变动,债权债务的发生和结算,收入的实现,费用的发生,成本的计算,以及利润的形成和分配等经济业务,为加强企业经营管理,提供可靠的信息。

第二,运输企业收入与清算不但要如实反映企业的经济活动和财务收支情况,还要依据国家的各项方针、政策、法令和制度等,对企业的各项经济活动的合理性、合法性和有效性进行会计监督。

第三,运输企业收入与清算必须全面核算和监督企业运输生产过程中的活劳动和物化劳动消耗,控制各项费用支出,正确计算运输成本和盈亏,从而促进企业降低运输成本,提高经济效益。

第四,运输企业收入与清算还应充分利用会计资料和其他有关资料,进行分析研究,对企业未来的经营活动和经济发展前景做出预测,并参与企业决策,使会计工作在指导企业未来活动中发挥更大的作用。

总之,运输企业收入与清算通过一系列的确认、计量、记录和报告程序,能够为政府部门、投资者、债权人,以及其他各个方向提供有关企业财务状况、经营成果和现金流量的重要信息,是有关各方据以进行经济决策和宏观管理的重要依据;是考核企业领导人经济责任的履行情况、加强经营管理、提高经济效益的重要保证,这些对于我国整个国民经济的发展具有十分重要的意义。

二、运输企业运输收入

(一) 公路运输收入

公路运输企业的营运收入是指企业对外提供汽车运输等营运服务而取得的营业收入。公路运输企业的营运收入按其所经营的不同业务可分为运输收入、装卸收入、堆存收入和其他业务收入四大类。

公路运输企业的运输收入一般通过以下方式取得:完成客货运输并按照规定收费标准向旅客和货物托运者收取的运费。运输收入是公路运输企业业务收入的重要组成部分,也是公路运输企业的一项重要财务指标。

(二)铁路运输收入

对铁路运输企业来讲,它的主营业务是完成客、货运输任务,即实现旅客和货物空间的位移。因此,主营业务收入也就是运输企业完成客、货运输任务,按照国家规定的运价和收费标准取得的货币收入,其中包括客运收入、货运收入、路网收入、车站候车室空调费收入以及运输关联收入。

(三)航空运输收入

航空运输企业收入是指公共航空企业收入,即民航运输企业在提供运输服务活动中形成的经济利益的流入。由于民航运输是指以飞机为运输工具将旅客和货物从一地运至另一地,民航运输企业生产的产品是使旅客和货物产生空间的、位置的变化,即位移,这一特点决定了民航运输生产具有流动性大的特点。在线长点多的情况下,跨国界、跨地区的运输业务往往是由多家民航运输企业(也称航空公司)共同完成的,即联程运输,也称联运。由于销售票款是由出具运输凭证的企业在起运地或目的地一次性核收,并且这种销售票款往往是航空公司在旅客或货物承运之前预先收取的,称为"待结算票证款"(又称为飞行收入或实现收入)。这里的票证是指运输凭证,即与从事民用航空运输活动相关的凭证,包括客票及行李票、航空货运单、逾重行李票、航空邮运结算单、退票、误机、变更收费单和旅费证等用于航空运输的纸质凭证。在权责发生制会计制度原则下,收入其实尚未实现。因为销售在先而运输在后,只有当航空公司完成旅客、货物运输之后才形成运输收入(货物运费到付除外)。所以当航空公司取得了待结算票证款时,并不能确认为真正的收入,这只是暂时的收入。航空公司只有在完成了为旅客及货物的空中运输服务后,采用分摊或抽样的方法,所计算的收入才是真正的收入——运输收入。

民航运输营运收入可以分为主营业务收入和其他业务收入。其中,主营业务收入又根据所从事的具体业务的不同,分为运输收入、通用航空收入及机场服务收入。

(四)水运运输收入

水运企业收入是指水运企业通过生产经营活动运输、装卸和其他劳务,并按一定标准向用户或服务对象收取运输、装卸等劳务收入。水运企业的收入分为运输收入、装卸收入、堆存收入、代理业务收入、港务管理收入和其他业务收入。运输收入是指内河、沿海、远洋运输企业经营货物、旅客运输业务所取得的各项收入,规模较大的专门从事港口内拖驳运输企业所取得的拖驳运输收入也可视为运输收入。装卸收入是指海、河港口企业经营装卸收入,集装箱拆、装箱收入,联运货物换装收入,装卸杂工作业收入,以及港区内火车或者汽车的倒载收入,港口企业临时出租装卸机械的租金收入也视同装卸收入。堆存收入是指经营仓库、堆场的货物储蓄业务所取得的收入。港口企业仓库、堆场等堆存设备临时出租的收入也视同为堆存收入。港务管理收入是指海、河港口企业管理业务所取得的收入,港务管理收入又分为港务费收入和港务监督收入。其他业务收入是指水运企业通过从事旅客服务、固定资产的出租等主营业务以外的活动而取得的收入,主要包括旅客服务收入、租赁收入、理货收入、散包灌包收入、供应服务收入和通信服务收入。

三、运输企业经济核算

在运输企业中，费用可划分为：营运成本和期间费用。期间费用主要包括管理费用、财务费用。营运成本指交通运输企业营运生产过程中实际发生的与运输、装卸和其他业务等营运生产直接有关的各项支出，如企业在营运生产过程中实际消耗的各种燃料、企业直接从事营运生产活动人员的工资和企业在营运生产过程中发生的固定资产折旧费、修理费等，在进行经济核算时我们一般分科目列出。

（一）公路运输成本

交通运输企业的营运成本，包括运输成本、装卸成本、堆存成本等。运输成本指企业完成一定的客运和货运运输周转量所发生的各项营运费用。装卸成本指企业完成一定的装卸操作量所发生各项营运费用。堆存成本指企业经营仓库和堆场业务完成一定的业务量所发生的各项营运费用。

1. "运输支出"明细科目

该科目核算沿海、内河、远洋和汽车运输企业经营旅客、货物运输业务所发生的各项费用支出。借方登记经营运输业务所发生的各项费用，贷方登记期末转入"本年利润"科目的本期运输支出实际发生额，结转后，本科目一般无余额。本科目一般按运输工具类型，或单车、单船设置明细账进行明细核算。

2. "装卸支出"明细科目

该科目核算海、河港口企业和汽车运输企业经营装卸业务所发生的各项费用支出，借方登记装卸支出的全部发生额，贷方登记转入"本年利润"科目的全部装卸支出，经过上述结转，本科目月终一般无余额，该明细科目一般按专业区域或货种和规定的成本项目设置三级明细账。

3. "堆存支出"明细科目

该科目核算企业经营仓库和堆场业务所发生的费用支出。借方登记堆存支出全部发生额，贷方登记月终转入"本年利润"科目的全部堆存支出，经过上述结转，本科目月终一般无余额。该明细科目通常按装卸作业区、仓库、堆卸种类设置二级明细账，进行明细分类核算。

4. "代理业务支出"明细科目

该科目核算企业经营各种代理业务所发生的各项费用，借方登记各项代理业务发生的各项费用支出，包括工资、职工福利费、材料、低值易耗品摊销、折旧费、水电费、修理费、租赁费、差旅费、取暖费、劳动保护费等。贷方登记月终转入"本年利润"科目的数额，经过上述结转，本科目一般无余额。这个明细科按代理业务种类和规定的成本项目，设置三级明细科目，进行明细分类核算。

（二）铁路运输成本

铁路运输企业的运输成本主要包括：企业在生产运营过程中实际耗用的各种材料、燃料、润料、备品、备件、动力等；企业直接从事运营生产活动的人员的工资、福利费、奖金、补贴等；企业在生产运营过程中发生的固定资产折旧费、修理费、铁路线段绿化费、乘客紧急救护费、行车杂费、车辆冬季预热费、事故损失、实验检验费及劳动保护费等。

为了核算企业在运输生产过程中发生的实际成本，在"主营业务成本"科目下设置了"运输支出"明细科目，该科目为损益类科目，借方登记营运成本的实际发生数，包括工作、燃料、电力、固定资产折旧和其他费用，企业发生的重建运输支出的收入也用红字登记在该科目的借方。贷方登记工副业及代办业务，兼办各项专项工程应分摊的间接费用。期末，应将该科目的余额全部转入"本年利润"科目，本科目应按运输支出科目设置三级明细科目，进行明细分类核算。

1. 铁路运输企业运输成本核算的一般程序

①将本期发生的营运生产费用，按用途归集在相关成本、费用账户。
②将待摊费用、预提费用计入相关成本、费用专门账户。
③期末，结转营运成本。

2. 运输成本的计算

为了保证运输生产资金的需要，合理制定运输价格，准确考核运输企业的经营成果，必须进行运输成本的计算。运输成本计算是将一定时期的运输支出，按照不同的成本计算对象进行归集和分配，以求得各个运输产品的总成本和单位成本，以及各项专项成本。

铁路运输成本计算可分为定期成本计算和不定期成本计算两类。定期成本计算包括总成本和单位成本的计算。属于总成本计算的主要有：客运支出、货运支出和营业支出；属于单位成本计算的有：单位客运支出、单位货运支出和单位营业支出。不定期成本计算包括各类专项成本，如分品牌单位支出、分级别或者席别单位支出，分线单位支出，以及各种作业支出。

（1）运输总成本

铁路运输总成本是指全路、铁路局集团公司等铁路运输企业在一定时期内为完成一定数量的客、货运输周转量而发生的运输总支出。铁路运输生产由众多基层运营单位共同参与才能完成，各个基层运营单位所发生的运输支出仅是运输总支出的一个组成部分，由于铁路运输企业实行分级核算制，基层运营单位、铁路局集团公司等各级单位只核算本省的运输支出，并以所取得运输清算收入来弥补运输支出，以确定其财务成果，对运输支出不做逐级上转。所以，铁路局集团公司是通过账外的汇总来计算确定其运输总成本。

运输总成本主要计算客运支出、货运支出和营运支出三项指标，其中营业支出为客运支出和货运支出的总和。为了正确计算各项总成本，需将全部营运支出按规定的要求和计算方法准确地划分为客运支出和货运支出两个部分。客、货运支出的划分应以基层运营单位为原点，铁路局集团公司汇总各基层运营单位汇集的结果，再加上铁路局集团公司的有关营业支出，计算铁路局集团公司的客、货运支出。在具体划分上，一般采用基层运营单位直接划分，铁路局集团公司分批划分的总原则。

①凡是专门从事客运工作或为客运工作服务的基层运营单位的成本费用全部作为客运支出。

②凡是专门从事货运工作或为货运工作服务的基层运营单位的成本费用全部作货运支出。

③凡是运输支出科目已明确规定的客运科目、货运科目的成本费用，相应直接列入客运支出或货运支出。

④对于客、货运工作兼办的单位，客运或货运支出占支出的绝对部分，则该单位的成本费用全部划归相应的客运或货运支出，一般由铁路局集团公司确定具体单位。

⑤对于不能直接划分客运的成本费用，原则上由各单位按可获费用比例分摊，不能分摊的单位，由有关部门按规定指标和方法分摊。

为了便于对营业支出划分，各个基层单位应当编制客、货支出计算表，铁路局集团公司根据计算表汇总后随决策逐级上报。

（2）铁路运输单位成本

铁路运输单位成本是指单位运输周转量应负担的运输支出也称平均成本。具体分为单位客运支出、单位货运支出和单位营业支出三项指标。

①单位客运支出 = 客运支出 / 旅客人·公里数 [元/（万人·km）]；

②单位货运支出 = 货运支出 / 货物吨·公里数 [元/（万 t·km）]；

③单位营业支出 = 营业支出 / 换算吨·公里。

（3）铁路运输专项成本

铁路运输专项成本是分别按不同等级、席别的旅客和不同运输方式、不同品类的货物而计算的运输成本，当前主要有以下几种专项成本。

①客运专项成本

客运专项成本是指按不同列车级别和席别计算客运成本。目前，我国普速客车主要分为特快、直快、普快、市郊等级别和软座、硬座、软卧、硬卧等席别。因此，客运专项成本可计算直快硬卧人·公里成本、普客硬座人·公里成本、特快软座人·公里成本、市郊列车人·公里成本、行包吨·公里成本等多种运输成本。

②货运专项成本

货运专项成本是指按不同的运输方式和不同品类货物的货运成本，如整车运输成本、集装箱运输成本、零担运输成本，及煤炭吨·公里成本、钢铁吨·公里成本、石油吨·公里成本、木材吨·公里成本等。

③分线运输成本

分线运输成本是指某一铁路线路进行货物运输生产所发生的运输支出并按期完成的客货周转量计算的各种运输成本，具体计算可按照上述的各项指标进行。

④作业成本

作业成本是指铁路运输企业为完成某项具体运输生产作业而发生及应负担的运输支出，如汽车公里成本、机车台成本、车辆公里成本或调车作业成本。

（三）民航运输成本

民航运输企业的营运成本是企业对外提供航空运输服务而发生的各项支出。主要包括运输成本、通用航空成本和机场服务费。

1. "民航运输成本"明细科目

该科目核算企业在执行航空运输业务过程中所发生的各项费用。包括：能直接计入机型成本的直接营运费用，如空勤人员，机务人员的工资及福利费，取暖降温费，上下班交通补贴、制服费、航空油料消耗、国外加油差价、飞机（含发动机）折旧费，经营性租赁费，修理费，保险费，高价周转件摊销，飞行训练费，国内外起降服务费，旅客餐宿供应品费、客舱服务费、赔偿费，运营过程货物和行李损失、丢失赔偿及其他直接飞行费用等；不能直接计入机型成本，需按一定办法进行分摊的间接营运费用，如工资福利费、折旧费、维修费、办公费、水电费、差旅费、机务材料消耗、劳动保护费、票证印刷费、警卫消防费、职工教育经费、环境绿化费、地面运输费、租赁费等。

2. "通用航空成本"明细科目

该科目核算企业在执行通用航空业务中所发生的各项费用。包括：可以直接计入机型成本的费用，如空勤人员、机务人员工资及福利费、取暖降温费、上下班交通补贴费、制服费、航空油料消耗、国外加油差价、飞机发动机折旧费、修理费、保险费、高价周转费、飞行训练费、国内起降服务费、作业准备费、作业赔偿费，以及其他直接飞行费用等；不能直接计入机型成本，需按一定办法进行分摊间接费用，例如工资福利费、折旧费、维修费、办公费、水电费、差旅费、机务材料消耗、劳动保护费、票证印制费。

3. "机务服务费用"明细科目

该科目核算机场为各航空公司飞机起降，进出港旅客、货物、行李、邮件以及驻机场单位提供服务时发生的与服务直接相关的各项费用。如机场服务人员、安检消防人员、航行调度人员、机场管理维护人员、通信服务管理人员的工资，空地勤人员的工资及伙食费，各种燃料及动力、器材、配件、工具、低值易耗品、水电消耗、制服费、折旧费、租赁费、维护修理费、紧急救治费、空难急救费、防汛、防灾、防疫费、机场绿化费、环卫费、排污及污水处理费、机场跑道、停机坪、铁路专用线维护修理费，以及行李和货物损失赔偿费、业务费、差旅费、办公费、保险费及运输费等。

（四）水运运输成本

水运企业包括船舶运输企业和港口运输企业两部分。船舶运输企业就是将客、货从一个港口送到另一个港口。船舶运输企业的生产特点就是连续不断地进行单一的劳务作业。港口企业的主要业务是从事货物的装卸，即将一批货物或一船货物卸进仓库货场后，再从仓库货场装车或装船运出，这一装一卸就是一个生产经营过程。

船舶运输主要包括沿海运输、远洋运输和内河运输。沿海运输是海运企业的船舶在我国近海航线上航行，经营国内沿海各港之间的客、货运输业务。沿海运输同内河运输相比，船舶吨位较大，运输距离较长；与远洋运输企业相比，则运输距离较短，一个单程航次一般数天即可完成。远洋运输企业的运输船舶在国际航线上航行，经营国内外港口之间的客、货运输业务。内河运输企业的运输船舶在内江、内河航线上航行，经营江、河港口的客货运输业务。较沿海、远洋运输而言，内河运输有以下特点：运输的船舶较小，并且主要以拖驳运输为主；航线较短，航次时间不长；有的航道可以终年通航，有的由于季节性枯水或冬季封冻而断航。正由于如此，内河运输的成本核算呈现出不同于沿海、远洋运输成本的核算特点。

1. 成本核算对象、成本计算单位和成本计算期

（1）成本核算对象

航运企业均以客运、货运业务作为成本核算对象，由于经营管理的需要，航运企业还分别以单船、船舶类型（客轮、货轮、客货轮、油轮、拖轮、驳船等）、航次、航线作为成本核算对象，其中，单船成本是基础，可据其计算船舶类型成本、客运成本、货运成本等。

沿海运输一般先计算单船成本，然后在此基础上定期或不定期计算客运和货运综合成本、客运成本、船舶类型成本。沿海运输一般不计算航次成本和航线成本。

远洋运输以单船的航次为成本核算对象，计算单船的航次成本。原因是远洋运输船舶航次时间长，吨位较大，报告期终了未完成航次运输量和运输费用较大，且期初跨进与期末跨出的运输量和运费极为悬殊。所以，为保证运输成本的正确核算，必须按航次计算成本。

由于内河运输企业的船舶类型较多，除计算客运、货运成本，客货运综合成本外，内河运输企业还应以运输种类为成本计算对象计算运输种类成本，计算成本的种类一般规定如下：

①客运，包括客轮客运、客货轮客运、拖驳客运。

②货运，包括货轮货运、客货轮货运、拖驳货运。

③油运，包括油轮油运、拖驳油运。

④排运，指拖驳排运。

（2）成本计算单位

运输综合成本计算单位为元/（kt·n mile）；客运成本计算单位为元/（千人·n mile）；货运成本计算单位为元/（kt·n mile）。客运和货运周转量换算比例为一个铺位人·海里或三个座位人·海里等于一个t·n mile。

（3）成本计算期

沿海运输企业由于航次时间不长，各月末未完成航次相差不多，且未完成航次的运输量和运输费用较少，所以其成本计算期以月、季、年划分。

远洋运输企业核算航次成本的计算期为航次时间。船舶的航次时间,应该以上一航次最终港卸空所载货物、旅客时起,至本航次最终港卸空所载货物、旅客时止。航次有单行次和往返航次。单航次是指船舶在两港或多港间进行单程运输;往返航次是指船舶在两港或多港间进行往返运输。远洋运输企业通常按船舶载货(客)单航程航次计算运输成本;单程空航时,以往返航次计算运输成本。

在计算航次成本的基础上,远洋运输企业应计算报告期(月、季、年)全部船舶已完成航次的成本,作为企业今年的运输成本。各船舶在报告期内未完成航次成本转入下期。

2. 水运企业营运成本的会计科目设置

水运企业营运成本应在"主营业务成本"科目下设置二级明细科目。"运输支出"在"劳务成本"科目下设置"辅助营运费用""营运间接费用""集装箱固定费用""船舶固定费用""船舶维护费用"等明细科目,其中大部分已在汽车运输企业成本费用的计算中介绍过,此处仅介绍以下几个明细科目。

(1)"集装箱固定费用"明细科目

该科目核算运输企业发生的集装箱固定费用。集装箱固定费用主要包括:集装箱保管费,指空箱存放堆场所支付的堆存费用,以及空箱在港口之间调运所发生的运送费;集装箱折旧费,指自有集装箱按集装箱价值和规定的折旧率按月计提的折旧费;集装箱修理费,指修理集装箱所耗用的修理用配件、材料和其他修理费用;保险费,指向保险公司投保集装箱安全险所支付的保险费用;底盘车费,指企业自有或租入的集装箱底盘车发生的保险费、折旧费、租金、保管费、修理费等其他费用。

发生的集装箱固定费用,借记"劳务成本——集装箱固定费用"科目,贷记"银行存款""其他应付款"等科目。月终,按规定的分配标准由单船或航次分担时,借记"主营业务成本——运输支出",贷记"劳务成本——集装箱固定费用"科目。

集装箱固定费用应按集装箱类型设置明细账,并且按规定的费用项目进行明细核算。

(2)"船舶固定费用"明细科目

该科目是用来核算计算航次成本的远洋运输企业为保持船舶正常运行状态所发生的费用。船舶固定费用主要包括:工资,指船员的标准工资、船岸差、副食品价格补贴、清真伙食津贴、航行津贴、油轮津贴、运危险品津贴、船员伙食,以及其他按规定支付的工资性津贴;职工福利费,指按工资总额的14%提取的职工福利费;润料费,指船舶耗用的各项润滑油脂的支出;物料费,指船舶在运输生产和日常维护保养中耗用、劳动保护,以及事务耗用的各种材料、低值易耗品等的费用;船舶折旧费和修理费支出;船舶保险费和车船使用税;船舶营运期内所发生的燃料费和港口费用;船舶共同费用,指应由船舶共同负担、需经过分配由各船负担的船员费用和船舶业务费;其他船舶固定费用,指不属于以上各项的其他船舶固定费用,例如船舶牌照税、船舶证书费、船舶检验费等。

发生船舶固定费用时,应借记"劳务成本——船舶固定费用",贷记"应付工资""应付福利费""材料""银行存款"等科目。月末按照规定的分配标准,将船舶固定费用分配给各航次成本时,借记"主营业务成本——运输支出",贷记"劳务成本——船舶固定费用"科目。

(3)"船舶维护费用"明细科目

该科目是核算有封冻、枯水等非通航期的内河运输企业所发生的、应由通航期成本负担的船舶维护费用。企业在非通航期从事其他业务所发生的费用,应该计入"其他业务支出"等科目,不通过这一科目核算。

船舶维护费用主要包括:工资,指应计入船舶维护费的留船人员的工资;职工福利支出;燃料,指非通航期船舶照明用燃料;材料,指非通航期领用的维护用材料及低值易耗品;保卫费及破冰费;车船使用税;其他费用。

发生船舶维护费时,借记"劳务成本——船舶维护费用科目",贷记"应付工资""应付福利费""原材料""银行存款"等科目。月末,将所归集的船舶维护费用,采用适当的分配方法,计算通航期每个月份各成本计算对象应负担的船舶维护费用;借记"主营业务成本——运输支出"科目,贷记"劳务成本——船舶维护费用"科目。在分配传播维护费用时,也可按计划费用分配数进行分配。但实际发生的传播维护费用与计划分配数额相差较大的,应及时调整标准。年度终了船舶维护费用全年实际发生属于分配数的差额,应在本年内调整运输成本,借记"主营业务成本——运输支出"科目,贷记"劳务成本——船舶维护费用"科目。

第二节 交通运输政策法规与行业管理

一、运输业管理体制

(一)运输市场管理的必要性

目前,运输市场还不完善,这些不完善会给运输服务的使用者带来影响,或是价格过高,或者是提供的服务不够全面,或者对环境造成污染,或者运输定价过高等。

运输管理政策是国家对运输业实施调控的重要手段。政府通过运输管理政策的制定和实施,旨在实现资源配置、产业布局、环境保护,以及运输业与其他产业协调发展。运输管理政策主要是由运输投资政策、运输财政政策与运输价格政策等组成。政府通过运输投资政策引导运输投资方向,确定运输投资总量及其占国民经济投资总量的比重和运输投资总量在不同运输方式之间的分配,国家财政政策是调节国民收入再分配的重要手段。政府通过税收政策、补贴政策,以及信贷政策鼓励或限制某种运输方式的发展。运输价格政策是为了对运输价格进行控制、监督和管理。

（二）运输管制

运输管制实际上是国家对运输业实施的特殊管理，也是执行社会运输政策的手段之一。社会经济活动中需要管制的不仅是运输业，其他公共事业如电力、通讯、供水、供气、银行、保险、广播电视等行业也都必须接受一定形式的管制。这些行业的共同特点：一是都属于对国民经济和人民生活具有重要影响的基础或公共服务业；二是都可能形成不同程度的垄断，因此这些行业往往被认为不能等同于一般的工商企业。社会为保证经济增长和社会生活具有稳定的基础，保护了所有社会成员的权益，必须对这些行业施以特殊的和有效的控制。

一般认为，不论从大众利益着眼于避免运输使用者无端遭受盘剥，还是从效率原则出发避免社会资源浪费，运输管制都有存在的必要。在不同的时期运输管制本身的形式和重点也需要不断调整。

目前对运输业实行的管制有两种：社会管制和经济管制。社会管制既涉及运输当事人的双方，又涉及运输会影响到的所有其他人，包括安全管制、环境保护等；各国对机动车辆燃气排放量和噪声的限制也越来越严格。社会管制有时也带有经济含义或使用经济手段，管制的意图是在使运输设施充分发挥效率的同时，减少交通事故和环境污染，并促进公众生活质量真正提高。

经济管制又分为对运输业的特殊管制和更普通意义上的管制，后者包括反垄断法、反不正当竞争法和对消费者利益的保护等，这些维护商品经济正常秩序的必要管制将越来越完善。尽管在经济方面对运输业的一些特殊管制确实放松了，但仍有许多经济管制措施保留下来或改变了形式，以保证运输市场的正常秩序。例如，政府直接经营的部分减少了，允许多家竞争，但对运输业者的经营条件和责任仍有很严格的管制；价格管制放宽了，但仍保留了政府的部分控制权，如把政府严格控制的固定运价部分改为规定一定的浮动上下限，允许运输业者根据市场供求的具体情况作出反应。

对运输业某种程度的经济管制，是各国普遍的做法，但各国在运输管制涉及的范围特别是管制的强度方面存在很大差别，有些国家管制措施异常严格而且改变较少，而另一些国家的经济管制相对宽松和灵活，有学者认为产生运输管制差别的根源，在于对运输业现代社会中所起的作用看法不一致。以美国为代表的自由市场经济倾向最大的国家，更愿意把运输业本身看作服从市场经济规律的一个产业，主张只有当政府干预能够改善该产业的市场行为时才采取行动；而德国、法国为代表的社会市场经济倾向较多的国家，则更愿意把交通运输看作是对整个社会经济发展的一种投入，为实现区域发展、社会平等等目标，运输业本身的利益与效率可以做出某种牺牲。

（三）我国交通运输管理体制现状

交通运输管理体制是指政府对交通运输进行管理的组织机构设置、职责和权力与责任关系及其相关的规章制度的总和。我国交通运输采用分散管理的方式，即按运输方式从中央到地方政府分别设立若干交通主管部门，对各种运输方式实行分别管理，管道运输由中国石油天然气管道局管理，其余4种运输方式归属交通运输部管辖，而城市交通运输又一般划归交通运输厅或交通运输局等部门管理。各种运输方式以及从中央到地方的各级政府交通运输管理体制，是交通运输管理过程得以顺利实施和管理目标得以实现的物质载体和制度保证。随我国经济的快速发展，人民生活水平的大幅提高以及运输市场的不断变革，我国综合运输管理体制仍存在进一步改进和完善的空间。

1. 管理职责存在交叉

目前，我国交通运输管理体制存在职责交叉的情况，除了交通运输部门外，还涉及公安交警、国家发改委、中央军委等多个部门，而且各层级部门的管理职能不同。在国家层面实现了职能统一，但是省级以下的交通管理部门尚未统一，地方政府交通管理部门的职能偏弱，导致各部门难以统一协调，有重复管理或脱节现象。

2. 各运输管理部门之间协调不到位

目前运输方式的管理有"垂直管理模式""条块管理模式"等多种方式，不同的管理机构之间有时缺乏深入的信息沟通，会容易导致其他设施的重复建设，综合运输枢纽难以形成等问题。

3. 部分管理不完全适应市场形势

某些运输行业政企不分的现象仍然没有从根本上消除，政府部门难以公平、公正地进行行业管理，公平竞争的市场环境尚未完全建立，容易导致垄断经营现象的发生；现行的公路管理体制因为投资主体的多元化也带来了众多管理问题，使得公路网不能有效地发挥其功能。

4. 社会资本进入意愿不强

近年来我国出台了大量文件，以鼓励社会资本进入交通运输建设领域，旨在拓宽项目融资渠道，减少政府债务，引入合理竞争。但由于交通运输投资金额巨大，收益期较长，相关保障政策不完善，让交通运输类基础设施项目的经营性得不到保证，社会资本进入的意愿不强。

（四）我国交通运输体制的改革

1. 运输行政管理体制的改革

（1）运输行政管理的含义

运输行政管理是国家机构对整个运输行业在发展规划、政策法规、经济调节和监督服务等方面所进行的宏观的间接的管理；是国家经济职能的一个方面。

一个国家对运输业管理内容的多少，采取什么管理方法，是直接管理企业还是间接管理企业，取决于这个国家对运输生产的价值观，取决对运输经济规律的认识，也取决于该国整个经济管理体制。

（2）我国运输行政体制改革的内容和方向。

①政企分开

把运输生产经营管理的权力全部下放给企业，扩大企业自主权。通过权力下放和扩大企业的自主权,使企业真正成为能自主经营、自负盈亏、自我发展,具有法人地位的运输劳务生产者和经营者。运输企业是运输经济活动的基础,只有企业搞活了整个运输,生产才能搞活。

②实行行业管理,从过去行政机关的主要精力是抓直属企业、事业,转变到抓交通行业管理的轨道上来。

③制定运输政策、法规、规划,为企事业提供信息和咨询,利用经济杠杆进行引导,对执行政策、法规、规划、计划实施监督。

④协调各种运输方式内部和相互之间的经济、技术联系,抓好交通基础设施的规划布局。各级交通行政部门的主要任务之一,就是进行交通基础设施的建设——修路、建桥、筑港、治河、修建机场、铺设管道,尽早建成综合运输体系,并在条件成熟的时候,实施大交通管理体制。

交通基础设施的建设是各级交通行政的大事。政府管理运输企业,更要管理交通运输基础设施的建设,因为它是社会发展和国民经济的基础建设,只有搞好了交通基础设施的建设,才能建成综合运输体系,才可以谈得上社会和国民经济的发展。

2. 运输所有制形式的改革:建立以公有制为主体,多种所有制并存,以股份制为特征的混合型所有制

混合型所有制是指为了适应社会主义市场经济发展需要,克服计划经济在产权问题上的弊端,将公有资产价值化、货币化、证券化,实行股份制企业制度,以公有制为基础,各种所有制企业间以及各种法人间相互持股,包括个人持股在内的形式。世界经济发展的实践证明,股份制企业制度是顺应社会化大生产需要、迅速聚集资金、使产权商品化、产权边界明确的现代产权形式。

多种所有制并存,现在已经成为现实。依据客观经济规律的要求,不同生产力的发展水平,生产资料占有的社会化程度应当不同。越是社会化大生产的拥有现代科学技术的生产体系,生产资料占有的社会化程度越高,反之则越低。

3. 运输生产调节机制的改革

(1) 运输生产调节机制的概念

运输生产调节机制是指支配社会劳动在运输生产各个环节、部门、方式间分配的经济规律,以及这些规律借以发生作用的经济体制和调节手段。也就是分配社会生产要素(资源)的方式方法。历史的经验证明,切忌轻视这种配置社会生产要素的方式方法,因为不同的分配方式,将对社会生产产生巨大的影响。分配得当,符合社会和经济发展的一般规律,可以大大促进生产力的发展,促进社会的进步;反之,则阻碍生产发展,阻碍社会进步。因此,科学地建立经得起实践检验的生产调节机制,就成一个国家经济发展的重要课题。

(2) 历史上的两种调节机制

历史上由于运输生产的条件不同,社会制度不同,管理模式不同,其调节机制也不同。基本有两种资源配置方式:一种是以计划为主的配置方式;另一种是以市场为主的

配置方式。不论哪一种配置方式,其目的都是如何把有限的资源有效地配置在社会需要的众多领域、部门、产品和劳务的生产上去产生最佳的经济效益,最大地满足社会的需要。这两种调节机制都是经济方法,因不同的价值取向和不同的经济发展模式,采用的调节方式不同。

调节机制的选择,要看社会经济发展目标和价值取向。在发展目标单一,经济发展水平较低,建设规模不大,经济结构和产业、产品结构简单,较为封闭的条件下,计划调节可起一定作用,但是一旦经济发展水平提高了,建设规模扩大了,经济结构和产业、产品结构复杂化了,发展目标多元化了,对外开放使经济逐渐走向国际化了,计划调节就越来越不适应发展的需要。

(3) 运输生产调节机制的特点

运输业在具体建立合理的调节机制时,要结合各种运输方式的技术经济特征和客货运输需求特征来确定从运输方式来讲,铁路运输的计划性要求要高一些,首先是铁路在国民经济中的地位决定了国家需要对运输行车组织要求严密,时间配合要求默契,不能有丝毫的疏忽,所以加强国家的宏观调控是完成铁路运输任务的重要保证,而其他运输方式则受市场调节的比重要大一些。其次客货流的特征不同,要求调节的方式不同。如国家建设的重点物资、外贸物资必须加强国家的宏观调控,保证完成任务,否则,国家就要蒙受重大损失,如煤炭、钢铁、矿石、化肥、救灾物资和外贸物资等。非重点物资一般由市场调节。所以运输生产的调节机制应该在充分发挥市场基础作用的同时,因事因地制宜。

4. 交通基础建设体制的改革

我国交通基本建设体制已建成:统一领导、统一规划、分级投资、分级管理、中央、地方、企业、个人以及外资多家投资,共同进行交通基础设施建设的体制。

我国交通基本建设体制改革的内容。

(1) 关于统一领导、统一规划的问题

我们交通运输发展的目标是建成现代化的综合运输体系。为了防止重复建设和无效建设,浪费宝贵的资金,我们交通基础设施的建设推行了统一领导和统一规划的方式。因此,在统一管理的交通运输部成立以前,由综合运输体系领导小组领导,各运输部门制订方案,建立联合集团,并采取多渠道、多形式、多层次集资的方式办交通。省一级也可以仿效国务院成立综合交通运输体系领导小组,担负起同样的职能。现在五种交通运输方式统一划归交通运输部管辖,实现交通运输发展规划的统一领导和统一规划。

(2) 关于投资范围问题

为了调动各种社会力量把资金投资于交通建设,须划分投资范围和制定相应的投资政策。在综合运输网规划中,各种运输方式,必然把交通设施分等划级,如铁路分为七级、内河航道等级分七级,公路分为五级,民航机场分为五级,管道按直径划分。国家大交通决策部门就应当根据投资主体所处的不同利益,所表现出的投资行为来确定。一般地说,对整个国家长远的社会经济发展及国家安全、重要资源的开发、生产力布局等意义重大的项目，应由中央投资。地方政府受区域性社会利益的约束，希望建设有利于开发地方优势资源，发展地方经济的项目，应承担省内、区内线路及交通设施的建设。投资范围虽然可作如上划分，但也不能绝对化，从当前的经验看，国家干线铁路、重要港口和机场提倡中央和地方合资建设，提倡企业、外资与政府合资或独资建设。而且应制定相应的政策，"谁建设，谁管理，谁经营，谁受益"，即允许投资者收取过路费、过桥费、停泊费等，直到收回投资并获得一定的盈利为止。上述划分政策，在具体实施时，对于边远山区，贫困地区，老革命根据地，应当制定灵活的特殊政策。因为这些地区的地方财政非但不能自给，还要靠国家补贴，这样的地区，修建交通基础设施，国家承担全部或大部分费用是应当的。

（3）交通投资的来源问题

要着重强调要广开财源，多方筹集交通建设资金，特别是设立各种运输方式的"建设基金"，保证交通建设资金的稳定和增长。上述体制，在实践过程中，因运输方式不同，具体的提法有所差别，但总的内涵是一致的。

5. 交通运输企业管理体制的改革

建立以股份制为特征的"两权"分离，自主经营，自负盈亏，以城市为依托，多种企业类型，多种经营方式的运输企业管理体制。

（1）企业管理体制的概念

企业管理体制是确定企业目标和关系的模式。它包括财产关系、经营方式和利益分配关系。不同的财产关系，企业的经营目标，资产的营运方式的利益分配方式不同。我国运输企业管理体制的改革，就是要根据我国国民经济发展的总模式——社会主义市场经济来确立运输企业的目标和各种经济发展关系，确立了它的财产关系、经营方式和分配方式。

（2）关于建立股份制企业制度问题

股份制是市场经济和社会化大生产的产物，它是一种新型的企业制度和财产制度，它的发展是对资本主义生产方式本身的一种扬弃，是人类社会发展经济共同创造的财富，这种企业制度最主要的特点是进行联合生产和经营，是财产公有制或共有制的产权形式，它更适合于以公有制为基础的社会主义生产方式，股份制兴起的意义在于，使资金的筹集、分配、融通和运用发生了根本的变化。

第一，它将改变我国单纯依靠国家集中和分配资金的局面，形成多渠道动员资金、多层次分配资金的体制。事实证明，单纯依靠国家集中和分配资金是有缺陷的。它使一些企业没有内部的动力，只有依靠国家才能生存。国家不可能对各地区、各部门的资金需要完全满足和照顾到，有些急需发展的行业和产品不能及时得到资金。对于众多的集体企业，国家更是力莫能及，基本上靠单个企业的内部积累来扩大企业和发展生产，速度很慢，效率很低。采取多种渠道，多类方式来筹集和分配资金是补充国家资金不足，促进经济发展的有效途径。

第二，生产的发展，商品流通渠道的增加，要求加强资金的横向联系与流动。现行的财政与银行体制以纵向分配资金为主,不利于资金的横向流动。通过发行股票集资兴办企业可以打破条块分割的管理体制,加强资金的横向流动。促使资金在地区之间、部门之间、企业之间按照生产和流通的实际需要直接融通资金。

第三,通过发行股票进行集资,可加强信息的交流和获得,提高资金的使用效益,因为入股投资能否获利关系甚大,不管集体还是个人投资者都需要认真捕捉信息,调查市场情况,预测集资企业的生产经营效果。

(3)关于自主经营和自负盈亏问题

自主经营和自负盈亏是企业管理体制改革的目标。即通过改革,真正把运输企业建成能够根据市场和国家需要自行决策的、用自己的收入抵偿其支出并力求获得盈利的具有企业法人地位的商品生产者和经营者。

上述目标,对于集体运输企业和个体运输户或联合户,对于股份制运输企业、中外合资或独资运输企业是完全适用的。但对于未转变为股份制企业的国家所有制运输企业,将做具体分析。因为原有的国家所有制运输企业,虽然实行了经济承包责任制,但是这仅仅是向股份制过度的准备,是一种初级的使所有权和经营权适当分离的过渡组织形式。只要两权未彻底分离,加上离退休职工的社会保险未实现完全的社会化,那么这类企业的自主经营和自负盈亏就会遇到种种困难而难以实现。因为国有运输企业的所有者——国家,既是资产所有者,又是宏观经济的调节者,国家出于宏观经济的需要,如运输价格低于运输价值,本应由运输企业按价值规律来决定价格,但政府出于稳定物价和发展经济的目的,一般由中央或地方政府决定运价;资金的取得要受到国家银行(未企业化以前)的制约,运输企业所需资金不可能从金融市场上任意取得;能源的供应一般由国家确定,运输企业要想加速折旧,实现技术进步,也要受到国家的制约;分配制度、劳动人事制度等一系列企业的经营活动都将受到资产所有者—国家的约束。同时,企业仍负担离退休职工的社会保险,随时间的推移,老企业越来越难以负担。上述约束和负担的存在,原有国家所有制运输企业要完成实现自主经营、自负盈亏是困难的。因此,深化企业制度的改革和其他改革措施(如社会保障制度的改革)的出台,是运输企业实现完全自主经营和自负盈亏的关键。

(4)关于以城市为依托的问题

为了实现政企职责分开,中央政府、省政府通常不直接管理运输企业,都下放给所在的城市或地区管理,以城市为依托,来建立新的企业管理体制。

城市特别是大中城市,既是商品生产和交换的经济中心,又是交通枢纽。各类运输方式的客货流量最繁忙的站点,始发和终到目的地,一般都设在城市,各类运输方式中转、换装的指挥中心,也一般设在城市。运输企业以城市为依托:一是便于加强组织领导;二是便于经营统筹;三是便于条块结合;四是便于产、供、运、销大协作;五是便于信息交流;六是便于调节客货流的平衡;七是便于专业分工;八是便于行业之间的协作;九是便于各运输方式的协调配合等,十分有利,同由中央政府、省政府管理相比较,优势十分明显,随工业化进程和城市化进程的加速,城市将越来越成为社会经济发展的中心。运输企业下放给城市必然更加充分发挥经济中心和交通枢纽的作用，使商品流通更加活跃，使城市经济更加发展。

（5）关于多种企业类型和多种经营方式的问题

运输业当前是一个庞大的包含有工业、建筑业、运输业和商业在内的混合产业，因而企业类型多种多样。因为企业类型不同，企业的经济形式、经营规模、外部条件、经营项目和经营者个人素质的不同从而使经营方式也不同。

二、运输政策与法规

（一）运输政策与法规的职能

政策是国家或组织实体在一定时期内为达到一定的目的和任务而精心组织和有意变动的各种手段，是在多种方法中做出的一种选择，是社会或集体成员必须遵守的行为规范，各种手段的组合和变动，一是为了抵消目标实现过程中的各种不利因素，二是为目标的实现提供有效的方法和工具。政策具有权威性、原则性和指导性、针对性、时效性、系统性等特点。

运输政策作为国家宏观经济政策的一部分，是国家政府为实现一定时期的目标而制定的协调参与运输活动的各个经济主体利益关系的行为准则，不仅具有合理配置运输资源的职能，还与国家的其他经济政策一道，影响且促进国民经济产业结构、空间布局的协调发展。

1. 运输政策促进产业结构及产业布局合理化

运输业是各产业之间、各经济区域之间的纽带，且以优质的运输作为基础才有可能促成合理的产业布局。因此，各国运输政策无不以追求资源的合理配置和以产业合理布局为目标。

自然资源的分布是无法人为改变的。由于自然和经济的原因，原材料产地不一定适合建立生产基地，而产品的生产又往往不在消费者集中的地区。因此运输成为在地区间资源配置中必不可少的条件。

保证资源配置的及时合理。为方便产品与消费之间的联系，使某些偏僻地区与外界社会联系起来，多数国家都不惜投巨资建立公路或铁路等运输通道。这样做除了满足政治、社会和文化的需要外，客观上有利于促进资源在地区间合理配置。

在产业布局方面，政府经常优先考虑将重工业布置在原材料的产地（或供应地），而将轻工业及与人民生活密切相关的工业和服务业布置在城市或人口比较稠密的消费地区。这种布局经济上是合理的，但是由于一些地区可能缺乏某些资源，使一些工业的原材料主要是依靠输入，因此没有政府运输政策的作用这种合理的工业布局就无法实现。

2. 运输政策促使运输合理化

运输合理化是各国运输政策追求的主要目标。运输合理化主要包括运输布局、运输结构和运输组织的合理化。

运输布局应服从于资源分布和工业布局。但是多数运输线路需要依靠一定的自然地理条件（航空以外），因此运输布局又受地形的影响，为了满足工农业生产和国民经济发展的需要以及广大人民群众出行的需要，运输布局必须在给定的自然地理条件下合理地规划。

运输结构是指各种运输方式的运输能力和实际运输量在总运输能力和运输量中所占的比重，运输结构的合理化不仅是运输资源合理配置的要求，更好是国民经济发展的要求。运输政策对运输结构在宏观上的管理，可以充分有效地利用各种运输方式的优势和地理、地形优势，最为经济的为国民经济和人民生活提供服务。

运输组织的合理化是指在现有运输布局的基础上最有效地利用各种运输方式。在社会主义市场经济体制下，运输组织的合理化是利用建立合理高效的市场机制和指导性政策来达到目的。

3. 运输政策有利于环境保护

随着人们环保意识的增强，运输生产产生的各种污染越来越受到重视，政府在制定运输发展政策时相应地制定了环境保护政策。由于运输发达程度与经济发展水平相关，而在相当长的时间里运输带来的环境污染又与运输发展程度成正比。经济发展水平越高，运输越发达，对环境保护的要求就越高，环保投入越多；相反，经济发展水平越低，运输就越不发达，从而运输造成的环保压力就小，政府对环保的要求就低，投入就少。

（二）运输政策与法规制定的基本原理

由于法规是在政策基础上的升华和规范化，因此重点是讨论政策制定的基本原理，对法规的制定仅作简略的讨论。

1. 政策制定的程序

（1）确定事态的现状

经济政策通常是经济现状与某种理想状况间存在着矛盾的产物，所以，制定政策的第一阶段是确定事态的现状。拿交通运输政策来讲，就是要确定交通的运输现状。虽然我国交通运输业有了较快的发展，但是交通运输规模相对于经济发展的规模来说仍然偏小，难以满足经济发展对交通运输业不断增长的需求，因此，必须进行大量的调查工作，进行大量的现状资料的搜集工作，然后在丰富资料的基础上，在原有政策不变的假设条件下，试行预测。确定各种因素对运输供给的影响。

（2）分析事态的产生原因

在对未来事态做出估量以后，政策制定程序进入了第二阶段，查明这一事态与最理想状态是否背离，即分析事态的产生原因。

（3）提出多个可供选用的经济政策方案，估量各个方案的政策效果

找到了"病因"，就必须对"症"下"药"。针对运输落后产生的原因，提出可供选用的方案，并估量各方案的政策效果。为此，必须对每个政策方案进行经济分析，做出各种政策效果的估量；越是这样，政策的变化便越简单，如果我们有了相当可靠的运

输经济模型并且考虑的是定量政策的话,那么我们就能够得出许多结论;反之,如果对运输经济的运转还了解不多,或者所设想的和变化的甚少,则能够得出的结论就会很少。

前3个阶段可以说是:"计划阶段"。这里所讲的计划一词可以指任何类型的政策,当然也包括有时称之为"计划"的那种政策。

(4) 决策

制定政策的第四阶段就是做出选择的阶段,即决策阶段。决策时要考虑很多因素,是制定政策的重要阶段。

(5) 试行和反馈

决策以后就是政策的试行阶段,但不是单纯的试行,更主要的是通过试行,在实践中进行反馈,检验政策的科学性和可行性。如果发现同原定目标发生偏离,没有达到预定的目标,或者不能有效地达到预定目标,则必须进行政策修订,使政策更完善、更有效地牵动预定目标。

(6) 实施

通过试行和反馈,使政策逐渐成熟,更趋完善,在确有成效地达到目标之时,即可进入政策制定的最后阶段——普遍实施阶段。

2. 经济政策的目标

政策制定中的目标问题是个十分重要的问题。目标不当,其实现目标的手段也不当,目标错误,其实现目标的手段也必然错误。所以认真讨论经济政策的目标非常重要。

(1) 政策目标的类型

政策目标的类型,可以从不同的角度进行划分,至少可以从以下五个方面进行划分。

①按时间的长短来划分:长期目标、中期目标和短期目标。长期目标如战略目标;中期目标如五年计划目标;短期目标如年度计划目标。

②按目标作用的范围来划分:国民经济目标、部门目标、企业目标和经济项目目标。前两类目标可以归结为总目标;后两类目标可归结为具体目标。

③按目标运动的态势来划分:固定目标和机动目标。固定目标是指在目标期内目标值不变或基本不变的目标;机动目标是指在目标期内目标值处于活动的目标。

④按目标完成的难易不同来划分:一般目标和艰巨目标。一般目标是指历史的经验证明或现有完成任务的条件说明是比较容易完成的目标;艰巨目标是指在目标期内不容易实现的目标,这类目标之所以艰巨,是由于要有许多客观条件和雄厚的技术基础,以及必须经过非凡的努力方可实现。

⑤按目标完成的条件划分:条件目标和无条件目标。条件目标是指在目标期内必须具备某种条件,目标方能完成,否则就完成不了;无条件目标是指没有先决条件的目标。

经济目标类型不同,实现目标的政策也就不同。

(2) 制定经济政策目标的理论基础和指导思想

政策目标制定时,常常受到与经济政策有关的一般理论和原则的影响。这些理论和原则有助于概括对它的科学认识。这是制定政策目标的理论基础和指导思想。

①理论基础

不同意识形态、不同观点的政策制定者，所依据的理论基础不同。自由主义政策制定者倾向于强调个人经济自由的重要性，所以他们认为，经济中有许多自我调整的力量，他们可以依靠这些力量，让经济自己适应变化，力求找到其最佳状态，故在私有制基础上完全按市场经济理论来制定政策目标及其政策手段。马克思主义政策制定者倾向于通过市场和有意识地组织来达到更加平等的目的，即在公有制基础上把计划经济和市场经济有机地结合起来，组织社会主义的市场经济，按这一理论来制定政策目标和政策手段。理论基础不同，经济政策目标也不同。

②指导思想

指导思想是指表达政策制定者的主要意愿和实施这一政策的基本目的。它贯穿于政策的全过程，指导政策选择和政策手段的确定等。

（3）经济政策目标的相似性和借鉴

不同问题、不同集团、不同地区、不同国家，影响经济政策目标的变量，通过比较，有可能具有相似性。于是出现了经济政策目标的相似性和借鉴问题。比如资本主义国家的运输政策目标，同我国的运输政策目标，通过比较，有许多相同点。一般是根据运输需求和交通效应来决定运输供给，有的滞后，有的同步，有的超前，而运输超前发展的国家，往往能较快地促进整个国民经济的发展，运输滞后的国家，往往经济处于不发达状态。

如果出现经济政策目标的相似性，就可在制定政策目标及其手段时借鉴别人的经验，这将省去很多探索的时间和代价，少走弯路。

3. 经济政策的手段

经济政策的手段即政策本身，由于经济政策的目标不同，当时的形势和环境不同，对目标作用的程度就不同，对社会经济组织影响的程度不同，因而实现目标的手段就有多种多样。

（1）经济政策手段的类型。

①按对政策目标的作用程度可以分为4种类型

资助性手段、抵触性手段、中性手段、混合性手段。

一个政策手段的类型，不仅依赖于手段的性质，且还依赖于其他因素。例如，两地区的经济状况不同，甲地区经济萧条，失业率高，乙地区经济繁荣，失业率很低，如果都同样采用增加政府支出的政策手段，则该手段在甲地区就是资助性手段，因为政府支出增加，可以增加就业，可以有助于克服经济萧条的局面；但在乙地区就是一种混合性手段，因为政府支出增加，一方面可以使经济继续繁荣，但是会带来劳动力需求和物质上涨，对经济繁荣不利。

②按对社会经济组织影响的程度可分为3种类型

第一，定量政策。它是在既定结构中对经济政策目标的境况作定量调节。也就是保持社会组织结构和经济基础结构不变的情况下，用手段变量去影响目标，使经济经常适应于有所打破其均衡危险的数据的不断变动。如由于收成的变化引起了世界农产品市场的变化；由于技术或生产设备结构的变化引起生产水平的提高等。

第二，定性政策。它是在既定的经济基础结构中改变其他结构。也就是不改变社会与人之间的基本关系和精神方面的基本价值的情况下，改变社会和经济组织中某些细节部分。如由于天灾造成农业严重歉收，使自由价格机制不能令人满意地运转，因而实行配给制度和价格管制会更有成效；又如为了使居民的实际收入不致因物价变动而受影响，因此计划实行生活费用指数工资制，让生活费用的物价变动指数同工资收入联系起来，等等。

第三，改革政策。是指改变社会精神方面价值和人与人的基本关系的政策。如实行社会保险制度；使人们在就业、受教育、参与公务活动机会均等；进行货币改革；生产决策的集权；产业民主；生产资料的国有化，等等。这类政策既改变社会的组织结构，又改革经济的基础结构，是重大的政策变革。

（2）政策手段的代价和牺牲

制定一项政策，必须经过慎重的考虑，某一政策手段的运用，就意味着付出一定的代价。包括物质的代价和非物质的代价。物质的代价是指资源方面所做出的牺牲；非物质的代价是指人们之间的关系和自由程度方面所做出的牺牲。任何政策手段要想一点代价都不付出，在实践中是办不到的，问题在于把付出的代价降低到最低限度。

一般来讲，代价取决于政策手段运用的程度，并随着手段的类型不同而不同。实际上，代价都包含在政策制定者的目标函数之中。因此，人们将避免手段的不必要的运用，因而运用手段的范围有时会宽些，有时会窄些。

（3）政策手段的边界条件

一项政策一般由政策目标、政策手段以及其边界条件组成。政策手段的边界条件是手段的极限，任何政策手段都有一个极限，超过限度，应会起相反作用，使政策归于失败。边界条件来自心理甚至政治上的原因，例如，增加税收可以充实国库，可以增加国家积累，但是如果超过了极限，就造成限制生产，断绝财源，减少积累的反效果。又如冻结工资，在一定的条件下，可以起到限制消费，减缓通货膨胀的效果。但是冻结时间太长，就激起社会成员的不满甚至反抗，产生社会动荡。

（4）运输政策手段的特点

由于与制定运输政策相关的运输经济与技术有下述特点：第一，对运输的需求弹性一般较低，运输成本只是占全部生产成本的一小部分；第二，一个有效的运输系统有的需要大量投资，如铁路、轮船和飞机，然而，有的投资却不太高，如汽车运输；第三，5种运输方式的运输市场，都是在各自的活动领域开展活动，彼此之间有一定的竞争，但一般不太激烈。特别是管道运输与其他几种运输方式间，航空货运与大批量货运之间、航空客运与中短途客运之间不太激烈，所以运输政策手段有如下特点。

①运输政策目标与其他经济政策目标有所不同。运输政策目标不是旨在获得最大利润，而是旨在对整个社会和国民经济做出最大的贡献。因此要给予运输部门以合理的酬

偿，应根据它对社会和整个国民经济的贡献，给以报酬。同时，也决定了运输政策的持续性和稳定性，以保证运输业为社会和整个国民经济提供不间断的、稳定的运输服务。

②由于运输业的特殊结构所决定，有效的运输政策手段有下列几种：价格手段；数量限制；控制手段。

③运输政策必须不断地去适应随时在变化着的情况。因为各种运输方式的投资不同，运输产品不能储存和调拨，运输业务所面临的需求是弹性不足和各种运输方式之间的技术差异，所以往往造成：有时某种运输方式的运输能力过剩，有时某种运输能力不足，从而使运输服务在价格方面和供给方面的实际状况与理想状况出现背离倾向，使运输经营者或运输消费者蒙受损失，所以要综合运用第（2）条中所列举的有效的运输政策手段去解决。

4. 经济法规的制定

（1）我国经济法规制定的基本原则

我国经济法规的制定，除了根据《中华人民共和国宪法》的基本条文，根据国家改革开放和安定团结的总方针、总目标和总任务以外，我国经济法规在调整经济关系时必须遵循以下具体原则。

①保护和发展社会主义公有制、保护其他经济成分的合法利益。
②按社会主义市场经济的模式发展我国经济。
③保障国民经济高速地、按比例地协调发展,迅速增强国家的总体经济实力和国力。
④贯彻物质利益原则，迅速提高人民的物质和文化生活水平。
⑤贯彻经济效益原则，优化经济结构、提高产品质量、提高劳动效率。
⑥等价交换原则，按价值规律办事。
⑦发挥优势、保护竞争、推动联合。
⑧在独立自主、自力更生的基础上，扩大了对外开放和经济技术交流，积极参与国际经济竞争和各类活动。

（2）经济法规制定的程序

经济法规的制定是在现行政策和经验的基础上通过正常的立法程序或行政会议通过和颁布的，基本程序如下。

①提出立法事项（即要解决问题的目标），深入研究和论证立法的必要性和紧迫性。
②研究以往解决经济目标的政策和经验，同时对政策和经验进行实地调查、考察、检验政策的实际效果，找到已存在或可能存在的问题，并提出解决问题的办法（政策、对策）。
③将解决经济目标的政策或经验由专家小组草拟成法规草案。重要的经济法规，必须将草案发到有关部门或基层讨论，征求意见，然后集中群众的意见进行再修改，直到立法者认为满意为止。
④将立法草案提交机关或行政机关审议通过。在审议过程当中，如果立法成员（人大代表）或行政首长认为草案还不满意，或立法的时机不成熟，可以再进行调查、修改

或者以试行的方式颁布。

⑤颁布执行或试行。经济法规在执行或试行一段时间以后，还应收集执行或试行中存在的问题，进行法规的修订，以适应新的情况，让法规日臻完善、成熟，真正起到行为规范的作用。

（3）立法事项的成熟性问题

经济法规既然是指导社会主义经济建设的行为规范，所以必须是积累了相当的有正反两方面的经验，才能立法。如果将不成熟的政策和经验上升为法规，必将造成大错，带来无可估计的损失。

（4）经济法规的相对稳定性问题

一旦形成法律或法规，就不能朝令夕改，经常变动，至少要管二十年或三十年，否则就没必要立法。因此具体的法规条文应当考虑未来事物可能的变化，应当慎重的有科学的预见，应当有一个相当长的适应期，对于临时性的条款最好不列入正式的法规条文中，而以附录或实施细则的形式规定之。

（三）运输政策的目标

运输政策可以划分为两类：一类旨在进行经济管理，另一类旨在进行社会管理；或者说，一类是数量管理，一类是质量管理。前者控制运输市场的供给数量、谁供应运输服务以及消费者支付的价格，后者控制运输服务的质量。这两者之间存在不可避免和重复。例如，限制市场进入可以抑制运输对环境产生的有害影响，而严格的质量控制可以起抑制环境污染的作用。

制定运输政策的目标，反映在下列几个方面。

1. 使运输业与社会经济发展相适应

运输是社会经济发展的必要条件之一。制定运输政策的首要目标，是使运输业与社会经济发展相适应，这反映在3个方面：一是保证运输供给总量，使运输业能够满足国民经济发展和人民生活对运输的需要；二是保证运输布局和经济布局相一致，并满足国家对开发不发达地区的运输先行性需要；三是保证合理的运输结构，使不同运输方式间形成竞争与协作的和谐发展局面。由于有大量的运输服务提供者，若他们独立进行决策，可能会导致无效率的供应，而且如果没有某种程度的集中指导，极可能造成运输设施的重复建设，从而造成资源浪费。

2. 维护消费者权益

由于运输业在国民经济中的特殊地位及对国民经济其他部门尤其是贸易和工业、农业生产的影响，政府和广大的运输服务消费者都迫切需要长期稳定的优质的运输服务。过高的运输价格不仅增加了交易成本，有些甚至严重影响贸易的成交。稳定运输价格并不一定意味着政府要求企业降低价格，而是要求运输企业将运输价格维持在一个合理而又稳定的水平上。当然更多的情况是政府希望运输企业提供低价服务，例如，要求公共运输企业为居民提供最为便宜的价格。这种做法主要是达到政府的福利目标。然而这种做法的后果往往是比较复杂的:一方面减少了运输企业的收入,甚至造成亏损,另一方面政府为了维护这种运输服务又不得不对其进行长期的补贴,而长期的补贴又会造成经营效率的低下,使得企业亏损情况更为严重,这种恶性循环已经成为很多国家公共运输所面临的最为头疼的问题。

3. 合理配置资源

合理配置资源是政府制定运输政策的又一重要目标。由于价格是企业投资所参照的重复信号之一,价格的高低有可能导致投资在各个不同产业的分配。运输业是国民经济中最重要的部门之一,优先发展运输业不仅成为各国政府的共识,事实上,也是多数经济发达国家的成功经验。要发展运输业没有政府的投资不行,没有政府的扶持政策不行,但是运输真正发展还要依靠于企业的广泛参与。为了达到优先发展运输业的目标,政府的运输价格政策就不能过多地限制运输价格,由于这样会导致运输企业的亏损和资源配置的不合理,进而影响到整个运输业的发展。

4. 抑制垄断

运输市场也有可能造成垄断。造成运输垄断的原因主要是由于运输投资规模巨大、运输生产过程中潜藏着规模经济性、有些运输设施存在着地理位置的垄断,因而运输业经营者就有可能借机提高运输价格以谋取超额利润。常见的是担心运输公司联合组成卡特尔,以限制产量并阻碍新的企业进入市场。为了防止这种状况的出现,政府需要制定一定的运价政策对其进行限制。

5. 控制过度竞争

无控制的竞争可能限制提供给顾客的服务质量,导致运输业不稳定。实际上,问题并不是竞争本身,而是可能产生外在性成本,或者社会的某些部门得不到足够的服务。在某些情况下,也可能造成运输能力供给过剩,出现运输市场上的不规范竞争,导致一些企业倒闭或转向其他产业,由于运输业具有固定投入大、投资报酬率低等特点,企业的倒闭和转向必然会导致社会资源的巨大浪费,同时市场不规范竞争可能使消费者无法得到稳定和高质量的服务,因此在市场出现价格战的情况之下,政府往往加以干涉,使之趋于平息,并对市场进行整顿。

6. 控制外部成本

由于市场机制的缺陷,可能导致运输活动产生不直接包括在经营部门之内的成本,比如污染成本和拥挤成本,这是人们十分关心的事情,需政府从社会发展的角度制定相应的措施,进行控制。

7. 提供公共商品

由于运输基础设施的某些项目具有明显的公共商品特性,无排他性、无竞争对手,因而如果没有政府干预,其最乐观地看供应也是不足的。但是,应该以何种程度把这样的基础设施看作公共商品,常常取决于政策。

另一方面,作为公共商品,有效需求不是分配运输资源的适当准则,运输服务必须满足某些特殊人群（如低收入者、残疾人等）的最低需求。

8. 提供高质量的基础设施

高昂的成本和较长的投资回收期，再加上可能高风险，如果没有某种形式的政府参与，许多基础设施就不可能顺利建成。

9. 降低交易成本

从理论上讲，自由市场能使产出达到最优化，但是这可能需要付出高昂的交易成本。例如公路上的驾车人可以通过协商决定谁先通过，但是这种成本是很高的，建立交通规则会更加有效地降低交易成本。

10. 将运输纳入更广泛的经济政策

运输和土地利用显然是相关的，若土地利用市场存在缺陷，运输基础设施的建设就会受到影响，因而需要更广泛的经济政策支撑。

11. 可持续发展

要达到人类社会机动性目标和环境目标的协调，唯一的出路是走可持续的道路，为此提出了可持续运输，可持续运输最终要达到的目标是：保证最佳的运输活动水平和环境友好型的交通运输方式，使其既能满足社会经济发展的需要，又不至于对生态环境造成严重危害；既能满足当代人社会经济福利的最大化，也不至于降低子孙后代的生活质量。

上述政策目标有的是有边界条件的，有的是没有边界条件的，在执行过程中要实现政策目标的措施应视具体情况而定。

第七章 交通运输系统决策与决策支持系统

第一节 交通运输系统决策

一、交通运输系统决策概述

（一）决策的概念

系统决策是指在一定的条件下，根据系统的状态，在可以采取的各种策略中，依据系统目标选取一个最优策略并付诸实施的过程。科学决策不同于经验决策，它是在对系统进行科学分析的基础上，运用科学的思维方法，采用科学的决策技术做出决策的过程。

在现代管理中，决策显得尤为重要，朴素的决策思想自古有之，但在落后的生产方式下，决策主要凭借个人的知识、智慧和经验。生产和科学技术的发展越来越要求决策者在瞬息万变的条件下对复杂的问题迅速做出决断，这就要求对不同类型的决策问题，有一套科学的决策原则、程序和相应的机构和方法。随计算机技术的发展，决策分析的研究得到极大的促进，随之产生的计算机辅助决策支持系统，使许多问题可以在计算机的帮助下得以解决，在一定程度上代替了人们对一些常见问题的决策分析过程。

（二）决策的重要性

运输系统决策的重要性可以从决策实施后的效果及这种效果影响的广度和深度来理

解。我国的交通运输事业虽然有了很大的发展，但是仍然不能适应经济和社会发展对运输的需求，交通运输已经逐渐成为制约国民经济发展的瓶颈。究其原因，是因为长期以来，我国在运输系统方面的错误决策造成的。在发展国民经济的指导思想上，往往是重生产、轻流通，重工业、轻交通，主要表现在：一是只看到工业特别是重工业眼前的、直接的经济效益，看不到或不重视交通运输业巨大的、长远的社会效益和间接的经济效益。二是对交通运输业的性质及其在国民经济和社会发展中的地位与作用缺乏深层次的理解，对交通运输是国民经济重要的基础结构、必须适度先行认识不足，缺乏工业发展取决于交通运输承受能力的概念；三是对在物质生产、分配、流通、消费四大领域中，交通运输是再生产过程中的纽带和前提条件缺乏必要的认识，往往只把交通运输业作为一般的服务行业，没有充分认识到它的社会公益功能和宏观调控功能，致使工业部门越来越多，交通运输业承受的挤占也越来越多（特别是投资挤占）；四是对交通运输供给能力的认识存在很大的片面性，认为运输能力的弹性大，运力再紧张，只要挤一挤、压一压，也能挖掘出一些"潜力"，殊不知这种超负荷、拼设备、吃老本的做法，牺牲了运输业本身的效益和服务质量，给国民经济和社会的发展留下了很大的后患。五是片面强调铁路的作用，对其他运输方式在综合运输系统中应该有的地位和作用认识不够客观和全面，导致运输业内部发展不平衡，综合运输效益差。

由于认识上的偏差，在投资政策上，对交通运输业的投资与整个国民经济、工业、能源投资之间的比例安排不当，造成投资结构的严重失调。在对运输业内部的投资政策上，又偏重于铁路，对其他运输方式重视不够。加之运输价格的不合理性、财政、税收、信贷政策的限制、燃油供应政策缺乏保证以及运输系统管理体制存在的种种弊端，使得我国的交通运输紧张，严重制约了国民经济和社会的发展，成为突出的薄弱环节之一。

（三）决策的基本要素

决策分析的基本要素包括以下几个方面：

1. 决策者

决策者是指决策过程的主体，即决策人。一般来说，他是某一方面或某一部分人的利益代表者。决策者在决策过程中起着决定作用，由多方利益代表者构成的决策集体称为多人决策，或称这个集体为决策组、决策集团。

2. 方案

方案指的是决策过程中可供选择的行动方案或策略。方案可以是有限的，也可以是无限的。

3. 结局

结局是方案选择以后所造成的结果。如果没有不确定性，则只有一个结局，称为确定型决策；如选择方案后，结果存在不确定性，就存在多种结局。

4. 价值及效用

价值及效用是指对结局所作出的评价。在决策分析中，一般无风险下对结局的评价称为价值,可以用具体的益损值表征;在有风险的情况下,价值将随风险的大小有所改变,称为效用,效用取值[0,1]。下面所讨论的决策问题均以益损值来描述对结局所作的评价

5. 偏好

偏好是指人们对各种方案、目标、风险的爱好倾向。可定量表示偏好,也可以用排序的方式表示。

(四)决策的步骤

决策程序是人们长期进行决策实践时的步骤,是人们长期进行决策实践的科学总结。正确的决策不仅取决于决策者个人的素质、知识、才能、经验以及审时度势的能力,并且与认识和遵循决策的科学程序有着密切的关系。科学的决策程序一般包括以下四个基本步骤。

1. 提出问题,确定目标

提出问题是指提出必须解决的、将要发生的问题。决策者应能够根据经济与科学技术的发展,或依据先进经验,或从搜集和整理的情报中发现差距。一个决策者如能站得高、看得远、统观全局,就能找出问题的关键所在。目标是决策的出发点和归宿,也是通过决策所要预期达到的技术经济成果。决策目标有技术上的目标,也有经济上的目标。例如,为提高运输企业经济效益而确定的目标就属于经济上的目标;研发先进的运输装备以提高运输能力就属于技术上的目标,目标的确定要考虑以下几点。

(1)目标的针对性

针对所要解决的问题,如是为了增加运量还是为了降低成本;针对决策人的职责范围,如降低成本问题,上级有上级的目标,下级有下级的目标,下级的目标要服从上级的目标。

(2)目标的准确性

目标要概念明确,时间、数量、条件等都要具体加以规定。这一方面是作为方案可行性的依据,另一方面是为了有可能对执行的结果进行检查。

(3)目标的先进性和可靠性

要建立一个必须经过人们艰苦努力才能够达到的目标,而不是建立一个轻易可达的目标,否则,就不能调动群众的积极性,就不能充分挖掘潜力。同时,要注意使目标有较大实现的可能性,注重实际,量力而行,不能是空想的且不可实现的。

(4)目标的相关性

一项决策可能涉及多项目标,这时要分清哪些是长期目标,哪些是近期目标;哪些是战略目标,哪些是战术目标;哪些是主要目标,哪些是次要目标;并且还要明确它们的衔接关系。对于主次目标,还须确定一个优先顺序,使次要目标服从主要目标,以保证更主要目标的实现。

2. 调查研究，拟定可行方案

根据目标，拟定可行方案，这是决策的基础。研究提出的可行方案，要根据系统的内外部条件，采取专家和群众相结合的方法，群策群力，集思广益，不能靠少数几个人的苦思冥想；要善于启发，使人们解放思想；要重视"奇谈怪论"式的只言片语或"头脑风暴"式的敢想敢言。各个方案提出后，还要对每个方案进行充分的研究和可行性论证，要尽可能分析每一个方案的措施、组织、资源、人力、经费、时间等。通过论证，只有在技术上可行的方案才能够作为决策分析中待比较、选择的方案；而且要有两个以上的可行方案可供选择。

3. 对方案进行评价和选择

评价方案，首先要根据决策目标，制定一套评价标准；其次要通过各种模型，对备选方案进行系统分析、综合评价，以便比较、选优。在全面评价的基础上，最后选定行动方案。

4. 贯彻实施方案

目标是否明确、方案是否满意都有待于在方案的贯彻执行中加以验证。决策方案确定后，要落实到有关责任部门和人员，制定实施决策的规划和期限，解决与实施决策有关的问题为了将实际效果与预计效果相比较，要建立健全信息反馈渠道，及时收集决策方案实施过程中的有关资料，若发现与预计效果有差异，要有针对性地查明原因，并加以修正调整，来保证决策目标全部实现。

（五）决策的准则

科学的决策，就是在科学理论的指导下，通过科学的方法，做出有科学依据的决策。它必须遵循以下准则。

1. 信息准则

决策应以可靠的、高质量的信息为基础

2. 预测准则

通过预测为决策提供有关未来的信息，让决策具有远见卓识。

3. 科学准则

用科学理论作为决策的指导，掌握决策对象发展变化的规律。

4. 系统准则

要考虑决策涉及的整个系统和相关系统，还应该使系统同环境能彼此协调；决策的结果应让系统处于最佳状态，不能顾此失彼。

5. 可行准则

决策涉及系统的人力、物力、财力资源及技术水平等，要建立在可以办得到的基础上。

6. 选优准则

决策也是选优的结果，因此必须具有两个以上的方案，并且根据一定价值观念和标准从中选定满意的或最佳方案。

7. 行动准则

决策都是要付诸实施的，有了决策，必然导致某种行动，并且要有行动的结果。

8. 反馈准则

决策不可能十全十美，应把实践中检验出的不足和变化了的信息及时反馈给决策者，以便据此做出相应调整。

（六）决策的分类

由于决策的内容广泛、层次复杂、方法多样，所以可从不同角度对决策进行分类。

1. 按决策的重要性分类

可将决策分为战略决策、策略决策和执行决策。战略决策是涉及某组织发展和生存的、有关全局和长远的决策。如厂址的选择、新产品的开发方向、原料供应地的选择等。策略决策是为完成战略决策所规定的目而进行的决策。如对一个企业来讲，产品规格的选择、工艺方案和设备的选择、厂区和车间内工艺路线的布置等。执行决策是根据策略决策的要求对执行行为方案的选择，例如生产中产品合格标准的选择，日常生产调度的决策等。

2. 按决策的结构分类

可分为程序决策和非程序决策。程序决策是一种有章可循的决策，一般是可重复的。非程序决策一般是无章可循的、只能凭经验直觉做出应变的决策，通常是一次性的。由于决策的结构不同，解决问题的方式也不同（见表7-1）。

表 7-1 决策问题的解决方式

解决问题的方式	程序决策	非程序决策
传统方式	习惯、标准规程	直观判断、创造性决策
现代方式	运筹学、管理信息系统	培训决策者、人工智能、专家系统

3. 按定量和定性分类

可分为定量决策和定性决策。描述决策对象的指标都可以量化时称为定量决策；否则称为定性决策。

4. 按决策环境分类

可将决策问题分为确定型、风险型和不确定型三种。确定型决策是指决策环境是完全确定的，做出选择的结果也是确定的。风险型决策是指决策的环境不是完全确定的，而其发生的概率是已知的。不确定型决策是指决策者对将发生结果的概率一无所知，只能凭决策者的主观倾向进行决策。

5. 按决策过程的连续性分类

可分为单项决策和序贯决策。单项决策是指整个决策过程只作一次决策就得到结果。序贯决策是指整个决策过程由一系列决策组成。一般管理活动是由一系列决策组成的，但在一系列决策中往往是几个关键环节要做决策，可把这些关键的决策分别看作单项决策。

（七）运输系统决策

所谓运输系统决策问题，就是在运输系统中与运输活动有关的决策问题。如运输经济决策、运输科技决策、运输发展决策，等等。从运输企业的长远发展方向来看，要不要增加新的投资、扩大运输规模，要不要引进新技术、新工艺、新设备；从运输企业的日常管理工作来看，运输价格应如何确定，运输设备何时更新以及如何更新等所有这些问题，都要求决策者能够做出合理、适时、科学和正确的决策。

二、确定型运输决策问题

（一）确定型决策的主要特征

确定型决策就是指能够确定计算出各方案的益损值，从中选出最优决策。确定型决策的主要特征是：

①存在决策者希望达到的一个明确目标（收益最大或损失最小）；

②存在一个确定的自然状态；

③存在可供决策者选择的两个或两个以上的行动方案；

④不同的行动方案在确定状态下的效益值（或损失值）可计算出来。

（二）确定型决策的方法

确定型决策问题看起来似乎很简单，但在实际工作中往往是很复杂的，因为可供选择的方案是很多的，仅仅通过直观比较难以确定出最优方案。例如有 A 个产地 B 个销地的运输问题，当 A、B 较大时，运输方案就很多，这时要确定一个运输费用最低的合理运输方案，就必须用线性规划的方法才能解决。对于确定型的决策问题，要用运筹学的其他分支和另外的一些数学方法，同时还要借助于电子计算机才能更好地解决。常用的决策方法有：线性规划、非线性规划、动态规划、目标规划、整数规划、投入产出数学模型、确定型库存模型等。此外，决策者面对要决策的问题要达到多目标的情况也很多，这时可用多目标规划来解决。

三、不确定型运输决策问题

（一）不确定型决策方法

不确定型决策的主要方法有：等可能性法、保守法、冒险法、乐观系数法和最小最大后悔值法。

1. 等可能性法

也称拉普拉斯决策准则。采用这种方法，是假定自然状态中任何一种发生的可能性是相同的，通过比较每个方案的损益平均值来进行方案的选择，在利润最大化目标之下，选取择平均利润最大的方案，在成本最小化目标下选择平均成本最小的方案。

2. 保守法

也称瓦尔德决策准则，小中取大的准则。决策者不知道各种自然状态中任一种发生的概率，决策目标是避免最坏的结果，力求风险最小。运用保守法进行决策时，首先在确定的结果，力求风险最小。运用保守法进行决策时，首先要确定每一可选方案的最小收益值，然后从这些方案最小收益值中，选出一个最大值，与该最大值相对应的方案就是决策所选择的方案。

3. 冒险法

也称乐观决策法，大中取大的准则。决策者不知道各种自然状态中任一种可能发生的概率，决策的目标是选最好的自然状态下确保获得最大可能的利润。冒险法在决策中的体运用是：首先，确定每一可选方案的最大利润值；然后，在这些方案的最大利润中选出一个最大值，与该最大值相对应的那个可选方案便是决策选择的方案。由于根据这种准则决策也能有最大亏损的结果，因而称之冒险投机的准则。

4. 乐观系数法

也称折衷决策法、赫威斯决策准则，决策者确定一个乐观系数 ε（0.5，1），运用乐观系数计算出各方案的乐观期望值，并且选择期望值最大的方案。

5. 后悔值法

也称萨凡奇决策准则，决策者不知道各种自然状态中任一种发生的概率，决策目标是确保避免较大的机会损失。运用最小最大后悔值法时，首先要将决策矩阵从利润矩阵转变为机会损失矩阵；之后确定每一可选方案的最大机会损失，并计算出各方案的最大后悔值（后悔值＝各个方案在该情况下的收益—该情况下该方案的收益）；最后选择最大后悔值中的最小方案。

（二）系统交易方法

系统交易方法，是指交易者运用交易系统来帮助解决交易过程中的信息收集、信息处理、交易决策、交易计划、交易执行等问题的系统性的交易方法。系统交易方法具有纯粹技术分析性、客观性、数量化、机械化、程序化、资金管理制度化、风险控制制度化、系统性与一致性等特点。

采用系统交易方法，使得交易决策活动具有系统性和一致性，这对于交易者达到长期的稳定的获利具有根本意义。如果一个交易者采用系统交易方法进行交易决策活动，那么系统发出的每笔交易指令的具有相对稳定的获胜概率和期望收益率。这样一来，虽然交易系统发出的交易指令只具有一个获利的概率,交易系统不能保证每一个交易指令都能够获利,但是我们知道每一个交易指令的获利率的概率分布,这就使得在系统交易方法指导下的交易决策成为一种风险型决策。

确定交易系统发出的交易指令的获利率的概率分布的这一任务,在交易系统投入实战之前,已由历史数据检验这一道工序完成。

相对于系统交易方法而言,还存在一种交易方法,那就是非系统交易方法。在一般情况下,非系统交易方法往往是完全不确定性决策。普通的散户投资者往往采用非系统交易方法,从而,普通的散户投资者的交易决策往往是完全不确定性决策。

一个交易者从非系统交易方法到系统交易方法的进化,实质上是从完全不确定性决策到风险型决策的飞跃。风险型决策的系统交易方法有利于交易者运用现代投资组合理论和方法,进行多种类型的分散化投资,降低了系统交易整体运作风险,这一点对于非主力大资金非常有利。

第二节　交通运输决策支持系统

一、决策支持系统基础理论

(一) 决策支持系统基本概念

决策支持系统(Decision Support System,DSS)是辅助决策者通过数据、模型和知识,以人机交互方式进行半结构化或非结构化决策的计算机应用系统。决策支持系统是在管理信息系统(MIS)和运筹学的基础上发展起来的新型计算机学科,以数据仓库和OLAP相结合建立的辅助决策系统是决策支持系统的新形式。数据仓库、OLAP和数据挖掘技术的结合产生了商业智能系统,它为决策者提供分析问题、建立模型、模拟决策过程和方案的环境,调用各种信息资源和分析工具,帮助决策者提高决策水平和质量。

决策支持系统协助组织的管理者规划和解决各种行动方案,常用试验的方式进行。通常以交谈式的方法来解决半结构性或非结构性的问题,帮助管理者做出独特、改变快速且事先不易确定的决策,强调的是支持而非替代人类进行决策。

决策支持系统在设计上比其他信息系统更具有分析能力,其分析的数据来源为交易处理系统或管理信息系统所提供的组织内部信息,但是有时也需要外部数据来源,如股价或竞争者的产品价格,并透过其内建的许多模型来分析数据或把大量数据汇整成可供决策者分析的形式。它多以友善的界面与使用者交谈,让使用者可方便地更改假设、提出新问题或接收新资料。

（二）决策支持系统的功能及特征

决策支持系统是信息系统的高级发展阶段，即将数据处理的基本功能与各种模拟决策工具结合起来，帮助管理者进行分析、策划的系统。

1. 决策支持系统的功能

①收集、管理并随时提供与决策问题有关的组织内部信息，例如订单要求、库存状况、生产能力与财务报表等；

②收集、管理并提供与决策问题有关的组织外部信息，如政策法规、经济统计、技术发展趋势、市场动态、竞争对手行动等；

③收集、管理并提供各项决策方案、执行情况及反馈信息，如订单履行进度、生产计划完成情况等；

④以一定的方式存储和管理与决策问题有关的各种数据模型，如定价模型、库存控制与生产调度模型等；

⑤存储并提供常用的数学方法及算法，如最短路径算法、回归分析方法、线性规划、蒙特卡洛方法等；

⑥自动对数据进行加工、汇总、分析、预测，并得出综合信息报告；

⑦对上述数据、模型与方法的维护，如数据模式的变更、方法的修改等；

⑧能灵活地运用模型与方法对数据进行加工、汇总、分析、预测，得出所需的综合信息与预测信息；

⑨提供友好的人机界面和数据通信功能，方便了使用者修改、处理和传输上述数据、模型与决策结果；

⑩及时将加工结果传送给使用者。

2. 决策支持系统的特征

①面向结构化程度不高的问题，例如上层管理人员经常面临的决策机制表达不够充分的问题；

②以模型或分析技术为核心，传统的 MIS 以数据存取技术及检索技术为基础；

③供非计算机专业人员使用，以交互会话的方式操作 DSS；

④能适应环境及用户决策方法经常改变的要求；

⑤支持但不是代替高层决策者制定决策；

⑥把建模技术或分析技术与传统的数据存取技术及检索技术有机地结合起来；

⑦跟踪和适应人的决策过程，而不是要求人去适应系统一。

（三）决策支持系统的分类

长期以来，信息系统的研究者以及技术人员不断研究与构建决策支持系统，使得决策支持系统得到突飞猛进的发展，在许多行业和领域得到应用。随着在理论和实际两个方面的发展进化，决策支持系统已经有许多成熟的类型。

DSS 按照其系统结构可大致分为两类：一类是以数据库、模型库、方法库、知识库及对话管理等子系统为基本部件的多库系统结构；另外一类是以自然语言、问题处理、知识库等子系统为基本部件构成的系统结构。

按照内部结构的驱动方式，决策支持系统可分为以下几类。

1. 通信驱动的DSS

通信驱动DSS强调通信、协作以及共享决策支持，能够使两个或者更多的人互相通信，共享信息，并协调他们的行为。

2. 数据驱动的DSS

数据驱动的DSS通过查询和检索数据库提供了辅助决策的功能。结合了联机分析处理的数据驱动DSS提供最高级的功能和决策支持，并且此类决策支持是基于大规模历史数据分析的主管信息系统（EIS）以及地理信息系统属于专用的数据驱动DSS。

3. 模型驱动的DSS

模型驱动的DSS强调对于模型的访问和操纵，比如统计模型、金融模型、优化模型及仿真模型等，利用决策者提供的数据和参数来辅助决策者对于某种状况进行分析。

4. 知识驱动的DSS

知识驱动的DSS可以就采取何种行动向管理者提出建议或推荐这类DSS是具有解决问题的专门知识的人机系统。"专门知识"包括理解特定领域问题的"知识"以及解决这些问题的"技能"。构建知识驱动的DSS的工具有时也称为智能决策支持方法。

（四）决策支持系统的组成

决策支持系统是由三个子系统，就是对话子系统、数据库子系统、模型库子系统组成。

1. 对话子系统

对话子系统是决策支持系统与用户之间的交互界面。它提供形式多样的显示和对话形式、输入/输出转换，控制决策支持运行。

2. 数据库子系统

数据库子系统包括数据库管理系统和数据库，数据库用来存储大量数据，它由数据库管理系统来管理和维护。

3. 模型库子系统

模型库子系统包括模型库管理系统和模型库。模型库用来存放模型，模型以计算机程序形式显示。模型库是DSS的核心部分，它是DSS中最复杂、最难实现的部分，DSS用户是依靠模型库中的模型进行决策的。

由以上可以看出，DSS的关键技术有。

①模型库系统的设计和实现。它包括模型库的组织结构、模型库管理系统的功能、模型库语言等方面的设计和实现。

②部件接口。各部件之间的联系是通过接口完成的，部件接口包括：对数据部件的数据存取，对模型部件的模型调用和运行，对于知识部件的知识推理。

③系统综合集成—根据实际决策问题的要求，通过集成语言完成对各部件的有机综合，形成一个完整的系统。

二、决策支持系统典型技术

决策支持系统的典型技术包括专家系统、人工神经网络、数据仓库与联机分析处理、遗传算法、群决策支持系统和综合决策支持系统等。

（一）专家系统

专家系统（Expert system，ES）是一个具有大量专门知识与经验的计算机信息系统，可以视为一个知识渊博的助手。专家系统应用人工智能技术，根据人类专家提供的特殊领域知识、实践经验进行推理和判断，模拟人类专家做出决定，解决需要专家才能解决的复杂问题。

专家系统以清晰可读的类自然语言方式表达无法用数学模型精确表达的专家知识，能在特定领域内模仿专家工作，处理非常复杂的情况，弥补组织中专家资源的不足，增加解决问题的质量和持续性。在已经知其基本规则的情况下，无需输入大量细节数据即可运行。

专家系统的任务类型包括了解释、预测、诊断、计划编制、设计、处方、监控、控制和指导等。要成功地设计一个专家系统，最重要的可能是选择专家或专家群体，但专家系统知识获取困难，有时很难找到合适的、能够清楚表达领域知识的专家，对于动态和复杂的系统，其推理规则是固定的，难以去适应变化的情况。

（二）人工神经网络

人工神经网络（Artificial neural network，ANN）是对人脑或自然神经网络若干基本特性的抽象和模拟，作为一种模拟人脑认知学习过程的尝试。在过去十几年中，ANN以其建立复杂模型的强大能力在商务、金融等众多领域得到了相当多的应用。人工神经网络的特点如下。

①可以充分逼近任意复杂的非线性关系；
②所有定量或定性的信息都等势分布储存于网络内的各神经元，故有很强的健壮性和容错性；
③采用并行分布处理方法，使得快速进行大量运算成为可能；
④可学习和自适应不知道或不确定的系统；
⑤能够同时处理定量、定性知识。

神经计算带来的最明显的收益之一就是能够获得推论性的知识，这是其他所有基于知识的科学技术都不能提供的。人工神经网络的特点和优越性，主要表现在三个方面。

第一，具有自学习功能。如实现图像识别时，只要先把许多不同的图像样板和对应的识别结果输入人工神经网络，网络就会通过自学习功能，慢慢学会识别类似的图像。自学习功能对于预测有特别重要的意义。

第二，具有联想存储功能。用人工神经网络的反馈网络就可以实现这种联想。

第三，具有高速寻找优化解的能力。寻找一个复杂问题的优化解，往往需要很大的计算量，利用一个针对某问题设计的反馈型人工神经网络，发挥了计算机的高速运算能力，可能很快找到优化解。

（三）数据仓库和联机分析处理

数据仓库和联机分析处理（Data warehouse and on-Line analysis processing，OLAP）是20世纪90年代初提出的概念，到20世纪90年代中期已经形成潮流。数据仓库将大量用于事务处理的传统数据库进行清理、抽取和转换，并按决策主体的需要进行重新组织。数据仓库的逻辑结构可分为近期基本数据层、历史数据层和综合数据层（其中综合数据是为决策服务的）。数据仓库的物理结构一般采用星形结构的关系数据库。星形结构由事实表和维表组成，多个维表之间形成多维数据结构。星形结构的数据体现了空间的多维立方体，这种高度集中的数据为各种不同决策需求提供了有用的分析基础。

随着数据仓库的发展，OLAP也得到了迅猛的发展。数据仓库侧重于存储和管理面向决策主题的数据；而OLAP则侧重于数据仓库中数据的分析，并将其转换成辅助决策信息。OLAP的一个重要特点是多维数据分析，这与数据仓库的多维数据组织正好形成相互结合、相互补充的关系。

以数据仓库和OLAP相结合建立的辅助决策系统是决策支持系统的新形势，更好地促进决策支持系统的发展。

（四）遗传算法

与人工神经网络的理论基础相似，遗传算法（Genetic algorithm，GA）也是基于生物学理论的。ANN的根基是神经系统科学，而GA不同，它植根于达尔文"自然选择和适应"的进化论。

遗传算法是一项非常简洁，但是功能强大的优化技术。它源自遗传学和自然选择理论。GA的本质是一系列模拟"适者生存"概念的适应过程，具体说就是根据计算出的网络猜测值和要求的方案状态之间的差异，对于计算法则进行不断的重组。

在遗传算法中，双亲配对产生后代之后，由于基因的不同组合方式，必然有后代结合了双亲的最优特质，通过代代的繁衍，这种适应能力不断得到加强，也就是针对问题得到了更好的解决方案。遗传算法相较于神经网络的最大优势在于它可以根据行为准则进行各种复杂类型的组合。

遗传算法以群体中的所有个体为操作对象，每个个体对应研究问题的一个解。选择、交叉和变异是遗传算法的三个主要操作算子，包括了编码、初始群体生成、适应度评估、选择、交叉和变异6个基本要素。

（五）群决策支持系统

群决策支持系统（Group decision support system，GDSS）是一种基于计算机的交互式系统，它通过辅助一群决策者的群决策过程，来解决特定领域的半结构化或非结构化问题。群决策支持系统最关键的特征就是它以帮助多人参与的决策为目标—典型的 GDSS 由硬件资源、软件资源和决策者三部分组成。其中硬件资源是指各决策者独立使用的工作站（或终端）、共享使用的外部数据库、模型库及 I/O 设备等硬件资源，还包括整个 GDSS 基于的通信网络；软件资源包括在各决策者的工作站（或终端）上运行的决策支持软件、支撑 GDSS 的底层软件（如 DBMS、MBMS）及网络软件；决策者不仅包括参与决策的人员，还包括决策过程的协调人员。

（六）综合决策支持系统

以模型库为主体的决策支持系统已经发展了十几年，它对计算机辅助决策起到了很大的推动作用。数据仓库和 OLAP 新技术为决策支持系统开辟了新途径。数据仓库与 OLAP 都是数据驱动的这些新技术和传统的模型库对决策的支持是两种不同的形式，它们可以相互补充，在 OLAP 中加入模型库，将会极大提高 OLAP 的分析能力。

20 世纪 90 年代中期从人工智能、机器学习中发展起来的数据开采，是从数据库、数据仓库中挖掘有用的知识，其知识的形式有产生式规则、决策树、数据集、公式等。对知识进行推理即形成智能模型，它是以定性分析方式辅助决策的。数据开采的方法和技术包括决策树方法、神经网络方法、覆盖正例排斥反例方法、粗集方法、概念树方法、遗传算法、公式发现、统计分析方法、模糊论方法、可视化技术等。

把数据仓库、OLAP、数据开采、模型库结合起来形成的综合决策支持系统（Compound decision support system，CDSS），是更高级形式的决策支持系统。它们彼此相互补充、相互依赖，发挥各自的辅助决策优势，以实现更有效的辅助决策。

综合体系结构包括三个主体：第一个主体是模型库系统和数据库系统的结合，它是决策支持的基础，为决策问题提供定量分析（模型计算）的辅助决策信息；第二个主体是数据仓库与 OLAP 的结合，它从数据仓库中提取综合数据和信息，这些数据和信息反映了大量数据的内在本质；第三个主体是专家系统和数据开采的结合，数据开采从数据库和数据仓库中挖掘知识，并且将其放入专家系统的知识库当中，由进行知识推理的专家系统定性分析辅助决策。

综合体系结构的三个主体既相互补充又相互结合。可以根据实际问题的规模和复杂程度决定是采用单个主体辅助决策，还是采用两个或三个主体相互结合的辅助决策。利用第一个主体的辅助决策系统就是传统意义下的决策支持系统，利用第一个主体和第三个主体相结合的辅助决策系统就是智能决策支持系统，利用第二个主体的辅助决策系统就是新的决策支持系统。在 OLAP 中利用模型库的有关模型，可以提高 OLAP 的数据分析能力；将三个主体结合起来，即利用"问题综合和交互系统"部件集成形成的综合决策支持系统是一种更高形式的辅助决策系统，其辅助决策能力将上一个新台阶。由于这种形式的决策支持系统包含了众多的关键技术，研制过程当中将要克服很多困难，这也是今后努力的方向。

三、运输决策支持系统

决策支持系统概念提出的 20 多年来，随着决策理论、信息技术、数据库技术、办公自动化、专家系统等相关技术的发展，取得了长足的进展，在许多领域得到应用，已成为许多行业经营管理中一个不可缺少的现代化支持工具。

（一）车辆路径决策支持系统

车辆路径配送问题，又称为运输线路规划问题，也是运输车辆的优化调度问题，一直是运输系统领域的典型问题。总体上看，车辆的优化调度问题一般可根据时间特性和空间特性分为车辆路径规划问题和车辆调度问题

1. 车辆路径问题的基础背景

在现有的物流管理系统研究中，车辆路径配送问题（Vehicle Routing Problem，VRP）是较受关注的一个方面。它是指在客户需求位置已知的情况下，确定车辆在各个客户间的行程路线，使得运输路线最短或运输成本最低。该问题是物流配送系统中的常见问题，如邮件的投递，飞机、火车及公交的调度等。选择适当的行车路径，可以加快客户需求的响应速度，提高服务质量，降低服务成本。VRP 是一个 NP 完全问题（非确定性多项式问题），对于此类问题，只有当其规模较小时，才能求得其精确解。因此，如何针对车辆路径问题的特点，构造运算简单、性能优异的启发式算法，不仅对物流系统，而且对许多可以转化为车辆路径的组合优化问题都有十分重要的意义。

通过配送中心进行配送是物流系统中的主要配送形式之一，车辆调度及路线安排是配送中心配送决策的重要内容，它直接影响到配送成本与服务质量。

2. 运输线路决策支持系统解决方案

运输线路规划问题目前可以使用的智能算法有许多种，如神经网络算法、遗传算法、群决策支持系统、专家系统等，但是没有哪一种方法是十全十美的。在这种情况下我们可以将多种算法集中到一起，采用多种方法综合比较鉴定，从而选取最优。

通过客户点位置设置可以设置规划对象为随机产生的点，或者从指定文件读取客户点位置数据，客户点数目也可以设定，然后设定每条路径中子路径的数目，可以不受任何限制或者给定一个最大上限；设定界面上最重要的一项是设定算法，可以在多种算法中选取，并指定计算时间长度，因为各种算法的计算时间是不同的，计算精度也是不同的，这些都是考察算法优劣的重要依据。

在设定了诸多参数后，就可根据设定进行计算，计算过程可以显示出来。还可以将多种算法的计算结果相互比较，决策者可根据比较辅助决策，做出更好的策略优化。

四、DSS 在交通运输中的作用

与其他行业一样，决策贯穿于交通运输管班的全过程和管理工作的各个方面。按运输管理的层次，相应地可将决策划分为高层、中层及基层这三个层次。

作为运输企业的高层决策，主要用于解决带有全局性、综合性、确定运输业发展方向和远景的重大问题。如确定交通运输业和国民经济发展的合理比例、合理的交通运输方式及交通运输结构、投资分配、合理的交通运输价格等问题均属高层决策。而中层决策主要用于局部性、短期的决策问题，为交通运输企业实现高层决策目标提供一些手段。如交通运输企业内部人员分配，交通运输资源的分配，运营服务指标、营运指标、运营调度的措施和方式等的确定。

为了最基层管理的业务决策，主要解决实际运营过程中生产性的决策问题，以便提高业务效率和更好地执行管理决策。如运营生产中的运营现场调度。

这些决策的正确与否和质量优劣，对于交通运输业的发展，对于以最少的社会劳动消耗满足社会经济发展对交通运输的需求，对于保证交通运输有节奏的生产，保证交通运输安全，提高社会效益与经济效益无疑起着关键性的作用。

然而，交通运输行业的特点决定了这个行业的计划指标、管理指标多，时间性、社会性强，且有较大的不平衡性与随机性，又由于交通运输行业是服务性质的基础公用设施，它和国民经济、国家政策、地区环境、地区规划、人口等许多方面都有着密切的联系，因而在解决上述各层决策问题时，不仅考虑本行业的情况，而且还须顾及有关各方面的现状。因而面对如此复杂、因素又不稳定的决策环境，要科学地、有效地、高质量地解决上述决策问题，不仅需要个人的智慧、学识和经验，也需要运用先进的理论、技术，更离不开现代化的管理手段——计算机。因此，在交通运输行业管理工作中引进集现代的管理方法、技术、手段于一身的 DSS 是有其重要性与必要性的。

DSS 这一先进的现代化工具，用到交通运输业，把有利于推动此行业的迅速发展。其作用主要体现在以下几方面。

（一）提高交通运输决策的有效性，促进交通运输决策的科学化

决策是个过程，包括情报调查、设计及选择几个阶段，具有系统性的特征。DSS 在辅助决策时；对决策的上述各阶段均给予支持，使决策者们从浩繁的信息收集、检索、分析、对比等工作中解脱出来，充分发挥人的主观能动性和创造性；这不仅使决策者在决策时具有科学的基础，而且也引导决策者有计划地开展决策工作，推动决策活动的规范化进程；从而从多方面促进交通运输决策的科学化。

（二）有利于提高交通运输系统的管理水平，加速管理工作的现代化

DSS 的运用需要一定的工作基础，这不仅涉及技术设备等基础设施的提供，还需负责日常信息收集、存贮与处理的管理信息系统作为 DSS 的基础；而且也涉及到交通运输管理内部的变革，如需改革不适应的组织结构，改变管理工作中的工作方式、活动方式与思维方式等，为 DSS 真正发挥实效提供环境，这些变化将推动交通运输部门管理工作的现代化进程。

（三）推动和增强现代科学、技术在交通运输业的应用、研究

DSS 以管理科学、运筹学、控制论、行为科学为基础，以计算机技术、通讯技术、

人工智能技术等先进的科学技术为手段。所以，DSS运用到交通运输领域，必将促进人们进一步研究交通运输中的理论问题、整理分析专家们的经验；同时也促使人们探索现代理论与技术在交通运输中的应用问题，来推动软科学在交通运输业应用的深入性，从而也对于交通运输业的、发展作出一定贡献。

第八章 交通系统评价与方案决策分析

第一节 概 述

评价是系统决策的重要基础,没有正确的评价也就不可能有正确的决策,因此,评价是系统决策的重要的组成部分。

系统评价是针对系统规划、设计、开发、改造、管理等问题,运用系统工程的思想,根据系统的目标和属性,综合考察系统在社会、政治、经济、技术等方面的作用(效用),全面权衡利弊得失,从而为系统决策选择最优方案提供科学的依据。

交通运输系统是国民经济大系统中的一个重要子系统,它涉及问题多而且复杂、影响广而且深远。因此,在对交通运输系统进行评价时,一要考察它与社会、经济系统的相互联系与相互作用,从生产系统的角度评价其经营效果,从服务系统的角度评价服务质量对用户的影响等;二要考察它与自然环境的相互影响,因为交通运输系统是在一定的外部空间环境中运行的。此外,交通运输系统又是由各种运输方式相互结合、相互作用的一个综合的、复杂的系统,在某种程度上,各种运输方式之间存在着可替代性,但每种运输方式都有其各自的技术经济特点、优势以及合理的使用范围,其功能作用和影响也不尽相同。充分发挥各种运输方式的优点、优势,提高运输系统的综合运输能力,是当今世界交通运输发展的总体趋势。因此,必须从经济、技术、社会和环境等方面,对交通运输系统进行全面的、客观的和科学的评价,给交通运输系统的规划、决策提供可靠的依据。

一、系统评价的理论基础

（一）效用理论

效用的概念起源于经济学领域，用于衡量商品满足人的欲望的能力和程度。效用与欲望一样是一种心理感觉，某种物品的效用大小没有客观标准，完全取决于消费者在消费某种物品时的主观感受。因而同一物品给人带来的效用因人、因时或因地而异。

当某个评价主体或决策主体在许多备选方案中选用某一备选方案时，总要把该方案说得很好、很重要，也就是说，这时该方案的效用为最大。在系统评价中，"效用"的大小意味着选择顺序的先后，通过效用的比较确定各备选方案的相对顺序。由于效用既没有标准也不是数量，难以实现评价对象之间的比较，因此，需要具有与效用选择顺序相同的数量函数，这种函数被称为效用函数。

效用理论就是用数学方法描述效用与效用函数关系的理论。效用理论是以评价主体的价值观为基础建立起来的数学理论，作为系统评价的基础理论之一，其重点是如何选择满足了实际需要的效用指标。

（二）确定性理论

确定性理论采用统计的方法使评价指标数量化。在人的心理感觉方面，定性指标没有客观的标准，所以量化的数值具有较强的随意性，这与自然科学和工程学方面的指标有很大的不同。

当系统评价中涉及定性指标的量化问题时，必须深入了解评价的目的，设立假定或构造概念模型，收集大量的相关数据和资料。在此基础上，以统计方法确认假定的合理性，并确定定性指标的数量界限，大部分的专家评分法都运用了确定性理论。

（三）不确定性理论

对于存在不确定因素的评价对象，为了提高评价结果的可靠性，需要估计各种状态发生的概率，通过计算期望值将其转化为确定性问题。即使在缺乏数据的情况下，也可凭借专家的经验和直观判断，以及同类情况以往发生的概率，对事件发生的可能性做出定量估计。这种估计称为主观概率。随着主观概率信息的增加，可逐步接近于客观概率。

（四）模糊集合理论

在系统评价过程中，除了某些事件的发生具有不确定性外，人的认识还存在着固有的模糊性，即非精确性。例如用语言描述的交通顺畅、交通拥挤、路况良好等，本质上都是定性的概念。因此，在系统评价中，需要应用模糊集合理论。

（五）最优化理论

系统评价的目的是在备选方案中确定最优方案，至少是最满意方案。因此，必然需要最优化理论。此外,评价对象的数学模型本身也可能成为评价方法,例如数学规划方法就是一个典型的例子。数学规划本身具有普遍性和严密性,得到的评价结果也是比较客观的。典型的数学规划方法有线性规划、整数规划、非线性规划、动态规划及多目标规划等。

二、系统评价的特性

系统评价是人们对系统的效用做出判断的过程。系统效用是客观存在的,即系统的功能满足外部环境客观要求的程度。系统的效用可分为客观效用和主观效用两类。系统的客观效用是系统状态和外部环境的函数,是客观存在的,但通常难以准确计量。系统的主观效用指系统的功能满足外部某个特定的个人或人群主观愿望的程度。显然,系统的客观效用和主观效用是不同的。系统的客观效用是客观存在的,而主观效用是特定人群对系统客观效用存在的主观反映,不同人群的主观效用是不同的。而且,系统的客观效用是对系统外部环境的全部目的而言的,而主观效用是针对某些人特定的目的而言的,目的不同,同一人群的主观效用也会不同。例如,在城市和沙漠这两种环境中的一杯水和一颗钻石,对同一人群来讲,客观效用尽管基本相同,但是主观感受的程度会有明显差异。因此,系统评价具有如下特性。

(一)近似性

产生近似性的原因是由于事物客观效用是客观存在的,而评价得到的结果是评价者的主观效用;其次评价者只是社会的某一部分,由于认识的局限性,他们的主观欲望与整个社会的要求之间不可避免地存在差异。用评价者主观欲望来代替客观效用必然是一种近似。

改进近似性应注意两个方面。首先,可采用增加评价者的数量,一般应超过30人,即有足够的数量以反映社会代表性;其次,提高评价者的素质,要求评价者具有渊博的知识,对被评价系统有较深的了解。对评价的具体问题,参加的专家要涵盖问题所涉及的领域,不同类型的专家比例与问题的主要方面应该是正相关的。

(二)模糊性

产生模糊性的原因是由于任何系统都是比较复杂的,存在多属性、多变量,而评价时为了实用、可行,往往只能用有限个属性来表示事物的功能,用有限个变量来表示事物的属性,首先,这只抓住了事物的本质的主要方面而不是全部;其次,许多属性难以用一个或者几个变量来描述,在评价时,不得不借助专家的定性评价。因此评价结果肯定不是精确的。

改进模糊性应注意两个方面。首先,在实用可行的基础上,评价指标尽可能包含系统的各种属性,指标要细化,并进行定量分析;其次,对某一指标不得不用打分方法评价时,要邀请内行专家,且条目要分得尽量详细,即有针对性。

(三) 相对性

产生相对性的原因是由于最终的评价值是将各个属性加以综合得到的，而综合过程中是将各个属性按一定的权重进行并合。这些并合原则及权重是评价者（集团）决定的。此外，随着社会观念不断变迁，现在科学的权重将来会变得未必合理，所以，评价值只能是事物绝对效用的相对值。

改进相对性应注意两个方面。首先，参与评价人员（尤其是模型建立者）对指标体系有一个好的理解，对并合原则的选择要尽可能符合物理概念。其次，随着时间的变化，应对所评价的问题进行重新评价。

三、系统评价的分类

按照不同的标准，系统评价可以分为不同的类别。

(一) 按照被评价对象的性质分类

按照被评价对象的性质不同，系统评价可分为目标评价、规划评价、设计评价和使用效果评价。

1. 目标评价

当系统的目标确定以后，需要对其进行评价，以确定系统目标的合理性、科学性和可实现性等。

2. 规划评价

在着手设计系统之前，对系统进行比较全面的分析，并制订出切实可行的系统开发计划。系统规划是系统工程过程中的一个必要阶段，对于系统效用具有决定性的影响，因此，对系统规划进行评价是非常有必要的。

3. 设计评价

系统设计是系统工程的核心问题，对系统目标的实现具有重要影响，因为系统的性能在很大程度上都取决于系统的设计。

4. 运行评价

系统在经过规划、设计和开发后，进入运行阶段。经过一段时间的使用后，需要对系统的效用进行评价，用明确系统是否实现了预期的效用、是否达到了目标要求。

(二) 按评价的时间顺序分类

1. 事前评价

这是在是否要开发一个系统，进行系统规划研究时进行的评价。由于没有系统的实物，一般只能采用预测和仿真的方法来进行评价，如规划评价就属于事前评价。

2. 中间评价

这是在系统计划实施中期进行的评价，例如检查项目的进度和任务完成情况等，着重检验系统是否按计划进行。

3. 事后评价

这是在一个系统完成后,评价是否达到了预期的目标。这时已有了大量的实际数据,可以进行定量的和更为细致的评价。

4. 跟踪评价

这是在系统的整个运行过程中,分阶段持续进行的评价,以考察系统在不同时期运行性能的稳定性和进行更新改造的必要性。

(三) 按照评价的内容分类

1. 技术评价

这是围绕系统功能进行的评价,通常包括对技术的先进性、适用性、可靠性和维护性等性能的评价,用于评定系统方案能否实现所需要的功能及实现的程度。

2. 经济评价

这是围绕系统的经济效益进行的评价,是在考虑时间价值的基础上对评价对象的成本和效益进行计算,分析系统的经济可行性,包括财务评价和国民经济评价。

3. 社会评价

这是围绕系统给社会带来的利益或负面影响进行的评价,主要包括就业、环境、安全等。

4. 综合评价

这是在上述3个方面评价的基础上,对于系统方案价值的大小所做的综合评价。

(四) 按照评价指标的数量分类

1. 单指标评价

这是仅利用一个指标对系统进行的评价,在实践中很少应用。

2. 多指标评价

这是利用多个指标从不同角度、不同层次对系统进行的评价,指标间的关系通常是并列的,体现系统在某个方面的优劣。

3. 综合评价

这是在多指标评价的基础上,运用一定的方法对不同量纲的多个指标进行综合,进而实现对系统的全面评价。

四、系统评价的步骤

完整的系统评价包括评价对象分析、评价资料收集、评价指标体系设计与量化、评价方法选择与计算、评价结论与分析5个阶段。

（一）对象分析

评价对象分析是确定评价目的、评价范围、评价立场、评价时期与评价环境的过程。

评价是为决策服务的，决策的性质不同，评价的目的和侧重点也有所不同。如果评价的目的是为了使系统结构或技术参数达到最优，则侧重对各种备选方案进行定量化评价。如果评价的目的是为了了解对象的性质及其发展趋势，则需要重点对评价对象的特性类别和等级进行评价。

评价范围是指评价对象涉及的范围，如评价对象涉及哪些领域、哪些部门等，例如一项大型水利工程往往涉及水利、交通、电力、旅游、移民等部门，在评价中应充分考虑各部门的利益并尽可能地吸收各方人员参加评价。评价范围对评价工作量和评价结论的可信度有重要影响，评价的范围过小，会因忽略了重要部门而使得评价有失系统性；评价范围过大，会使评价问题过分复杂化，增加评价的工作量。

在进行系统评价中必须明确评价主体的立场，即明确评价主体是系统使用者还是开发者抑或第三者等，这对于评价指标和评价方法的选择有直接的影响。以铁路交通系统的评价为例，如果铁路乘客是评价的主体，其关心的评价指标主要有快速性、准时性、低廉性、舒适性等；如果铁路建设部门是评价的主体，其关心的评价指标主要有投资费用、制造费用、经营费用及收益等；如果铁路沿线的居民是评价主体，其关心的主要是环境污染程度、噪声的大小等评价指标；而从区域社会发展的角度进行评价，需要考虑的是企业合理布局、沿线销售量的增加程度等指标；如果从国家的角度进行评价，需要考虑经济发展平衡性、地区间负担费用的合理性等评价指标。如果要进行综合评价，则需要选择上述的一些主要评价指标，构成一个综合评价的指标体系。

评价时期是指评价处于系统开发全过程的具体时期，对象所处的时期不同，评价的侧重点会有所不同。如以交通系统为例，则其评价一般可以分为规划期评价、设计期评价、运行期评价和跟踪评价4个时期。不同时期的评价目的各不相同，评价方法也由以粗线条的定性、定量分析为主逐步过渡到以细致的定量分析为主的方法。

评价环境分析是指对被评价对象之外的各种影响因素进行分析，了解了这些因素对评价对象的影响。环境影响因素可分为技术影响、经济与管理影响和社会影响3大类。

（二）资料收集

实际调查，选择合适的专家，为设定评价指标与计量标准、建立评价函数等提供所需要的定性、定量资料。在系统评价过程中，专家在资料收集、指标及其权重确定等方面具有重要作用。因此，在保证专家数量的同时，要注意专家的业务素质和知识构成的合理性。

（三）指标设计

这是系统评价最重要的一个环节，所选择的指标要与评价目的密切相关，并构成一个完整的体系，以便全面反映评价对象的不同特性。在构成指标体系的基础上，评价指标的数量应尽可能少，以减轻评价的负担，并且突出重要指标的作用。

此外，在指标体系的设计过程中，还要确定指标的计量方法和规范化方法，以消除定性指标的不确定性以及不同指标取值范围和计量单位的差异。

（四）方法选择

评价方法的选择是指确定评价数学模型的过程。为实现多指标的综合评价，定量化的数学模型是不可缺少的工具。不同的评价对象使用的评价方法可能不同，同一个评价对象也可以使用不同的评价方法。因此，对选用什么样的评价函数本身也必须做出评价。

评价方法本身对评价标准具有显著影响。因此，当评价目的在于形成统一意见或进行群体决策时，应该进行深入研究，确保评价方法的有效性。系统评价常用的方法包括费用——效益分析法、关联矩阵评价法、层次分析法、模糊综合评判法以及聚类分析法等。

当评价方法确定后，还需要确定各指标的合理权重，来实现全面合理的综合评价。

（五）结论分析

按照既定的评价指标体系，在指标的定量化和规范化基础上，运用选定的评价方法，可以计算出各备选方案的综合评价值，并实现方案相对优劣的排序。但是，由于评价指标和评价模型不可能全面准确地体现评价对象的所有属性，因此需要从技术、经济、社会、环境等方面对评价结论进行必要的分析说明，以便提供正确的决策依据。

五、系统评价指标体系

（一）建立评价指标体系的原则

要对系统进行综合评价，必须建立包括多个指标的评价指标体系。系统评价指标体系的建立要遵循下列原则。

1. 系统性原则

系统性原则是指标体系应能全面地反映被评价对象的综合情况，从中抓住主要因素，使评价指标既能反映系统的直接效果，又能反映系统的间接效果，以保证综合评价的全面性和可信度。

2. 可测性原则

可测性原则是指评价指标的含义明确，数据资料收集方便，计算简单，易于掌握。

3. 层次性原则

层次性原则是指评价指标体系要有层次性，这样才可以为衡量系统方案的效果和确定评价指标的权重提供方便。

4. 简易性原则

简易性原则是指评价指标体系的制定，要言简意明，避免烦琐，避免指标中出现显见的包含关系，对隐含的相关关系，要在模型中通过适当的方法加以消除。

5. 可比性原则

可比性原则是指所选择的指标在各备选方案中要有统一的定义和计量标准，指标间要保持同趋势化，以保证可比性。

6. 定性指标与定量指标相结合的原则

交通系统的综合评价，既包括技术、经济指标，又包括社会、环境指标，前者比较易于用定量指标来度量，但后者却很难用定量化的指标衡量，如安全、舒适、便利、环保等。要使得评价结果更具有客观性，就必须坚持定量指标与定性指标相结合的原则，以弥补单纯定量评价的不足以及数据本身存在的某些缺陷。

7. 绝对指标与相对指标相结合原则

绝对指标反映的是评价对象的规模和总量，相对指标反映的是评价对象在某些方面的强度或性能，两者结合起来使用，才能够全面地描述交通系统的特性。

（二）评价指标体系的基本结构

评价指标体系的结构分为3种类型：一元的、线性的及塔式的。

1. 一元结构

一元结构，即单指标，如经济指标、综合指标和关键指标等。经济指标常用于效益——费用评价、综合指标即通过综合评价的方法获得的指标，以反映方案的优劣程度，通常没有具体的量纲和含义。关键指标，载客率是评估公交系统服务水平的关键指标。一元指标决策最为简单。

2. 线性结构

线性结构是指一系列指标的平行或顺序关系。它通常不超过7个主要指标。如有人选择平均速度、延滞、乘客占有空间、加速度变化率、通风度、温度及噪声等7项指标作为评价公交系统服务质量的标准；有人选择旅行班次、服务可靠性、服务直接性、乘客舒适性等6项指标；也有人采用可达性、行程时间比、准点率和乘客密度等5项指标；还有人选择拥挤密度、等车时间、行驶速度、平均载客里程这4项指标进行评价，线性结构指标体系常通过直接加权进行评价。

3. 塔式结构

由于分析因素增加时，线性结构中各指标间的关系难以把握，因此出现了用于决策分析的塔式结构层次指标体系。过于复杂和多变的结构关系不利于决策分析，通常采用树状的关系结构，如层次分析法。

（三）建立评价指标体系的方法、步骤

评价指标体系的建立，首先要有明确的目的，不同的评价目的，构建指标体系的思路和方法有所差异。

如果评价的目的是为了控制评价对象，使其处于最优的运行轨迹，如过程评价、组织评价、市场秩序评价等，则可从投入量、产出量、系统内部结构与内部状态以及环境

反应等方面构建评价指标体系。

如果评价的目的是为了选优,则可采用系统分析的思路,对评价对象进行综合分析,按照目标分解或社会价值观分解等不同角度构造评价指标体系。例如,可将政治、经济、技术、社会、环境等作为运输场站选址评价的大类指标,通过了将这5大类指标进行进一步的细化,即可形成选址方案评价的指标体系。

对于大型系统的评价,所涉及的指标众多,指标之间的关系也比较复杂,为了制定出全面、简洁、实用、可靠的评价指标体系,需要通过若干次专家咨询才能完成。目前有多种专家咨询方法,如头脑风暴法、讨论会法以及德尔菲法。其中德尔菲法是一种用途广泛的专家咨询方法,最规范、应用效果最好,在系统评价中,除了可用于建立评价指标体系外,还可用于形成备选方案和确定指标权重。

第二节 工程经济分析基础知识

工程经济分析是一门以货币价值或经济效用为评价标准,用来评比、选择方案的技术。在系统工程中,工程经济分析有其重要的地位,它是决策分析的基础。一个建设项目的规划、设计、施工及经营管理,往往在技术上有多种方案,究竟采用哪种方案,需要通过经济分析来决策。采用的方案应该是经济效果最优的方案,即在相同的收益下资源消耗最少的方案,或在相同的资源消耗下收益最大的方案。随着科学技术的日益发展,工程项目日趋庞大与复杂,经济上的决策分析也变得比以往更为困难,这就需以更严谨的态度来处理,因此,工程经济分析越来越受到人们的重视。

一、基础知识

(一)资金的时间价值

资金的时间价值是工程经济学中的一个重要概念。资金在不同时期,它的价值是不一样的。资金的时间价值,是指资金经历一定时间的投资和再投资所增加的价值。资金之所以会产生时间价值,是基于货币增值、通货膨胀及时间风险因素等几个方面存在的原因。

利息是占用资金所付代价或重新使用资金所获得的报酬,它是资金时间价值的表现形式之一。通常用利息的多少作为衡量资金时间价值的绝对尺度,用利率作为衡量资金时间价值的相对尺度。利息,是指一个计息周期内利息同借贷资本额(本金)的比率,它体现了借贷资本增值的程度,是计算利息的依据,在工程经济分析中,利率主要指工程项目的收益率,而不是专指银行借贷款利率。

用以表示利率的时间单位(年、月等)称为计息周期,当包括一个以上的计息周期时，则要考虑"单利"与"复利"的问题。

1. 单利法

单利计算是指仅对本金计算利息，对所获利息不纳入本金计算下期利息的计算方法。资金的时间价值只与资金的本金有关，所以资金在各个时期产生的时间价值是相同的。

2. 复利法

在复利法计算中，资金在增值过程中已产生的时间价值仍继续增值，因而资金在各个计息周期产生的时间价值是不一样的。

用单利法计算与用复利法计算，结果相差很大。期限越长，利率越高，则两者之差越大。用复利计算利息更能体现出全部资金（包括增值部分）的时间价值。在实际的工程项目中，资金总是在不断地周转、循环和增值，为更好地反映资金的时间价值，以确切地评价项目的经济效果，在项目投资或者贷款计算中，一般都采用复利法。

（二）费用与效益的基本概念

费用与效益分析是工程经济分析中重要评价指标，要求所投资的工程项目给社会提供财富和服务的价值（效益）必须超过其费用，以达到资源的最优化分配。

1. 费用

费用是指为了实现某个工程项目或事业而投入的资源（如资金、劳动力、材料、能源等）的价值。费用不仅仅局限于实现方案的货币支出，尤其是在评价对社会有广泛影响的大规模系统时，只是考察货币支出是不够的。费用应理解为达到目的所必须付出的代价或牺牲。这些费用可以分为以下4类，其代数和即为系统的总费用。

（1）货币费用与非货币费用

货币费用是指可以直接用货币计量的各项支出，例如为了完成项目所必须发生的人工费、材料费、管理费等。非货币费用是指在实现项目的过程中付出的无法用货币计量的代价，如机场周围的居民遭到的噪声污染的损失、公路周围空气污染等，都构成了非货币费用。

（2）实际费用与机会费用

实际费用是指为达到某个目的所实际支付的费用。机会费用是从资源优化配置的角度定义的。当一项资源用于某个用途时，就失去了可用于其他用途的机会和由此带来的收益，在所有失去的用途中，最优用途所带来的价值就是该项资源的机会费用。

（3）内部费用和外部费用

在系统评价时，不但要考虑到系统内部发生的各种费用，还必须考虑系统存在导致的系统外部所发生的各种费用，如减少公共交通工具可以减少公交公司的内部费用，但系统外部必须增加自行车费用或企事业单位自派交通车的费用。

（4）一次投资费用和日常经营费用

在系统评价时，既要考虑系统的一次性投资费用，也要考虑维持系统正常运转所需要的日常经营费用（包括维修费用）。

在系统评价时，费用指标通常包括总费用和年均费用。

2. 效益

当开发的系统投入使用以后，可以获得一定的效用，在费用——效益评价中，将其中能够用货币计量的部分效用称为效益。效益又可分成直接效益和间接效益，前者是由系统本身直接产生的效益，后者是因为系统的运用而派生出来的效益。在系统评价时，效益指标通常包括总效益、年均效益、投资回收期和投资收益率等。

投资回收期指以项目的净收益（净利润）抵偿全部投资所需要的时间，一般从项目开始投资之年算起。投资回收期有静态和动态之分。动态投资回收期是指在考虑资金时间价值的条件下，按设定的行业基准收益率收回投资所需要的时间。在项目评价中，若项目的动态投资回收期小于或等于行业基准投资回收期，则项目可以考虑接受，否则应予以拒绝。

投资内部收益率指项目寿命期内净现值（或净年值）为零时的收益率，它所反映的是项目实际的投资报酬率。对单独一个项目进行经济评价时，如果收益率大于等于行业基准收益率，则认为项目在经济上可以接受，否则应该予以拒绝。

二、工程经济分析的特点

（一）影响因素多，立体性强

第一，工程经济分析是工程技术、经济学与管理学相互渗透并在它们边缘上发展起来的结合体。在实际工作中，为了对一项工作进行经济分析，不仅要考虑工程的技术特性。还要全面地、辩证地考虑经济因素和其他影响因素，尤其是人的因素。

第二，工程经济研究的范围涉及到工程建设的决策、设计、竣工验收、运营管理等整个寿命周期的全过程，在建设的各个阶段通过技术经济分析论评选出最优方案，达到技术工作经济化的目的，所以说工程经济分析具有立体性。

（二）实用性与定量性

1. 实用性

工程经济主要研究工程建设领域中技术工作的经济问题及处理这些经济问题的方法和技术手段，工程经济当中的科学理论来源于实践，又用于指导实践，具有很强的实用性。

2. 定量性

工程经济分析在分析过程中以定量分析为主，定性分析为辅。经济分析的根本要求，是对项目建设和生产过程中的经济活动提出明确的数量观念，进行价值判断。一切工艺技术方案、工程方案、环境方案的优劣都应尽可能通过计算指标将隐含的经济价值揭示出来，对于实在无法量化的经济要素辅以定性说明。

(三）比较性与预测性

1. 比较性

工程经济研究的不是技术的改进和创新，也不是经济原理的追寻和探索，而是在现有技术条件的基础上，运用已知的较成熟的经济原理对工程建设各阶段进行多方案比较，从中选出技术可行、经济合理的最佳方案。

2. 预测性

工程经济分析是在一项工程活动之前进行的，具备预测性。它通过多种科学手段对将要发生的工程活动进行预测，力图达到与实际的最大接近，但并不完全等于实际，所以在经济分析中还要进行不确定性分析，找到敏感性因素和风险较大因素，分析其发生的概率和变化范围以及由此引起的经济分析效果的改变，以更好地把握实际活动。

三、工程经济分析的内容

工程经济分析分为微观经济分析（或者称财务评价）、宏观经济分析（或称国民经济评价）和不确定分析。

（一）微观经济分析

微观经济分析，即根据国家现行财税制度和现行价格。分析、测算项目的效益和费用，从项目的财务角度考察项目的获利能力和偿债能力等财务状况，对项目的财务可行性进行评价。其主要作用在于衡量项目的财务盈利能力。

（二）宏观经济分析

宏观经济分析，即是将拟建项目置于国民经济大系统之中，按照资金合理配置的原则，从国家和社会的角度分析项目的国民经济特征，揭示项目的社会经济本质。从国民经济综合平衡的角度考虑，计算项目对国民经济的净贡献，以评价项目的经济合理性。宏观经济分析是项目经济分析的核心。

（三）不确定分析

不确定分析是研究各种经济参数发生变化时，经济分析结果的变化情况和变化范围，估计经济分析结果所面临的风险，为投资决策提供风险分析的资料和结果，以避免投资决策失误。不确定分析是工程经济分析之中的重要内容。

四、工程经济分析的意义

时代的发展，使我国公路建设出现了新的特点，建设规模扩大了，投资增加了；交通运输作为一项高投入、高产出、高科技的大型建设项目，对整个国家或地区的经济、社会发展、社会福利等方面影响巨大。因此，要以认真严谨的态度对此进行经济分析，把有限的资源用于社会效益和经济效益好的建设项目，最大限度地避免风险，提高投资效益。

第三节　系统评价与决策分析方法

一、系统评价方法

（一）费用——效益评价方法

不同方案的经济比较常用的有现值比较法、年值比较法。现值法是将项目方案不同时期的资金都换算成现值，然后进行比较。年值法是将方案不同时期的资金换算成现值后再换算成年值，然后进行比较。当各方案使用期相同时，采用现值法方便，当各方案使用期不同时，采用年值法更方便。

当费用和效益指标都可以用货币或者其他某个单位度量时，费用——效益分析的过程比较简单，常用的评价方法有以下 5 种。

1. 以效益为基准的评价方法

即在一定的费用条件下，效益大的备选方案其价值高。这种方法适用于所能支付的费用有限时备选方案的选择。其中的费用和效益既可以是总计值，也可以是年均值。

2. 以费用为基准的评价方法

即在效益一定的条件下，费用小的备选方案价值高。在达到事先给定的收益目标的条件下，应选取费用最小的备选方案。其中的费用和效益既可以是总计值，也可以是年均值。

3. 以净效益为基准的评价方法

净效益是效益减去费用后的余额，这种评价方法以为净效益大的备选方案价值高。其中的费用和效益通常是总计值。这种评价方法适用于费用没有限制的情况。在实际使用中，可以按照货币时间价值计算形式的不同，采用现值计算或年值计算。

4. 以效益率为基准的评价方法

效益率是效益与费用的比值，是单位费用产生的效益。该方法认为效益率大的备选方案价值高。其中费用和效益通常是总计值。这种评价方法适用于费用没有限制、强调资金利用效率的情况。与净效益为基准的评价方法类似，可按照货币时间价值计算形式的不同，采用现值计算或者年值计算。

5. 以追加效益率为基准的评价方法

当某些效益或费用指标不能转换为货币形式时，备选方案的价值通常以追加效益与追加费用为基础进行评价，以消除无法用货币计量的费用与效益的影响。所谓追加效益，是指相互比较的两个备选方案效益的差额;追加费用是指相互比较的两个备选方案成本的差额。其中的费用和效益既可以是总计值,也可以是年均值。在计算出追加费用和追加效益后,可以运用上述净效益和效益率的概念,计算追加费用所产生的净效益和单位追加成本产生的追加效益,并且根据计算结果判定备选方案的优劣。

随着经济的发展和社会的进步,仅仅从经济观点考虑效益已不能满足评价的需要。因此,在综合考虑社会效果的基础上,提出了有效度和费用——有效度分析的概念。系统所产生的效用不一定都能用货币计量,将用非货币的数量单位表示的效用称为有效度。有效度是一个综合的概念,其计量单位因评价的对象不同而异。费用——有效度分析的基本过程与费用——效益分析相同,只是采用定量化的效用指标代替其中的效益指标。此外,费用——有效度分析中,一般仅对费用指标进行时间价值的计算,而不考虑时间对效用指标的影响。

(二)关联矩阵评价法

关联矩阵法是一种常用的综合评价方法,适用于有多个备选方案、每个方案有多个并列评价指标的情况,这种方法通过加权的方式将各指标联系起来,通过指标的线性组合计算出各方案的评价值,再按照评价值的大小对备选方案排序。

在关联矩阵评价法中,当指标一定时,指标的权重对评价结果有重要影响,因此,合理确定指标的权重是非常重要的。指标权重通常采用了评分的方法确定,常用的评分法包括直接评分法、两两对比法和德尔菲法等。

1. 指标权重的直接评分法

这是一种利用专家经验和感觉进行评分的方法。由若干专家对评价指标体系进行分析,并根据其重要程度进行评分(采用五分制、十分制或百分制均可)。把专家对某指标的评分全部相加起来,或去掉最高分和最低分,求其平均值,即为该指标的绝对权重。将各指标的绝对权重与所有指标绝对权重的平均值相比,即进行了归一化处理,所得结果就是该指标的相对权重,简称为权重。

这种方法的优点是简单易行,缺点是主观性很大,且系统功能分类复杂时不易进行。

2. 指标权重的两两对比法

两两对比法也称为逐对比较法,是多指标综合评价的常用加权方法,这种方法首先将所有的评价指标任意排序,然后将任意两个指标进行比较,按照规定的评分准则分别为相对重要的指标和相对不重要的指标评分,汇总各指标的得分。为了避免出现总分为0的情况,需要在各指标的总分上再加1分,之后计算其占所有得分的比重,经过归一化计算,得到其相应的权值。如果有多个专家参加评分,则先要按专家人数计算各指标得分的平均值,再按照上述过程计算各种指标的相对权值。

(三)层次分析法

层次分析法(Analytic Hierarchy Process,简称AHP法)最初应用在服务领域中,是一种定性分析与定量计算相结合的多目标决策分析方法,具有可信、灵活而实用的特点。

1. 层次分析法的基本原理

层次分析法是一种定性与定量相结合的、系统化的、层次化的分析方法。它通过建立层次结构模型，将待解决的问题进行分解，构造成了对比较矩阵，分别计算出层次单排序以及层次总排序，最后给出可行的解决方案。

层次分析法的基本思想是：先按问题的要求建立起一个描述系统功能或特征的系统递阶层次结构，给出判断标度，对每一层的系统要素进行两两比较，建立判断矩阵。通过判断矩阵特征向量的计算，得出该层要素对上一层要素的权重。在此基础上，计算出各层要素对于总体目标的综合权重，从而得出不同方案的综合评价值，为选择最优方案提供依据。

2. 层次分析法特点

层次分析法的特点是分析思路清晰，可将分析人员的思维过程系统化、数学化、模型化，特别适用于多因素、多层次（子系统）、多方案的系统综合评价和决策，尤其是对于兼有定性因素和定量因素的系统问题，能较简便地进行综合评价和最佳方案决策。层次分析法作为一种有效的评价方法在交通运输系统分析中有广泛的应用。但层次分析法也有明显的不足，主要表现在以下 3 个方面。

第一，层次分析法的应用是针对方案大抵确定的决策问题，一般来说它只能从已知方案中选优，而不能生成方案。在进行交通系统分析时，若采用层次分析法，需要事先对各种方案有比较明确的规定。

第二，层次分析法得出的结果是粗略的方案排序，对有较高定量要求的决策问题，单纯运用层次分析法是不合适的。

第三，在层次分析法的使用过程中，无论是建立层次结构还是构造判断矩阵，人的主观判断、选择、偏好对结果的影响都极大。

因此，在进行复杂系统的综合评价时，常将层次分析法与其他数学方法结合使用，以期在发挥层次分析法优势的同时尽量提高系统评价的精度。

（四）聚类分析法

聚类分析又称群分析、点群分析，是定量研究样品或指标分类问题的一种多元统计方法。聚类是指将物理或抽象对象的集合分组成为由类似的对象组成的多个类的过程，其中的"类"是指相似元素组成的集合。聚类和分类的区别在于，分类是在已知分类数目的条件下，对样本集合进行的分割；聚类是在分类数目未知的条件下，对样本集合进行的分割。在通常情况下，所研究的样品或指标之间存在着程度不同的相似性，聚类分析认为，可以根据一批样品的多个观测指标，构造一些能够度量样品或指标之间相似程度的统计量。通过计算这样的统计量，把某些相似程度较大的样品聚合为一类，把另外一些彼此之间相似程度较大的样品又聚合为另一类，把关系密切的样品聚合到一个小的分类单位，将关系疏远的样品聚合到一个大的分类单位，直到把所有的样品聚合完毕，这就是聚类分析的基本思想。

聚类分析进行分类的依据是样品或指标之间的距离或相似系数，常用的距离包括明考夫斯基距离、绝对距离、欧氏距离、切比雪夫距离、马氏距离以及兰氏距离等，常用的相似系数有夹角余弦和相关系数等。

根据所用方法不同，聚类分析可分为系统聚类法、有序样品聚类法、动态聚类法、模糊聚类法等等，其中的系统聚类法最为广泛。依据分类的对象不同，聚类分析又可分为对样品聚类和对变量聚类两种类型。

二、决策分析方法

在道路与交通工程的规划、设计、施工中，普遍存在选择方案问题，即决策问题。决策问题就是为了实现系统的预期目标，从多个备选方案中，选择一个最优的或最满意的方案付诸实施。决策是系统工程的一个逻辑步骤，对决策技术的研究是系统分析中的一项重要课题。

（一）决策概述

"决策"就是作出决定，即为了达到一定的目标，按照一定的价值准则，对应该采取的行动方案作出最好的选择。

决策实际上包含了这样一个过程：从明确要解决的问题出发，经过积极的思考、认真的调查研究，分析客观情况和主观目标要求，制订多个可行方案，选定最佳或最满意的行动方案，并加以贯彻实施。决策的本质是一个优化过程，是一个反复分析、比较并作出选择的过程，不是一次认识、一次分析、一次判断就可完成的，实际当中的决策往往是一个多次循环的过程。

实际生活和生产中，凡是对于同一问题面临几种情况，而又有多种方案可供选择时，就形成了一个决策。面临的情况，称为自然状态或状态。这些自然状态是不以人们的意志为转移的，但是这些自然状态中必然出现一种状态，而且只能出现一种，多种状态不会同时发生。在决策中，参加比较的方案称为策略，也称为行动方案。

1. 决策问题的构成

决策问题一般由以下因素构成。

（1）决策主体或决策者

决策主体或决策者可以是个人，也能是一个集体，如董事会、委员会等。决策的正确与否受决策者所处的社会、政治、经济环境及决策者个人素质的影响。

（2）决策目标

决策目标是决策者希望达到的成果。

（3）方案

方案即决策者根据决策要求可能采取的一系列活动或措施。一个决策问题中方案数应多于一个。

（4）结果

结果是方案实施后产生的效果。在确定的情况之下，一个方案只有一个结果；在不确定的情况下，一个方案有多个可能的结果。

（5）决策准则

决策准则是评价与选择方案的价值依据。决策准则不仅由决策目标决定，而且受决策者的价值观影响。

2. 决策问题的分类

决策问题可以从不同的角度、按照不同的标准进行分类。

（1）按照决策的重要性分类

按照决策重要性的不同，可将决策分为战略决策、策略决策和执行决策。

①战略决策是涉及系统全局和长远问题的决策。如某大城市是否采用地铁系统作为其客运交通的骨架，就是该城市交通发展的战略决策。

②策略决策是为了完成战略决策所规定的目标而进行的决策。如某大城市决定采用地铁系统后，各线路、车站的选择与确定即为策略决策。

③执行决策是根据策略决策的要求，对行动方案选择的决策。如对地铁系统各线路、车站设计方案的确定属于执行决策。

（2）按照决策的结构分类

按照决策的结构，可将决策分为程序化决策与非程序化决策。

①程序化决策是指目标明确，具备可供选择的方案，用一般程序化的方法就可以找到最优方案的决策。这类决策可以建立固定的模式，有一套通用的决策方法，一般是可重复的，是有章可循的决策。如材料的订购、常规生产作业计划的制订等方面的决策。

②非程序化决策是指复杂的、用一般程序化方法无法解决的决策问题。这种决策是一种非例行决策，受许多因素的影响，没有规律可循，不可能建立一套通用的决策模式。这类决策一般是一次性的，只可以依靠决策者的知识、经验和判断力，如新技术开发等方面的决策。

（3）按照决策的可靠度分类

按照决策的可靠度，决策可分为确定型决策、风险型决策和不确定型决策三种。

第一，确定型决策具备以下条件。

①存在决策者希望达到的一个明确目标；

②存在一种确定的自然状态；

③存在供决策者选择的两个以上的方案；

④不同方案在确定状态下的益损值可以计算。

第二，风险型决策具备以下条件。

①存在决策者希望达到的一个明确的目标；

②存在两种或两种以上的自然状态；

③存在供决策者选择的两个及以上的方案；

④不同方案在确定状态下的益损值可以计算。

⑤在多种自然状态中，究竟出现哪一种状态，决策者无法确定，但是各种自然状态出现的概率事先可以估计或者计算出来。

第三，不确定型决策不同于以上两种决策。确定型决策实际以上是知道有某种自然状态，而且这种自然状态一定会发生，即该自然状态出现的概率为1。风险型决策是知道有多种可能的自然状态，虽然不知道哪一种自然状态将会出现，但是知道每种自然状态发生的概率。而不确定型决策所面临的情况是：知道有多种可能的自然状态，但既不知道多种状态中会发生哪一种情况，也不知道每种状态发生的概率有多大。不确定型决策问题满足风险型决策的前4个条件。

（4）按照决策目标的数量分类

按照决策目标的数量，决策可以分为单目标决策和多目标决策。

①单目标决策问题仅有一个决策目标，如决策目标是提高经济效益。

②多目标决策问题存在多个决策目标，如决策目标是既要提高经济效益，又要降低成本。

3. 决策过程

决策过程一般包括准备、计划、选择和实施控制四个阶段。

准备阶段主要包括明确决策问题、收集和处理相关信息即明确决策问题的性质、背景、特征、条件，收集与决策问题相关的政治、经济、社会及技术等方面的信息资料，并按照一定的要求将收集到的信息进行分析、加工和处理。

计划阶段在对所掌握的信息进行分析研究的基础上，确定预测目标，并对影响预测结果的重要因素进行预测。在此基础上提出可行方案，并对方案进行研究和论证。

选择阶段计算出不同方案在不同自然状态下的益损值，就是对各种可行方案进行分析评价。在此基础上，按照一定的价值准则选择满意的方案。

当前的决策是基于对事物过去、现在的认识和对将来的预测的，但在决策方案实施过程中，常会出现偏差或出现未预料的新情况。因此，决策方案不是一成不变的，需要在实施过程中根据实际情况对其进行不断调整和补充。

上述的决策过程是一个有机的整体，既相对独立，又互相联系、互相交叉、互相渗透。如在拟订可行方案时，可能发现原定目标不恰当而要加以修改；在选择阶段，可能发现某些方案需要进行一些改动，甚至可能发现新方案；而在方案的实施过程中，更要求将实施结果与预测结果加以对比，观察实施结果与预测结果是否有差异以及差异的程度，从而对决策方案进行修正。决策方法研究的重点在选择阶段，即对已经拟订的可行方案进行分析、比较、评价与选择。

（二）确定型问题的决策分析

在确定型决策问题中，有两个以上供决策者选择的可行方案，同时自然状态是确定的，不含有随机的因素。由于每一个方案都有一个确定的结果，因此只要直接比较各方案的益损值就可以判别方案的优劣，从而完成决策。

(三) 不确定型问题的决策分析

在不确定型决策问题中，有两个或两个以上供决策者选择的行动方案，并且存在两个或两个以上的自然状态。所谓不确定，是指决策者不知道未来究竟出现何种自然状态，也不知道各状态发生的概率。这时决策者主要根据自己的主观倾向进行决策，常用的决策方法有悲观准则、乐观准则、折中准则、等可能性准则与遗憾准则。

1. 悲观准则

悲观准则也称为最大最小（max min）准则。这种方法的思想是对客观情况总是抱以悲观态度，总是把事情的结果估计得很不利，因而也叫保守方法。

2. 乐观准则

乐观准则也称为最大最大（max max）准则，与悲观准则相反，该方法的思想是对客观情况总是报以乐观态度，考虑的是最有利的情况。

3. 折中准则

悲观准则和乐观准则的倾向性较大，但往往决策人员对客观条件的估计既不那么悲观，也不那么乐观，主张从中平衡。

4. 等可能准则

等可能准则也称平均值准则。当决策者在决策过程中，不能肯定哪种状态容易出现，哪种状态不容易出现时，即认为这些状态出现的可能性是相同的。将每个方案在各种可能情况下的收益加以平均，收益值最大的方案就是最优方案。

5. 遗憾准则

遗憾准则也称"后悔值"准则。决策者制定决策后，若情况未能符合理想，必将后悔或者引以为憾。该方法的思路是，每一种自然状况下总有一个方案可以达到最好的情况或取得最优值，如果选择其他方案其结果将达不到最优值，相应的差值称为后悔值。一般将一个方案中各自然状态下的最大后悔值作为该方案的后悔值，然后从各方案中，将具有最小后悔值的方案选作最优方案。

对于不确定型决策问题，采用不同决策准则得到的结果可能是不一样的。由于不同决策准则之间没有一个统一的评判标准，同时各类决策准则都缺乏作为依据的客观标准，而仅仅是依靠决策者的主观态度来决定采用与否，因此很难评判哪种方法比较合理，在实际情况中决策者只能根据具体情况选用。如在应对灾害性事件时，应估计到最不利的情况，采用悲观准则或遗憾准则使损失最小。一般的决策问题，可多采用几种方法进行决策，然后比较决策结果，诸方法的决策结果中，相同最多的，就可以选为最优决策。

(四) 风险型问题的决策分析

风险型决策问题也称随机决策问题，或统计型决策问题，是介于确定型与不确定型之间的一种决策问题。在确定型决策中，自然状态是确定的，每一个可行方案所得到的结果也是确定的。在不确定决策中，自然状态是不确定的，每一个可行方案的结果也是不确定的。在风险型决策中决策者不能确切知道未来将出现何种自然状态，不知道每一可行方案将取得的结果，但决策者通过调查、经验或观估计等途径可以知道未来各种自然状态出现的概率，也就可以知道每一可行方案取得某一结果的概率。风险型决策问题常用的决策方法有最大可能准则、期望值准则与决策树法。

1. 最大可能准则

最大可能准则的基本思想是将风险型决策问题转化为确定型决策问题。风险型决策问题中，每种自然状态的发生都有一个概率值，某种状态的发生概率越大，说明该状态发生的可能性越大。基于这种想法，在风险型决策中，若某种状态出现的概率远比其他状态大得多的时候，就可以忽略其他状态，而只考虑概率特别大的这一种状态。这样，风险型决策问题就转变成确定型决策问题。

用最大可能准则对风险型问题进行决策比较方便，但该方法的使用范围是有限制的。一般来说，在一组自然状态中，当其中某一个自然状态出现的概率比其他状态出现的概率大得多，而它们相应的益损值相差不是很大时，用这种方法进行决策能得到较好的效果。相反，如果一组自然状态出现的概率都很小，且互相接近，采用这种方法进行决策效果不会好，有时甚至会引起严重错误。

2. 期望值准则

在风险型决策问题中，未来出现哪种状态是不确定的，是一个随机事件，每一可行方案能获得的收益也是一个随机事件，但获得某个收益的概率是知道的。

最大的收益期望值是平均意义下的最大收益，因此期望值准则适用于一次决策多次重复进行的情况。

决策者制定决策后，若情况未能符合理想，将有后悔的感觉。每一种自然状况下总有一个可以达到最好的情况或取得最优值，如果选择其他方案其结果将达不到最优值，每种状态最大收益值与该状态下各方案收益值之差称为该状态下各方案的悔值。在应用期望值准则时，除计算可行方案的收益期望值外，也可根据各方案的悔值计算悔值期望值。从悔值期望值中选取最小值，相应的方案即为最优方案。

3. 决策树法

决策树法实际上仍是期望值准则，只不过在该方法中将期望值准则的决策过程用树状图加以表示，便于决策者在决策过程中瞻前顾后。

决策树法是利用树形结构图辅助进行决策的一种方法。这种方法是把各种备选方案、可能出现的状态以及决策产生的结果，按逻辑关系画成一个树形图，在树形图上完成对各种方案的计算、分析和选择。

4. 风险型决策问题的讨论

在不确定型决策中，决策者对未来的自然状态一无所知，决策结果受决策者的主观意识影响很大，带有一定的盲目性。而在风险型决策问题中，决策者虽然不确切知道未来的自然状态，但知道未来状态的规律，利用自然状态出现的概率分布，以期望收益值最大作为决策的目标，所得到的决策结果是比较符合客观情况的。

在风险型决策中，确定未来自然状态的概率分布变得十分重要。各种情况出现的概率，可以用统计资料、试验结果得出，但大多数情况下要凭经验、知识甚至是预感，对未来的情况进行估计，这样得到的概率值标为主观概率。对同一事件，不同人作出的主观概率的估值是不同的，因此，所得到的决策结果也是不同的，但是这也不完全是主观臆断，还是有一定的客观依据的。

对于不确定型决策，只要决策者对未来的可能性不是全然不知，总可以作出一些估计，因而可以把不确定型决策转化为风险型决策。在风险型决策中，所有的决策结果都是建立在"概率"基础上的。概率只能说明未来出现某种自然状态的可能性的大小，而不能说明一定出现某状态或一定不出现某状态。如 A、B 两事件，出现事件 A 的概率为 70%，出现事件 B 的概率为 30%，实际情况中，要么出现事件 A，要么不出现事件 A，不存在折中的情况。因此，风险型决策方法带有一定的风险。

第四节　系统评价与决策分析在道路交通工程中的应用

一、大数据分析决策技术概述

（一）大数据分析决策技术的概念

大数据，顾名思义是对许多大型数据进行分析、处理与管理的数据集，数据的最大可达到 10TB 左右，在大数据的日常工作中具有体量大，数据类别多，数据处理速度快以及数据具有真实性的特点。而大数据分析决策技术正是在大数据的体量大、数据类别多、数据处理速度快以及数据具有真实性的优势的基础上对数据进行分析和决策的一种新兴技术。这种技术多应用于公共交通服务、交通引导、物流调度优化等各个方面。大数据分析决策技术能够通过反馈的各种交通数据与各种资源进行分析、处理、整合，并能够依托云计算服务平台为使用者提供更加快捷、便利的出行服务。

（二）大数据分析决策技术的关键

大数据分析决策技术的关键在于计算层，而计算层主要指的是利用内存计算中的 Sprk，并利用 R 语言和框架来实现专业的统计分析功能，采用图形的方式展现，以保证分布式的集群和高效存储方式来加快大数据集上的查询速度。此外，Mahout；是一个集数据挖掘、决策支持等算法于一身的工具，其中包含的都是基于 Hadoop 来实现的经典算法，通常相关人员会使用其作为数据分析的核心算法集来进行参考。利用大数据进行决策和分析，就必须通过表格和图表图形来展示，这样一来，将会使得数据的分类更加详细，并提高了数据的权威性。

（三）大数据决策的特点

1. 大数据决策的动态特性

大数据是对事物客观表象和演化规律的抽象表达，其动态性和增量性是对事物状态的持续反映。不可否认的是，人们在决策过程中的每一步行动都将影响事物的发展进程并全程由大数据所反映此时决策问题的描述以及决策求解的策略都需要跟随动态数据给予及时调整通过面向大数据的增量式学习方法实现知识的动态演化与有效积累，进而反馈到决策执行当中，大数据决策的动态特性决定了问题的求解过程应该是一个集描述、预测、引导于一体的迭代过程，该过程须形成一个完整的闭环的、动态的体系结构简要来说，大数据环境下的决策模型将是一种具备实时反馈的闭环模型，决策模式将更多地由相对静态的模式或多步骤模式转变为对决策问题动态描述的渐进式求解模式。

2. 大数据决策的全局特性

截至目前，人们已经开发出多种多样的决策支持系统，但是多数是面向具体领域中的单一生产环节或特定目标下的局部决策问题，往往无法较好地实现全局决策优化与多目标任务协同在信息开放与交互的大数据时代，大数据的跨视角、跨媒介、跨行业等多源特性创造了信息的交叉、互补与综合运用的条件，这促使了人们进一步提升问题求解的关联意识和全局意识在大数据环境下决策分析会更加注重数据的全方位性，生产流程的系统性、业务各环节的交互性、多目标问题的协同性通过多源异构信息的融合分析，可以实现不同信源信息对全局决策问题求解的有效协同基于大数据的决策系统，对每个单一问题的决策都将以优先考虑整体决策的优化作为前提，从而为决策者提供企业级、全局性的决策支持。

3. 大数据决策的不确定性特征

一般而言，决策的不确定性来源于三个方面：一是决策信息不完整、不确定而导致的决策不确定性；二是决策信息分析能力不足而导致的决策不确定性；三是决策问题过于复杂而难以建模导致的不确定性。大数据决策的不确定性不外乎以上三个方面在信息不完整和不确定方面，首先，大数据具有来源和分布广泛、关联关系复杂等特性，对于多数企业而言，即便借助各种先进的数据收集手段尽可能地将各种信源数据进行整合，但仍难以保证信息的全面性和完整性；其次，大数据固有的动态特性决定了大数据的分布存在随时间变化的不确定性；最后，大数据中普遍存在的噪声与数据缺失现象决定了大数据的不完备、不精确性在大数据分析能力方面，显然现有的大数据分析处理技术还存在着不足，诸如多源异构数据融合分析、不确定性知识发现及大数据关联分析等方面仍是当前颇具挑战的研究方向。在决策问题建模方面，在一些非稳态、强耦合的系统环境下，建立精确的动态决策模型往往异常困难，例如流程工业中的操作优化决策现阶段

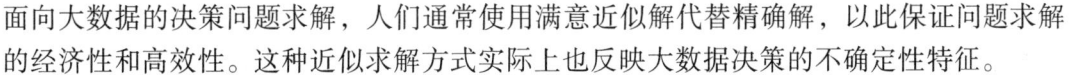

面向大数据的决策问题求解，人们通常使用满意近似解代替精确解，以此保证问题求解的经济性和高效性。这种近似求解方式实际上也反映大数据决策的不确定性特征。

4. 从因果分析向相关分析转变

在过往的数据分析中，人们往往假设数据的精确性并通过反复试验的手段探索事物之间的因果关系，但在大数据环境下，数据的精确性难以保证数据总体对价值获取的完备性异常重要，此时用于发现因果关系的反复尝试方法变得异常困难从统计学角度看，变量之间的关系大体可以分两种类型：函数关系和相关关系，一般情况下，数据很难严格地满足函数关系，而相关关系的要求较为宽松，在大数据环境下更加容易被接受，并能满足人类的众多决策需求。在面向大数据智能化分析的决策应用中，相关性分析技术可为正确数据的选择提供必要的判定与依据，同时将其与其他智能分析方法相结合，可有效避免对数据独立同分布的假设，提高了数据分析的合理性和认可度。

5. 大数据决策向满足个性化需求转变

在商业和制造业领域对用户进行精准营销，满足用户的个性化需求是提升客户价值和实现企业竞争力的经营准则在大数据背景下，产品和服务的提供以及价值的创造有望更加贴近社会大众的个性化需求以互联网大数据为基础，企业通过舆情分析、情感挖掘等以用户为中心的数据驱动方法，可以精准挖掘消费者的兴趣与偏好，做出有针对性的个性化需求预测，进而为消费者提供专属的个性化产品与服务宏观上讲，大数据可以打通企业和消费者之间的信息主动反馈机制社会大众通过意见的表达，可以迅速转化为商业经营的决策依据反向指导产品的设计和制造环节，实现生产与市场需求的有效对接。随着社会化媒体应用的深入多元主体参与决策有了更多的便捷性和可能性，决策过程中价值多元的作用更加明显，由此传统自上而下的精英决策模型将会改变并逐渐形成面向公众与满足用户个性化需求的决策模式。

通过以上有关大数据决策特点的总结，我们不难发现大数据决策有着相较于传统基于小数据分析决策的诸多不同之处更进一步，大数据决策的特点反应了当前大数据智能决策的研究重点与需求大数据决策的不确定性、动态性、全局性以及向相关性分析的转变，决定了面向大数据的关联分析、不确定性分析、对增量和多源数据的有效利用都将是大数据智能决策研究中的关键内容。

二、大数据分析决策技术在道路运输业的应用分析

（一）大数据分析决策技术在道路运输业的应用现状

伴随着信息技术的快速发展和高新技术产业的高速推进，新科技、新技术已经融入到了各行各业的生产活动和运营管理当中，并且深入到了人们的生活中，使普通人也能看见科技，摸得着技术，时时刻刻地感受着科学技术为生活带来的美好。当前，大数据分析决策技术在道路运输业应用日渐成熟，使得大数据分析决策技术已经成为了城市智慧交通的重要发展平台和重要的技术载体，科学稳定的分析决策技术，便捷高效的数据

处理技术使得大数据分析决策技术在城市道路运输业一经应用就得到了迅速的拓展。大数据分析决策技术对城市运输业所反馈的数据包、日志、资产数据以及诸如漏洞信息、配置信息、身份与访问信息、用户行为信息、应用信息、业务信息、外部情报信息等信息的分析、处理和决策带来极大的便捷。

1. 客运站场分析

分析各站各班次、班线发送量分布和趋势，并实现旅客空间流向的智能分析。通过分析各站发送量、流向、饱和度来分析客运场站的规划合理性；构建交通规划的数据模型，为客运站场（含候车亭）的规划建设及智能分析提供决策依据。包括流量、客运量预测分析。

2. 经营线路状态分析

查询、统计线路类型的发送量、实载率情况及变化趋势，实现线路规划、最优路径分析、线路客流状态等分析；按照省内外线路查看发送量、实载率情况及变化趋势；基于线路、营运业户的多维挖掘分析，分析每条线路的业户的发送量、实载率分析。实现客运线路指标的图形化管理，并提供线路规划、最优路径分析、线路客流状态等功能；班线客车与包车的客运流量流向分析，为规划新的班线、调整已有班线运力提供依据。基于线路、车辆的多维挖掘分析，分析了线路类型与车辆技术等级、车型、座位机构深度分析。

3. 道路运输安全分析

按照时间段（季节、每日时段等）、事故发生区域、事故性质、伤亡人数等分析道路运输行车事故数据，并对其变化趋势进行预测分析。

4. 出行特征分析

日常的小时、周、月、年统计各个主客场站发送量、实载率；五一、十一、春运的小时、周、月、历年的各客运站发送量和实载率，并且对其进行预测分析。

5. 综合监测预警

实现对道路运输行业的运输需求（如道路运输客货运量、周转量、公共汽车运量、出租汽车载客次数、出租汽车客运量、营运车辆维修工作量、检测工作量等）、供给能力（如从业企业数量、从业人员数量、客车车辆、货运车辆、公交车、出租车拥有量、客运车辆座位结构、货运车辆核定吨位数、客运场站数量等）、运输效率（如市场集中度、平均实载率、上座率、发送量占比、饱和度、平均运距等）的监测预警。

（二）大数据分析决策技术应用面临的挑战

1. 行业标准缺乏统一性

行业标准缺乏统一性是大数据分析决策技术应用面临的挑战之一，众所周知，地区经济发展不平衡是我国经济发展的重要现状之一，在这样的背景之下，致使我国道路运输业发展也存在着地区发展不平衡的问题，这样一来，很难在全国实行统一的行业标准，致使很多地区的城市运输数据系统相对独立，没有在全国范围内形成统一、完整的智慧交通系统。智慧交通运输系统的不完整，导致了各个城市之间的道路运输的信息和数据的衔接与配合达不到一定的标准，进而严重影响交通数据的收集与处理，并阻碍了城市输线路的分析和统计。

2. 基础设施缺乏稳定性

基础设施缺乏稳定性也是大数据分析决策技术应用所面临的挑战之一，大数据决策分析技术在城市道路运输业得以应用的目的在于建立完整度和成熟度较高的智慧城市道路交通系统，而这样智慧交通系统必将是整合度和复杂度较高的系统，如果想要建立这样的智慧交通系统不仅仅需要成熟的大数据分析技术，更需要完整、稳定的基础设施作为建立这一系统的平台。但是，当前在建立这一系统的过程中却面临着城市运输系统硬件设备功能滞后、老化的现状，这些问题都可能会引起数据的泄露，甚至丢失，为大数据的统计和处理带来极大的威胁。

三、大数据分析决策技术在道路运输业应用问题的解决措施

（一）加强交通平台资源整合，推进数据标准化

为了解决行业标准缺乏统一性的问题，相关人员应当加强交通大数据应用基础设施建设。正如上文所说的我国经济发展的不平衡导致了城市交通运输业发展的不平衡，而交通运输系统又是极为复杂的系统，如果每个城市之间交通平台不能形成很好的衔接，将会极大地影响交通运输业的发展，问题解决措施如下。

首先，需要相关部门建立完整的道路交通运输标准，对各个城市的交通运输情况进行严格的管理，努力建立个统一度高、完整度高的现代化、标准化行业标准。其次，还需要加强对各个交通平台资源的分配和整合，加强各个地区的兼容性。最后，还应当实现各个地区各个交通的相互合作，相互联系，推动了交通运输标准化、统一化的实现。

（二）加强交通大数据应用基础设施建设

为了解决基础设施缺乏稳定性的问题，相关人员应当加强交通大数据应用基础设施建设。正如上文介绍的我国道路运输系统的设备因使用时间较长，设备老化度较高，这严重影响了大数据决策分析技术的应用，为解决这一问题，应当加强基础设施建设，及时对设备进行更新和维护，从而实现信息数据的安全有效。

（三）严格控制交通运输的数据真实度

为了解决数据统计缺乏真实性的问题，相关人员应当严格控制交通运输的数据真实度。正如上文所介绍的因种种原因大数据决策分析技术的数据真实度有待考证，为了解决这一问题，需要相关人员做到的是通过严格的监控措施和测试手段保证数据的真实性和可靠性，严禁由于人为原因而对数据的真实性造成影响。

第九章 交通运输与可持续发展

第一节 交通运输可持续发展思想

一、概述

作为国民经济的基础产业，交通运输业的发展将对于可持续发展产生非常重要的影响。一方面，交通运输业的发展有利于国民经济的成长；另一方面，交通运输业的发展将占用一定的资源，排放一定的污染，从而影响资源供给的可持续性和环境的质量。从可持续发展的需要出发，我国的运输总量和运输结构必须发生变化。

交通运输业具有建设周期和运行寿命长，产业关联性强等特性。一些项目的建设和运营，关系着国民经济的长远发展，关系着国家的经济安全和军事安全。因此，必须制定国家的交通运输战略。这一战略必须体现交通运输业将向一体化、综合化、系统化方向发展的要求，必须明确政府、市场、企业在交通运输业发展方面的作用与分工，须体现服务产业不断对外开放的时代特征。

在全世界已普遍认识到可持续发展与社会发展的时代，我们也必需更新观念来研究我国的交通运输发展战略。这一观念的更新包括两方面：一是交通运输所促进的发展，是可持续的经济与社会发展，我们需要更新发展的概念，即在考虑交通运输发展战略时，要克服交通运输业发展过程中可能会产生的环境问题以及社会问题。二是交通运输业本身的发展应是可持续的,即在交通运输业的发展研究中,要考虑其持续的竞争力。不仅交通运输基础设施的建设与维护需要政府的大量开支,交通业还带来沉重的社会费用,如噪声、空气污染、能源和自然资源的消耗形成了沉重的环境负担。

二、交通运输可持续发展的含义

(一) 可持续发展的概念

可持续发展从字面上理解是指促进发展并保证其可持续性。很明显,它包括了两个概念:可持续性和发展。发展不仅仅是经济的增长或实际收入的增加,而是指人民福利和生活水平的提高,经济增长只是发展的一部分。一个可持续的过程是指该过程在一个无限长的时期内,可以永远地保持下去,而系统的内外不仅没有数量和质量的衰减,甚至还有所提高,可持续性最基本的、必不可少的前提是保持自然资源总量存量不变或比现在的水平更高。

可持续发展是一种特别的从环境和自然资源的角度提出的关于人类长期发展的战略和模式。它并不是在一般意义上所指的一个发展进程要在时间上连续运行、不被中断,而是特别指出环境和自然资源的长期承载能力对发展进程的重要性以及发展对改善生活质量的重要性。可持续发展是一个动态的概念,它并不是要求某一种经济活动永远运行下去,而是要求不断地进行内部的和外部的变革,即利用现行经济活动剩余利润中的适当部分再投资于其他的生产活动,而不是被盲目地消耗掉。可持续发展的概念从理论上结束了长期以来把发展经济同保护环境和资源相互对立起来的错误观点,明确指出了它们应当是相互联系和互为因果的。

可持续发展是一个涉及经济、社会、文化、技术及自然环境的综合概念。可持续发展主要包括自然资源与生态环境的可持续发展、经济的可持续发展和社会的可持续发展三个方面。可持续发展一是以自然资源的可持续利用和良好的生态环境为基础;二是以经济可持续发展为前提;三是以谋求社会的全面进步为目标。只要社会在每一时间段内都能保持资源、经济、社会同环境的协调,那么这个社会的发展就符合可持续发展的要求。可持续发展不仅仅是经济问题,也不仅仅是社会问题和生态问题,而是三者互相影响的综合体。只有能够正确地处理好三者之间的关系,让这三方面协调发展,才可以真正走上一条可持续发展之路。

(二) 交通运输可持续发展的内涵

交通运输是社会经济发展的基础,是国民经济得以向前发展的保障。按照当前的普遍认识,可持续发展是指"既能满足当代人的需求,又不危及后代人满足其需求的发展",它包含经济可持续性、社会可持续性和环境可持续性。由于在社会与环境可持续性方面都必须考虑成本有效的措施,因此交通运输业的经济可持续性是可持续交通发展的核心。可持续交通运输要求全面地进行规划,制定能够取得多个目标的战略,使之不仅要优化利用各种运输方式,且要满足社会经济的发展和人们生活质量提高的需要,同时适当保护和利用自然资源。

交通运输系统作为社会经济系统的一个子系统,它的发展是社会经济可持续发展的一个重要组成部分。综观交通运输与社会经济发展的历史关系,可以说,没有交通运输的发展,就谈不上社会经济的发展;社会经济要实现可持续发展,如果没有一个相应的可持续的交通运输系统支持,社会经济的可持续发展也同样无法实现。所以,为适应社会经济可持续发展的需要,交通运输必须采取可持续发展战略,也就是要求改变传统交通运输发展模式的资源和环境特性,推进交通运输的可持续发展。

根据可持续发展的基本内涵,可将交通运输的可持续发展定义为:交通运输业的发展既要满足当代人的需求,又不危及后代人满足其对交通运输需求的发展。在交通运输发展中,不仅要考虑交通运输本身的经济效果,更重要的是充分考虑运输的外部正效应与负效应,不仅要考虑交通运输对当代(或者近期)整个社会经济系统资源配置的影响,而且要考虑到对动态资源合理配置的影响。

可持续交通运输应该包含三个方面的内容:①经济与财务可持续性,是指交通运输必须保证能够支撑不断改善的物质生活水平,即提供较经济的运输并使之满足不断变化的需求;②环境与生态的可持续性,是指交通运输不仅要满足人流与物流增加的需要,而且要最大限度地改善整个运输质量和生活质量;③社会可持续性,交通运输产生的利益应该在社会的所有成员间公平分享。可见,可持续运输不但考虑了运输本身的经济效果,而且考虑了运输的外部效用;同时,可持续运输引入了时间观念,不仅考虑运输对当代整个社会的经济系统资源配置的影响,还从动态角度考虑到对资源合理配置的影响。

可持续的交通运输有其鲜明的特点:在生产上,把生产成本与其造成的环境后果同时加以考虑;在谋求社会发展上,把社会的进步确定为第一也是最终目标,节约使用各种资源,使有限的资源支持更大的运输需求;在运输增长方式上,寻求其增长模式从数量型向质量型转变,尽量减少每单位运输经济活动造成的环境压力;在生产目标之上,从单纯以生产的高速增长为目标转向以谋求综合平衡条件下的可持续发展为目标。

(三)交通运输可持续发展必须遵循的原则

要实现交通运输的可持续发展,一方面,交通运输的发展必须与我国的经济社会发展需求和资源环境容量相适应;另一方面,必须为我国经济社会的持续、健康、快速发展奠定物质基础。在这一总体思想下,我国交通运输的发展应当遵循以下原则。

1. 有利于经济发展的原则

交通运输是经济发展的必要前提。发展交通运输,有利于资源的优化配置和统一市场的形成,促进商品和服务的流通,提高我国参与国际贸易和国际分工的能力;有利于降低生产成本,且能带动相关行业的发展,改善投资环境,吸引了外资,增加就业机会等。

2. 以人为本原则

经济发展的目的是满足人们日益增长的物质文化需要。交通运输领域以人为本就意味着,发展交通运输应以人民的基本利益为重,为公众提供安全、公平、多样化、高质量的服务，以满足他们的各种需要，提高他们的生活质量，使得每个人都能够从发展中获益；以人为本还意味着，应充分注意人力资源开发，加强教育与培训，尊重并充分发挥人的积极性和创造性，动员公众参与到可持续交通运输发展战略和规划的决策和实施过程中来，并协助监督可持续发展的进程，尽可能地避免并且及时纠正人为的错误。

3. 社会公平的原则

社会公平包括发展机会均等、地区间及不同代人之间的公平等，交通运输的发展要将为人们创造平等的发展机会放在重要位置。缩小地区差别是公平性的一个重要方面。

4. 提高整体竞争力的原则

交通运输对每一种商品生产都是成本的一部分，如果交通运输费用高，商品价格就会提高，商品就会失去竞争力。国际经验表明，尽可能完备和实用的基础设施是决定一国参与国际竞争的能力的关键因素。因此，交通运输的发展要有利于降低成本，增强制造业的竞争力，并在整体上提高国家的竞争力。提高交通运输效率是提高竞争力的一个重要途径。一是要缩短人员、物品在交通中所耗费的时间；二是优化配置各种交通运输资源，提高资源的利用效率；三是要加强管理，提高服务质量。加强交通运输体系的管理，特别是规范各种交通运输税费的征收，是当前提高经济整体竞争力的另一个重要的途径。

5. 资源利用最优化的原则

交通运输是对自然资源依赖度较高的产业之一，交通基础设施需要占用大量土地，交通运输工具要消耗大量能源。我国的资源人都占有量很低，资源节约应成为交通运输发展的基本原则。

6. 环境友好的原则

交通运输是人类环境的重要污染源之一。交通运输业的发展应遵循在等运量前提下产生的污染负荷最小、对生态造成的损失最低的环境友好原则，大力提倡大气污染小、噪声污染低、生态破坏小、使用清洁能源的"绿色"交通运输方式，这样才能保障和支撑国家和人类的可持续发展。

7. 保障国家安全的原则

可持续发展的前提之一是国家安全，国家安全包括了国防安全、经济安全、社会安全、环境安全等方面。随着技术的进步，现代战争是常规交通运输所不能满足的。因此，交通运输体系的构建应立足于平时的经济建设，但应当与通信等设施建设相互配套，以防在外部入侵或内部洪涝、地震等灾害事件突发时，有利于信息的传递，救援部队的派遣，应急物资的运输，被困人员的疏散等，来保证国家和人民生命财产安全。

8. 系统最优的原则

交通运输体系的构建是一个系统工程，应根据系统最优的原理，进行各种交通运输方式的优化配置，单一交通运输方式内部的合理布局，兼顾社会效益和经济效益的统一，国家利益、地方利益和部门利益的统一。各种交通运输方式之间既竞争又互补，要发挥各自的优势,综合集成,达到系统最优。具体地说,一是要在铁路、公路、航空、管道、水运这五种交通运输方式之间进行合理配置和优化;二是在单种运输方式内部进行合理布局,优化线路的空间布局,避免和克服运力过剩和运力严重不足同时并存的弊端;三是要不断创新,依靠科技进步,开发对环境无害的交通运输工具,提高交通运输中的科学技术水平;四是要实现社会效益和经济效益的统一,国家对那些社会性、公益性的交通运输项目,对国土开发型的、用于国际目的的和用于扶贫目的的铁路、公路或水路等交通运输基础设施项目的建设,要统筹规划,优化管理,超前的建设,构建管理科学、竞争有序、优势互补的综合交通运输体系。

三、交通运输对我国可持续发展的战略影响

交通运输作为一个国家经济发展的必要前提,其可持续发展的能力直接影响着经济持续稳定健康的发展。一方面,只有建立发达的交通运输网络,才能有效推动市场经济发展;另一方面,随着经济的增长,运输量的扩大,交通运输的社会成本越来越高,给资源、环境带来的压力已到了不可忽视的地步,影响到人们的生活质量。简言之,交通运输对国民经济发展既具有基础性的作用,又必然对资源和环境带来巨大的压力。

(一)交通运输的发展为我国的经济发展奠定了基础

1. 交通运输的发展满足了我国劳动力资源转移的需要

随着改革开放的不断深入,城镇化和机动化进程的加快,人们的观念发生很大变化,人口在空间位置上的转移明显增加。一方面,表现为落后地区的剩余劳动力向发达地区转移;另一方面,落后地区的资源优势和开发潜力又吸引了大量高素质的各类专业技术人员和经商人员。这对于吸收农村剩余劳动力,改善人口分布状况和提高落后地区人口素质,缩小不同地区间人们物质生活水平的差距,将起到重要的作用。改革开放以来,我国交通运输的发展满足了人口转移的需求。进一步加强交通运输基础设施的建设,形成合理的运输网络布局和各种运输方式的协调发展,将会对人口的有序移动产生积极的作用。

2. 交通运输的发展满足了商品和信息流通的需要

在商品经济社会,交通运输是人类赖以生存和发展的基础条件之一。交通运输将社会生产、分配、交换和消费等各个环节有机地联系起来,使人类的经济社会活动得以正常进行,为协调发展提供基础。交通运输的发展疏通和拓宽了流通领域,减少了商品流通的阻碍和迂回,缩短了商品流通的时间,满足了人们对于商品的不同层次的需求。

3. 交通运输的发展改变了区域发展的不平衡

由于自然条件和其他种种原因,我国区域发展存在绝对差距扩大的问题,而交通闭塞、信息不灵等是贫困地区经济不发达的重要原因之一,要缩小地区间发展水平的差距,改变贫困地区的落后面貌,发展交通运输是一条重要的途径,有利于从根本上解决好区域经济发展的不平衡,在时间与空间上实现发展的公平性,共同走向富裕。

4. 交通运输的发展促进了生产力的合理布局

交通运输体系的布局与发展，对我国生产力布局和区域协调发展具有重要的有时甚至是关键性的作用。从总体上看，我国生产力的布局应有利于促进产业结构与空间结构的协调，实现东西互补、南北联动的区域经济协调发展格局的形成。高效的综合运输网络体系，可以促进自然资源的合理开发和利用，保障生产力布局战略目标的实现。交通运输的发展可以有效解决自然资源、劳动力、生产设施等生产要素相分离的矛盾，因而开辟了国土开发、城乡联系、产业联系以及地区间交流的途径。

5. 交通运输的发展促进了产业结构的调整和升级

交通运输作为经济全球化的最初推动力之一，促进了国际间的合作与交流，从而带动发展中国家的产业结构的升级。产业结构的变化，必然导致经济结构、生产结构和产品结构等的深刻变化。这些变化的发生，反映了经济发展的客观规律性，也是我国经济逐步摆脱过去传统的单纯依靠增加资源消耗实现经济增长，转向依靠科技进步和合理有效利用资源而实现经济增长，即实施可持续发展，实现经济增长方式的根本转变。交通运输在我国产业结构调整中扮演着重要角色。在由铁路、公路、水运、民航和管道等运输方式组成的综合运输系统内部，必须作出适应产业结构变化的运输结构的调整，特别是高效、快速的交通运输，以适应加快高科技产品的流动，降低了工农业产品流通及消费成本，满足人员流动数量和质量的要求。

（二）交通运输对资源的占用

交通运输的存在与发展都是依托于土地的占用和能源与各种材料的利用上。交通运输对资源的占用包括两个方面：一是交通运输工具及基础设施的建设需要消耗大量的自然资源和原材料，特别是不可再生的资源；二是交通运输消耗的能源，特别是石油产品占其生产量的较大部分。交通运输中使用的资源主要有土地、水资源，木材、钢材、水泥等建筑材料以及石油产品等能源。

1. 对土地的占用

不同类型的交通运输方式对土地资源的占用是不同的，公路和铁路交通运输是占用土地较多的交通运输方式，而航空、水运和管道运输占用土地较少，在完成相等的换算周转量条件下，公路占地是铁路的3.7～13.6倍。

2. 对能源的消耗

交通运输业是能源消耗的大户，我国交通运输业能源消耗约占我国全部能源消耗量的50%。石油是交通运输耗用的主要能源，所占比重高达90%以上；在各种运输方式中，公路又是能耗最大的部门，占运输总耗能的80%左右。民航、公路、铁路的单位运输量平均能耗之比约为11∶8∶1，铁路是最节约能源的运输方式。

3. 对建筑材料和其他资源的消费

各种运输工具，以及铁路、公路、码头、机场、管道等交通运输基础设施的建设，需要大量的原材料，例如钢铁、水泥、沥青及化工、电子元件、通信器材等材料或产品。

以铁路为例，平均每千米长度的铁路需钢轨 200t，每辆列车的自重在 20t 以上，其中 80% 为钢铁及其他有色金属。公路建设则需要大量的水泥、砂石、沥青、钢材等。据估测，每千米长度的公路需沥青 1000t，水泥 350t，以及大量的砂石料和各种填料。港口建设和机场建设需要大量的水泥、钢材。管道在输送石油和天然气时需抵抗强大的压力，因此，其材料为钢铁，管道运输对钢材的需要量较大。

汽车是许多发达国家和一些新兴发展中国家的支柱产业，它在带动冶金、电子、化工、机械等行业发展的同时，消耗了大量的原材料，仅钢铁一项，每千辆小轿车平均重量达 600~800t。交通运输消耗的建造材料，要开采大量矿产资源供给，对资源的探明储量造成巨大压力。

4. 交通运输对水资源的利用

水资源也是交通运输业发展的基础资源，水资源的分布限制了石油、煤炭等基础资源的开发，从而对交通运输业的发展造成了巨大影响。其次，交通运输业的附属部门的发展以及运输过程中人们对水的需求必不可少。在交通运输业的可持续发展中，应更加注重避免和减少对水的污染，并且加强对污染的治理。

第二节　交通运输可持续发展中的环境保护

不断提高的交通量，特别是私人汽车的交通量，刺激了经济的增长却严重危害了环境；制造业的全球资源共享和物流业的迅猛发展降低了产品的制造成本，但因为很多原料和产品比以前运输距离更长，花费在运输上的费用却又有增加的趋势，这些次数频繁、路途遥远的运输无疑对环境产生不利的影响。现代运输业在给人类社会带来正效应的同时，也给人类带来社会负效应。首先，运输业引起的大气污染、水污染及噪声污染已成为世界三大公害，对土壤的污染也很严重，尤其在工业化国家已成为普遍问题，引起人们对环境保护的重视。其次，运输业消耗了大量的能源，是现代社会中主要的耗能部门。因此，人类社会在发展的同时要充分考虑到运输业对环境的影响和能源消耗的问题。

一、交通运输对环境的负效应

随着人口的增长与机动车保有量的急剧增加，交通运输以其巨大的能源消耗，给自然环境与人类的生活环境造成了严重的污染。

（一）运输与交通公害及其表现形式

交通运输对环境的有害影响称为交通公害。所谓公害，通常包括大气污染、噪声、振动、水质污染、土壤污染、地面下沉、放射性辐射和电波危害等。公害有别于自然灾害，但也同样对人的健康和生活环境带来危害。交通公害主要包括：汽车、火车、飞机、轮船等运输工具的排气造成的大气污染；运输工具的运行产生噪声和振动；船舶的排水和管道事故造成水域污染；运输线路和运输设施对周围环境的噪声等，交通公害的表现形式主要有以下几点。

1. 大气污染

大气污染是指人类活动排出的污染物扩散到室外空气中，对人体、动植物和器物产生不利的大气状况，而混入大气的各种有害成分统称为大气污染物。

在运输工具的排气中，除了排出的水蒸气和二氧化碳外，还有许多有害成分，如一氧化碳、未完全燃烧的碳氢化合物、氮氧化物、铅化合物、硫化物和浮游性尘埃等。

2. 温室气体排放

大气中温室气体的增加是温室效应加强、全球变暖的主要原因。不同的温室气体对全球温室效应所起的作用也不同，其中以二氧化碳对温室效应的作用最大，而在产生二氧化碳的人类活动中，交通运输系统排放的二氧化碳占全部人类排放总量的20%以上。减少二氧化碳的排放量，来稳定温室气体的浓度，是交通运输系统面临的必须解决的问题。

3. 交通噪声

噪声就是使人烦躁、令人讨厌、不需要的声音，并希望利用一定的噪声控制措施消除掉的声音的总称。噪声使人或动物感到痛苦，严重的还会损伤听觉。交通噪声是飞机、火车、轮船和公路机动车等运输工具产生的。

汽车噪声由多个声源产生，包括发动机、进气管和排气管、风扇、喇叭、轮胎等各种机械噪声。轮船和火车的发动机及汽笛会产生噪声，火车行驶时与铁轨的摩擦也产生噪声，飞机对人类产生影响的噪声是在其起降时产生的。噪声对人的听觉与视觉系统、中枢神经系统等造成不同程度的伤害，并且影响人的心理健康。

4. 交通水体污染

交通水体污染主要是船舶的排污、漏油和事故，港区排到水域内的工业废水和生活污水。另外，疏通河道、修建码头也会对水生物造成影响。

水体的流动性会使污染物随着水流运动和水生生物的生活习性而不断转移扩散，并通过水生食物链、饮水和河水灌溉的农作物危害人类的健康，而且影响速度极快，影响极大，治理非常困难。

5. 交通振动

交通振动包括由路面运输工具运行引起的地面振动和由空中运输工具飞行而引起的空气振动。地面交通振动主要因地面不平、轨道有接缝、运输工具运行时冲击地面或轨道而引起的。对人们产生主要影响的空中交通振动发生在飞机的起飞和降落时，交通振动也使人感到痛苦。

6. 交通事故

交通事故不仅给社会造成巨大的经济损失，而且给家庭带来无法挽回的精神痛苦。

交通运输安全应包括两个方面：一是人身安全；二是货物安全。人身安全包括使用运输工具的旅客安全和与非使用交通工具的第三方人身安全。运输企业在抓运输生产的同时，必须把安全放在首位。货物安全包括两个方面：一方面是因交通事故和运输责任造成的货物火灾、被盗、丢失、损坏、腐坏、污染、湿损和票货分离等；另一方面是不太为人们所重视的货物运输过程中的自然损耗。

7. 交通拥挤

交通运输的迅速发展使得交通拥挤成为世界性的大问题。交通拥挤不仅造成无效的等候，浪费时间，使运输系统的效率下降，并成为诱发交通事故的重要因素；还降低了燃料的利用效率，增加了污染物排放量，因为交通拥挤时燃料不完全燃烧形成的污染物排放量远远大于正常行驶时的污染物排放量，而且，拥挤路段由于车辆大量积聚，使该路段的污染物浓度明显大于其他路段，城市车辆堵塞的同时还造成高额的"拥挤成本"等。

（二）交通运输对环境的影响分析

交通运输对环境的影响包括废弃物排放，例如汽车尾气及其中的铅污染、船舶的生活垃圾及油污染、噪声等。

1. 汽车尾气是交通运输产生的突出环境问题之一

汽车排放的二氧化碳之外的其他气体如一氧化碳、碳氢化合物、氮氧化合物、未燃碳氢化合物等浓度也明显升高。由于汽车集中于城市，致使汽车排放的这些气体对城市污染源贡献率发生结构性的变化，即从原来的煤烟型污染为主转变为机动车排放的尾气为主，说明我国汽车尾气已经上升为城市的主要污染源。

2. 噪声污染

对不同交通运输方式噪声污染强度的研究对比发现，噪声污染平均强度以公路为重，次噪声强度以飞机为最。运输等量货物或旅客，铁路的噪声只有公路的 $1/2 \sim 3/4$。

噪声污染是局部性的环境问题。近年来对公众关注的环境问题调查表明，噪声已经成为城市居民最为关注的环境问题，因而也是投诉最多的环境问题。噪声污染对人体健康产生很大的危害，需要在交通运输基础设施建设当中采取适当的防护措施，如建造隔音墙等，避免噪声对居民健康产生危害。

（三）各种交通运输方式对可持续发展的影响分析

下面从可持续发展的总体出发，对各种交通运输方式进行综合性的分析。

1. 铁路运输

与公路、航空等交通运输方式相比，铁路运输等量换算周转量占用的资源最少。铁路交通运输是调节我国资源禀赋和工业布局不均衡的重要纽带，承担着重质长途货运的巨大任务。如煤、石油等能源物质的由北南运，以及木材、粮食等物资的长途运输。铁路对环境的影响主要是对沿线抛弃生活废弃物，如废塑料、不可降解的餐具，以及各种包装物等。对石料、钢材和枕木等建筑材料的一次性投入较大，但使用年限较长，分摊到每年的折旧水平不高。另外，铁路对人身安全和货物安全的水平较高。从资源节约和环境保护的角度考虑，我国城市间的交通运输，用于国土开发目的、国际目的乃至国防建设目的的交通运输，仍然应当将铁路作为首选的交通运输方式。

2. 公路运输

公路运输对土地资源的占用较多，特别是我国东部人均可耕地资源严重不足，对这种不可更新的资源过度占用是不利于土地可持续发展的。汽车尾气的排放成为道路沿线的重要污染源，特别是铅污染水平值得引起重视，随着无铅汽油的使用和新型环保汽车的开发使用，这一问题可以得到解决。由于公路运输具有通达性好，机动灵活，可实现从门到门的运输，一次性投资少，回收周期短等特点，公路交通运输仍有较大的发展潜力。

3. 水运

水运大致可分为内陆运输、沿海运输和远洋运输等。开凿运河发展漕运在我国有2000多年的历史。科学技术发展到今天，海洋国家和内河航运条件好的国家仍将水运放在优先发展的地位。能源和其他矿产资源的外贸运输，主要采用远洋运输的形式。与铁路、公路等运输方式相比，水运是一种投资省、占地少（仅码头、港口、仓储等需要建设用地），劳动生产率较高，能耗低、污染轻（主要是油脂污染和船员的生活废弃物排放对水体造成的污染），是借水势行舟而又不消耗水资源的运输方式。从资源节约和环境保护的角度看，应当继续重视南方内河水运与各种远洋运输的发展，提高水运的竞争能力和自我生存和发展的潜力。

4. 航空运输

航空是一种现代化的交通运输方式，是资金密集型和技术密集型的行业，具有时效好、效率高的特点，同时航空运输又是高能耗、噪声污染严重的运输方式。飞机的噪声会造成飞机结构的疲劳，影响机载仪器设备的正常工作，干扰甚至妨碍乘客和机场附近居民的生活和健康。但是航空运输是不可或缺的一种交通运输方式，因其具有快速、机动和安全舒适的特点，可以满足不同的要求和对外开放的需要，因而航空交通运输的发展成为一个国家开放和现代化的一个标志。我国航空运输的发展应当保持在适度的水平，不应盲目扩张，同时要合理配置各种资源，减少了恶性竞争和重复建设，提高了航空运输的竞争力，参与国际分工。

5. 管道运输

管道运输是一种对专业运输对象进行操作的运输方式，只能用于输送天然气、石油等流体货物的运输。目前，国际社会也在开展水煤浆的管道运输，并取得了一定的成功，值得引起我国有关部门的重视。管道运输的优势在于运量大，占用土地很少（仅需建各类泵站），人员投入少，对环境的影响很小，运输成本低，能耗少（以每吨千米运输货物消耗的能源计,管道运输仅为铁路的 1/4,水运的 1/3,公路的 1/10,且不出现"空载"的问题)。

6. 城市交通运输

城市作为各种交通运输方式的集中地和交通运输的枢纽,在交通运输发展战略的选择中具有特别重要的地位。城市交通运输网络的构建应当以高效便利、资源节约和环境友好为原则,在整体上达到系统的最优。交通运输规划是城市交通发展的蓝图,在规划中应当综合考虑城市功能和分区、土地利用、资源环境条件、多种交通方式的选择和衔接、减少人员和货物无效流动等因素,优先发展公共交通,采用轻轨、地铁、高架等形式,构筑立体的城市交通网络;应当重视交通运输对城市的影响,逐步开发和使用有利于环境的交通工具,如电动汽车、天然气汽车等,淘汰性能差、车况差的车辆,使等量运输条件下对环境的危害最小;将以人为本作为构建城市交通运输的宗旨,减少部门分割、各自为政、重复建设、重视标志工程而不顾实际效果的现象,减少交通运输堵塞造成的"拥挤成本",提高交通运输的综合效率;制定相应的法律法规,营造公平的竞争环境,发挥各种运输的优势,为城市的可持续发展奠定基础、创造条件。

二、交通运输发展与环境保护

交通运输的可持续发展要求其发展既要满足当代人的交通需求,又不能损害后代人满足交通运输需求的能力,可将环境承载力作为判断交通运输系统与环境之间协调程度的依据。

环境承载力是指某区域一定时期内在确保资源合理开发利用和生态环境良性循环的条件下,资源及环境能够承载的人口数量及相应的经济社会活动总量的能力和容量。

环境承载力在很大程度上取决于环境标准、环境容量和人类的生产活动方式等方面。环境承载力说明在一定的条件下,环境对人类社会经济活动的支持能力是有限度的,一旦超过了环境容量的极限,要恢复是很困难的,有时甚至是不可逆的。因此,交通运输系统的发展应实现与自然环境的协调,走了可持续发展之路。

(一)交通运输规划与环境保护

为保护环境,在交通运输规划中,首先,必须处理好交通基础设施及交通线路的建设与自然环境间的相互协调,尽量避免对具有生态价值的植物、野生动物和地形地质等构成的自然生态系统的破坏,特别注意国家级以上保护区的保护。

其次,在交通规划时,应通过各种有效措施来控制和减少公害。如在城市交通规划中,可以通过优先发展公共交通和优化公交线路来减少大气污染。

最后,在交通运输规划的项目评估中,必须把环境污染和生态破坏造成的损失作为社会效益的一项指标,包含在评估工作中。

(二)交通运输技术与环境保护

在交通运输领域发展轻污染技术和污染预防以及应急技术对保护环境有重要作用。

在轻污染技术方面，如在铁路运输中发展电气化运输，在汽车运输中改进发动机结构、发展代用清洁燃料、研制绿色环保汽车和太阳能汽车来减少对大气的污染；在污染预防技术方面，如在铁路和船舶运输中要开发生活垃圾及污水的处理装置；在污染应急技术方面，如在船舶运输中发生溢油时施放围油栏，用水面浮油回收船和各种溢油回收装置、喷洒抗溢油化学剂，使用吸附材料，用激光点燃溢油等技术。

（三）交通运输管理与环境保护

要控制和减少交通公害对环境的影响，必须制定有效的法律和行政管理措施，如使用无铅汽油、划定禁止鸣笛区、污染严重超标及超过使用年限的车辆强制报废，以上可依照相应法律和行政手段强制实行。

第三节 交通运输可持续发展的资源环境

一、交通运输的资源消耗

自然资源是人类赖以生存和发展的物质基础，是人类生活与生产资料的最基本来源。人类社会的可持续发展与自然资源的供给状况、开发利用和保护程度密切相关。由于人口增加、经济和社会发展，人类对自然资源的需求和消耗不断增加，自然资源大幅度减少、退化和枯竭，资源短缺已经成为经济和社会发展的制约因素。如何开发利用和保护自然资源，确保资源的可持续利用，是当今世界各国所面临的重大问题。

交通运输的资源消耗，主要表现为运输发展所需的土地、原材料以及运输的能源消耗。在土地占用方面，尤以汽车运输为最。而更为引人注意的是另一项资源——交通运输所消耗的能源。可以说，现代强大的交通运输系统是由巨大的能源消耗去驱动的。

二、交通运输的资源利用

资源利用问题是可持续发展的一个重要内容，也是促使人们研究可持续发展的一个重要因素。人类对自然资源无节制的使用，高资源消耗的生产和生活方式，已使地球的部分资源面临着枯竭的危险，资源已不再是取之不竭的。资源的利用是摆在各国、各行各业面前的迫切问题。交通运输业自从成为一个独立的物质生产部门之后，一直是大量消耗资源的行业，尤其是对能源的严重消耗，交通运输的资源利用问题成为研究可持续发展的重要内容之一。

交通资源是指交通运输赖以生存和发展的物质基础，包括交通运输的自然资源、资本资源和人力资源，这里特指其中的自然资源，例如土地、能源、金属材料等。为研究交通运输可持续发展问题，根据交通运输资源能否再生，分成可再生资源和不可再生资源两大类。

(一)可再生资源

可再生资源是指能够通过自然力以一定增长率保持或增加蕴藏量的自然资源。如太阳能、大气、森林、鱼类及各种野生动植物等。可再生资源又可以分为可再生商品性资源和可再生公共物品性资源。可再生商品性资源的财产权、可以确定，能够被私人所有和享用，并能在市场上进行交易，如私人的土地、森林等。它具有产权明确、专有性、可转让和可实施等特点，可再生公共物品性资源是指不为任何特定人所拥有，但是却能为任何人所享用的可再生资源，如空气、公海的鱼类等。它具有消费不可分割性或无竞争性、消费无排他性等特点。

可再生资源可以通过大自然的作用生殖繁衍，进行新陈代谢，不断循环得以开发利用，但是如果在一定时期里耗用过度，就可能打断资源再生循环的"链条"，使其更新过程受阻，蕴藏量不断减少，以至枯竭。不同的可再生资源，其再生恢复的速度是不同的，如自然形成的1cm厚的土壤腐殖质层需要几百年，砍伐森林的恢复一般需要十年到百余年。只有个别的可再生资源的数量不受人类活动的影响，如太阳能。对于可再生资源的可持续利用主要是合理调控资源使用率，实现资源的永续利用。因此，对可再生资源的消耗速度应小于这些资源的再生恢复速度。同时，应不断增加社会投入来加速其恢复和再生，来满足社会经济发展对资源不断增加的需求。

(二)不可再生资源

不可再生资源主要是指在任何对人类有意义的时间范围内，资源质量保持不变，资源的蕴藏量不再增加的资源。不可再生资源按照能否回收分为可回收资源和不可回收资源。使用过程不可逆，并且使用之后不能恢复原状的不可再生资源是不可回收的，主要指煤炭、石油、天然气等矿物燃料，这类资源被使用后就被消耗掉了。例如煤炭，一旦燃烧变成热能，热量便消散到大气中，变得不可恢复了。不可回收的特性决定了不可回收资源的耗竭速度必然大于其他资源，减缓不可回收资源耗竭速度的重要措施是提高资源的利用率。由资源制造出的产品的效用丧失后，其大部分物质还能够回收的为可回收的不可再生资源。一般金属矿物资源属于可回收资源，例如汽车报废后，汽车上的废铁可以回收利用。资源的可回收利用程度是由经济条件决定的。只有当回收利用的成本低于新资源的开采成本时，回收利用才有可能；即便可以回收，由于可回收资源不可能100%的循环利用，最终仍将无法摆脱被耗竭的命运。对于可回收资源，随着科技发展和进步，一般可以"扩大"矿产资源可供利用的储量和回收利用程度来减缓可回收资源的利用。不可再生资源因为是不可再生的，它的可持续利用实际上就是最优耗竭问题，即解决在不同时期合理配置有限的资源问题和如何使用可再生资源替代不可再生资源问题，资源合理配置的目标是使资源利用净效益的现值最大化。

交通资源与其他资源一样，也存在其固有的客观属性，具体表现为以下几个方面。

1. 稀缺性

资源之所以称为资源，是针对人类的需要来说的。资源与人类社会系统的关系是不可逆的，它从本质上规定了资源的"单流向"特征，即资源只能是供体，社会系统是受体。而作为供体的资源总是被消耗的，只要是被消耗的也就总是稀缺的，即使是可再生资源，当社会需求的增加速度超过其再生增殖能力时，同样也可能表现出稀缺的特征。

2. 竞争性

竞争性来源于稀缺性，资源的竞争性表现在两个方面：其一，在众多资源构成中，人类社会努力选择在其应用上最为合适的，在经济上最为合算的，在时间上最为适宜的那一类资源，这种选择本身就体现出了竞争的内涵；其二，在众多需求者中，不同程度地需要同一类资源。因此，资源供体的优劣和稀缺特征，必然会在资源受体间引起对于资源供体的选择及占有等一系列复杂的竞争现象。

3. 不均性

资源的质和量往往不可能均匀地出现在任一空间范围，它们总是相对集中于某些区域。在这些资源集聚的区域里，或者是资源的密度大、数量多，或者是质量高、易于开发利用。所以，资源总是表现出其自然本质上的差异性和地理分布上的差异性，这也是资源之所以稀缺的一个重要原因。

4. 循环性

自然界中，各类资源之间是相互联系的，彼此按照各自所固有的规律运动，并保持一定的平衡关系。例如自然界中的水，在太阳辐射的影响下，不断地进行循环。海洋中和大陆上的水，经蒸发成为水蒸气进入大气圈，随着空气的运动，在适当的气候条件下，以降雨雪冰雹的形式回到地面，汇入海洋，并且部分渗入地下，这就构成了自然界中水的循环。所以只要保持水体循环系统及其平衡不受破坏，水是不会枯竭的。但是，如果水体循环受到破坏，失去平衡，就会引起某些地区水源枯竭，出现水荒。如对地下水的取水量超过其补给量，就会造成地下水位下降，甚至引起地面沉降。交通资源也如同水资源一样，在使用的同时必须及时补给，来避免资源枯竭。

第四节　我国城市交通的可持续发展

一、城市交通的现状及对环境的影响

（一）城市交通的概念

城市交通是实现人流、物流、车流和部分信息载体的空间位移并到达一定目的地的基本手段，是整个城市生活从静态转入动态，完成城市生存发展所必需的多种活动的主要保证，是重要的城市基础设施。

城市客运交通系统研究的主要对象是公共交通。城市公共交通是指在城市及其近郊范围内为方便居民和公众的出行，供人们使用的经济型、方便型的各种客运交通方式的总称，它是城市客运交通体系的主体。

城市客运交通系统中各种交通方式之间既有竞争，又有联合与协调。当公共交通不能达到应有的服务水平时，私人交通就会过量发展而损害城市的整体效益。除采取各种措施限制私人交通外，主要是大力发展公共交通。依据社会、经济、生态环境可持续发展的目标，大多数城市将规划并建立以公共交通为主体的城市客运交通系统，作为城市与交通系统的建设目标。

（二）城市交通的现状

在我国大多数城市中，因机动车数量大幅增加，交通拥堵成为一个普遍的问题。交通拥挤不仅造成无效的等候，浪费时间，使运输系统的效率下降，并成为诱发交通事故的重要因素；还降低了燃料的利用效率，增加了污染物排放量，由于交通拥挤时燃料不完全燃烧形成的污染物排放量远远大于正常行驶时的污染物排放量，而且拥挤路段由于车辆大量积聚，使该路段的污染物浓度明显大于其他路段。

土地资源是城市发展和客运交通的基础。交通设施常占市中心地面面积的30%~40%，约占郊区面积的20%。城市交通的发展需要消耗土地资源，土地资源的枯竭又必然阻碍城市和交通的发展，为缓和这一矛盾，行之有效的方法是提高单位土地资源的利用效率，就是优化城市布局和交通结构。

（三）对人类生活环境的影响

随着人口的增长和汽车数量的急剧膨胀，交通运输业给生态环境造成了严重的危害，城市污染物中有60%以上来自汽车尾气。又由于城市高楼林立，绿化不足，空气对流不畅，汽车废气不易扩散和净化，这些都造成城市大气环境中臭氧浓度严重超标，使城市环境恶劣程度加剧，严重影响人们的生活质量和生存环境。近年来，许多城市经常出现的雾霾现象也是城市空气质量差的重要表象。另外，交通噪声是城市噪声的主要来源，几乎占了80%，对于人们的身心健康产生极大的危害。

中国城市交通可持续发展还面临着经济社会快速发展引发的旺盛的运输需求、城镇化和机动化快速发展、居民多样化出行需求、城乡交通一体化、现行的管理体制障碍等挑战。

公共交通具有速度快、容量大、耗能少、污染低等优点，大力发展公共交通对环境的保护是十分有益的。

二、公共交通优先发展政策

（一）我国城市公共交通发展存在的主要问题

我国城市公共交通已发展到一定规模，但是现状仍存在一些问题，削弱了公共交通的优势，制约了公共交通的发展。

第一，服务水平不高，受道路网络条件及规划水平的制约，公交线网布局结构不合理、密度低、重复率高，存在公交服务盲区。

第二，基础设施不足，公交停车场规模偏小，首末站用地没有保障；中途站及枢纽站点需要优化布设，不能很好满足乘客就近乘车的需求，没有充分考虑交通运输方式间的衔接。

第三，需要提高公交线网布局优化与日常运营调度管理水平，充分发挥公交运营车辆的动态运能。需要深入把握公交客流的时空变化规律，科学调整公交线网布局，动态实时地进行调度优化管理。

（二）我国公共交通优先发展政策

公共交通优先是指有利于公交发展的一切政策和措施，一般涉及四个方面：公共交通设施用地安排优先；公共交通的道路使用权优先；交通管制措施体现公交优先；公共财政要向公共交通优先转移。

1. 制定有利于公共交通发展的管理政策

①推行鼓励使用公共交通的法律法规。例如法国公共交通营运成本的赤字由地方政府通过征收特别税来弥补。

②设立公共交通发展专项基金，用于公共交通项目的投资。上海浦东新区通过公共交通发展专项基金，推行环保型公共汽车使用。

③建立公共交通专营权制度。香港特别行政区政府通过区域公共交通专营权制度，使公共交通服务成为有限竞争的行业，平衡运营公司与社会的利益目标。

④对非公共交通方式的限制，包括了对各种小汽车购买和使用的限制。

2. 对公共交通的财政支持与补贴

通过公共财政对公共交通进行补贴和补偿，保障公共交通的可持续发展，使公共财政发挥最大的经济、社会和生态效益。城市轨道交通、公交综合换乘枢纽、首末站等公交基础设施应列入政府财政预算并优先安排。根据不同公共交通方式的特点，评估其社会效益和外部效益，通过不同方式给予公共交通财政上的支持。

3. 合理制订公共交通票价和票制

公共交通票制和票价的制订，体现政府的公共交通发展政策，是支持公共交通优先发展的重要途径和有效手段。

制订票价首先需要评估各种交通方式的总成本，包括了经济投入及对环境污染、道路堵塞带来的影响；其次要评估乘客使用不同交通模式的平均出行成本。评估目的是了解各种交通模式的综合成本与收入，以便制定合理的票价政策，增加公共交通的吸引力。同时，根据公交企业运行成本的核定，为可能的公共交通补贴提供依据。目前许多城市推行的公共交通"一卡通"，计费方式考虑了不同公共交通方式间的一致性和协调性，实现了票务系统的通用性，降低乘客换乘导致的价格损失，有利于公共交通吸引力的提高。

4. 道路使用的公共交通优先政策和措施

公交优先措施涉及道路资源的重新分配，即在各种道路设施用户之间的利益权衡。与增加设施投资与运营投资来改善公交服务相比，公交优先是一种有重点的、低成本、高效益手段。

在现有的技术条件下，道路使用的公共汽车优先措施有：优先通行，改善通行时间及可靠性；设置公共汽车专用车道；在单向道路系统中，允许设置逆向的公共汽车专用道；在道路宽度受到限制的中心区设置公共汽车专用道路；交叉口信号控制设公共汽车专用相位；交通控制系统在交通信号协调时优先照顾重要的公共汽车专用道。

5. 城市公共交通节能性实施策略

（1）有序推动新能源公交车辆的推广应用

公共交通企业在更新和购置新车时，应以节能环保型车辆为主，积极购置天然气车辆、混合动力、燃料电池等新能源车辆，有序发展节能环保的电车系统。

（2）加强公交一体化建设，提高了系统运行效率

加强各公共交通方式的建设和相互间衔接，构建多层次一体化的公共交通系统，为乘客提供全方位的出行服务，有利于提高公共交通在城市交通系统中的出行比例，大幅度降低能源消耗，实现城市交通系统的可持续发展。

（3）完善政策保证措施，有序构建配套机制

加强天然气车辆应用的配套设施建设；在道路时空资源分配方面向公共交通倾斜；完善公共交通企业新能源汽车更新补贴机制，把公共交通节能减排纳入公共财政，避免增加企业运营负担，提高企业节能环保积极性；同时，政府应合理规划并投资建设新能源公共汽车所需的补给站和维修设施，降低新能源汽车的运营成本。

三、可持续发展的城市客运交通

（一）城市交通可持续发展的主要特征

可持续发展的城市客运交通系统是以较小的资源投入、较低的能源消耗、较小的环境代价、最大限度地满足社会经济发展和人民生活水平提高所产生的交通需求的城市综合客运交通系统。该系统应该具有以下主要特征：安全、畅通、舒适、环保、节能、高效率和高可达性。这里的高效率是指城市各种客运交通方式合理分工、无缝衔接、无效出行少、行程时间短。高可达性是指城市客运交通系统的覆盖率高、利用方便、可选性好，体现公平性原则。

（二）城市公共交通与环境保护

我国国情决定了仅仅依靠架桥修路和传统的管理方式去解决交通拥堵问题，不仅成本高昂，而且效果十分有限。因为暂时的畅通会刺激车辆的增加，从而形成新的拥堵，造成更大的污染。只有有效合理地利用现有资源，通过对交通需求的政策性调整，加强对城市交通的控制和管理，提高道路的利用效率，使有限的资源发挥更大的效力，才可以更有效地控制污染，改善交通环境。

尽管减少机动车尾气排放可采取提高新车设计标准、加强在用车辆的检测和维护、研究推广机动车尾气排放控制技术、提高燃料质量等方法，但这些措施的效果最终都可能被世界范围内的机动车数量和行驶里程的增加而抵消。要降低机动车行驶里程，可采取开辟载客量多的车辆专用道，开发大运量运输系统，设立机动车免进区，限制在拥挤地段驾驶机动车等，其中最主要、最有效的措施就是优先采取公共交通方式。发展公共交通有利于交通的畅通，与小汽车相比，公共交通无疑是效率效益最高、最环保的交通方式。大力发展大容量、高速度的公共交通，限制了小汽车的过度发展，是解决城市交通堵塞和交通污染的最佳选择。

（三）建立可持续发展的城市交通结构

在可持续发展的城市交通系统中，交通结构有着重要的地位，城市资源消耗、环境质量、运输效率等重要规划目标均与城市交通结构有直接的关系。可持续发展的交通结构可以提高交通系统可达性，节约交通费用和建设成本，有利于减少能源消耗，可提高城市空间利用效率，减少机动车污染，有利于城市资源优化利用和城市环境质量的提高，提高交通安全水平，提高交通系统运输能力和运行效率，减少交通拥堵。

可持续发展的城市交通结构应该是以多样化的公共交通系统为主体，以辅助交通系统为有益补充，形成多层次的城市交通立体网络体系。实行公交优先原则，可以大大减少汽车运行的数量，从而减少汽车尾气的排放，缓解废气处理问题。

建立可持续发展的城市交通系统的总体思路是：大力建设和鼓励公共交通，满足不同城市居民多层次的需要，具有多样性；完善城市规划组织结构，增强政府职能部门间相互协调；整合城市规划，合理规划城市交通系统；统筹规划城市各功能区域与交通枢纽；坚持公众参与的城市交通规划；构建了科学现代的城市交通管理体制。

第五节　交通运输可持续发展的国际经验

一、借鉴国际经验，促进我国铁路运输的跨越式发展

高速、快速化是近半个世纪以来世界铁路的发展方向。一是高速铁路速度快，省时

间，安全系数高，乘坐空间大，舒适方便，价格适宜，迎合现代社会出行的需求，受到人们的青睐，成为世界各国振兴铁路的强大动力。二是高速铁路运输系统是铁路大面积吸纳现代高科技成果进行技术创新的产物，它推动铁路科学技术和装备登上一个崭新的台阶，增强了铁路的竞争力。三是高速铁路和快速客运专线，不仅有运输能力特别大，年运输量可达亿人次以上的优势，又有污染轻，有利于减少环境污染的优势，因而特别适宜于大运量的城市间、城市群和城郊的高频率运输。

高速铁路具有很强的社会效益。一是提供大容量的交通，可以有效减少地面交通拥堵。二是环境友好，并具有较高的能源利用效率。三是有助于经济快速发展。四是有利于区域开发、优化国土结构和推进城市化发展。

借鉴国际经验，21世纪的上半叶，我国铁路必须坚持可持续快速跨越式发展，获得数量上的大发展，质量上的大提高，全面适应经济与社会发展的需要。

（一）铁路建设持续快速发展，基本建成我国铁路网

国际经验表明，交通的现代化是国家现代化的重要组成部分。铁路是我国交通运输的骨干，路网是实现骨干作用的基础。面对我国的庞大人口和未来世界最大的经济规模，加之辽阔的国家疆域，我国将会是世界上运输量最多的国家。同时，我国又是亚欧的运输大走廊，在世界经济一体化进程中，有巨大的市场发展潜力。国内巨大的运输需求和国际通道上优越的地理位置，要求我国铁路有四通八达的路网支持。

（二）建设高速大能力客运通道和快速旅客运输网，全面推进铁路的现代化

面对我国的国情，为适应经济和社会发展对铁路的要求，我国铁路的发展将从高度重视货运转变为客货兼顾，把旅客运输放在铁路优先发展的地位，全面发展旅客运输和提高服务质量，实现铁路干线的高速、快速运输和发展城市及城郊的快速铁路。一是根据世界各国的经验，在年客运量达到2000万人次以上的线路，应修建高速铁路和客运专线，建设大能力客运通道。二是在建设客运高速专线的同时，为了适应经济和社会发展的需求，还需要将其他联结大城市间的主要干线进行技术改造，提高速度，实现快速运行，形成与高速客运专线相连的快速铁路网。三是发展城市与市郊铁路。我国未来铁路的发展，将与城市运输系统合理衔接、紧密配合。国家铁路、市郊铁路、地铁与轻轨铁路密切配合，发展大容量、多通路的交通枢纽站，实现高密度运输，适应于未来城市现代化的需要。

（三）建设大能力重载运输系统和快速货物运输系统

我国铁路是大宗货物运输的主力，长期承担着大量的煤炭、矿石、粮食等散装类货物的运输，仅煤、粮食和冶炼物资运量占货运量的比重就高达65%以上。因此，发展铁路重载运输是发挥铁路优势，提高铁路效益，满足运输需求的必然选择。在主要运煤干线，开行万吨及其以上重载列车，在大宗货物为主的干线上开行5000t及其以上重载

列车，逐步形成重载运输网络，实现大宗散装货物运输的重载化、直达化，这既是提高我国铁路货物运输效益的需要，也是发挥铁路在货物运输中的骨干作用，促进整个国民经济效益的提高的需要。

快速、直达运输需求不断增长，将是未来货物运输需求变化的突出特征。批数多、批量小和流量流向的随机性变动，对时效性的要求愈加强烈。集装箱运输具有安全、迅速、简便和少损坏等特点，适应了需求多样化发展。所以，快速、直达运输将成为未来铁路发展的必然方向。

客货分线和快速旅客运输网络的发展为发展以集装箱为主体的快速货物运输系统提供了条件。随着路网的扩展和技术装备的现代化，到21世纪中叶，现行其他类货物运输将为集装箱运输所取代，一切适箱货物都将会集装箱化。集装箱快捷运输将成为铁路除大宗货物运输外的主要运输形式。适应市场的需要，快速货物运输系统将达到日行1000～1500km，国内城际运输基本形成一日圈、二日圈和三日圈的运输格局。加快建设北京、沈阳、宁波、广州、深圳、兰州、乌鲁木齐等集装箱中心站以及集装箱办理站；结合新线建设、既有线改造和港口规划建设，加快推进集装箱运输通道建设，基本建成覆盖全国范围的铁路集装箱运输网络，大力发展集装箱运输。

（四）加强绿色铁路建设，提高资源利用效率

我国能源资源相对不足，生态环境承载能力弱。随着经济社会持续快速发展，资源环境约束日趋加剧，需要加快转变经济发展方式，加快构建"两型"社会，增强了可持续发展能力。铁路在节能、节地、环保、经济等方面具有明显的比较优势，应加快内电转换，大力采用新技术、新材料，减少资源消耗，降低污染物排放，节约、集约使用土地资源和保护生态环境，建设资源节约、环境友好的绿色铁路。

加快铁路电气化技术改造，优化路网技术结构，提高电气化铁路承担运输工作量比重，显著提高"以电代油"效应；广泛应用机车车辆等设备节能新技术、新装备、新工艺，促进牵引节能和用能结构调整，单位运输工作量牵引能耗大幅降低；扩大新能源、新产品和新材料利用，多层次和全方位降低非牵引能耗，使其占铁路总能耗比例有较大幅度下降；优化运输组织，提高运输效率，降低能源消耗；积极推广节地、节材等技术，节约、集约利用资源；促进绿色、低碳型交通消费模式和出行方式。

加强铁路运输环境保护，采取综合措施有效防治铁路沿线噪声、振动影响等，全面推行旅客列车垃圾集中处理，新型客车安装集便设施，加强货物列车粉尘防护，大力整治沿线白色污染，不断提高运输环境质量。加强铁路建设中的环境影响评价、生态保护、土地资源节约、水土保持、洪水影响评价等工作，依法认真落实各项要求。加强铁路绿色通道建设，积极推进绿色生态铁路建设，实现环境保护和铁路建设协调发展。

健全节能环保目标责任制，完善考核机制，严格考核指标。强化对铁路规划、建设和运营等过程节能环保监督检查。推进技术进步，完善节能环保管理和技术政策。

（五）坚持可持续发展，重视铁路经营效益

深化内涵扩大再生产，优化生产力布局，统筹路网建设与运输经营管理，提高路网整体效率和效益。创新运输组织，提升服务水平，拓展运输市场，实现增运增收。转变经济发展方式，实施多元化经营，提高发展质量与效益，增强可持续发展能力。

（六）坚持协调发展，实现综合效益最大化

注重当前与长远、技术与经济、投入与产出的统筹兼顾。统筹干线与枢纽及客货配套设施、新线建设与既有线改造、固定设施与移动设备的协调发展。加强与其他运输方式有机衔接，构建综合交通枢纽，形成优势互补、协调发展的综合运输体系。注重铁路发展与区域规划、城乡规划、土地规划等的相互衔接，与经济社会发展相适应。以较低的社会成本和资源环境代价满足经济社会发展对运输需求的客观需要。

到21世纪中叶，我国将成为铁路强国。这意味着我国不仅拥有发达的铁路网、先进的科学技术和装备，而且将成为运输量最大的铁路国家，不仅能够充分适应经济和社会发展的需要，而且能够具有必要的能力储备，满足经济和社会发展的新要求。

二、公共交通运输发展的经验与启示

发展公共交通对充分使用城市交通基础设施、缓解交通拥挤、提高城市交通体系的运力有着积极的意义。虽然各国国情不同，无法照搬特定的做法，但别国的经验通常能为我们制定适宜的政策和战略提供有帮助的参考，以下从几个方面总结国际公共交通运输体系的发展经验。

（一）公共交通运输的组织和管理

尽管世界各国公交系统的拥有权五花八门，但公交系统最有成效的国家都有以下共同点：由地方政府控制和制定公交服务的运营指标和票价；由自主经营的商业实体负责公交服务的经营，与政府的规划管理部门严格分离，从借鉴国际经验和较成功的公交系统组织结构中可以获得一些启发。

1. 由私营部门经营

虽然所有权和组织结构可以有许多不同形式，但最有效率而且成本低的做法莫过于政府只提供对公交系统的战略规划、制定服务标准、制定和执行法规，放手让私营部门来提供公交服务。私营公共汽车公司、线路协会或者个体公交车主以投标的形式赢得在某一地区或线路上提供公交服务的权利。

由私人部门参与公交服务的一个主要好处在于，为了最大限度地实现利润，私营部门有动力去降低成本，提高收入，也有获得私人资金的机会和条件。另外一个主要好处在于，私营部门可以获得资金来源。政府的公交公司通常要依赖政府财政拨款来购买新车辆、零部件和修建汽车站，因此，如果政府削减预算支出，公交公司就没有资金来更新车辆和设备，从而使服务质量下降。私营公司的资金来源主要靠营业收入，因此，政

府与私营部门之间签订的服务合同兑现率往往比政府两个部门之间的合同兑现率要高。如伦敦所有的公共交通路线均由政府来规划,由私人部门来经营,通过对实绩进行评估来确保高质量的服务。

在此机制之下,伦敦公共汽车的运营里程增加了20%,每年英里的运营成本下降了40%,整个公共汽车网络的成本下降了27%。与以前稳步下滑相比,乘客数增加了0.5%。最重要的是,政府的实际补贴下降了80%。因此,竞争性的专营权制度不但降低了运营成本和财政负担,而且并没有失去公交服务网络的完整性和大都市多种交通方式之间的协调。

2. 政府所属公交公司的商业化经营

许多城市采用另一种安排,也就是政府是公交服务公司的所有者。加拿大多伦多和德国的大部分城市都采用这种模式,即通过立法建立独立自主提供交通服务的交通管理局(Transport Authority)。虽然在各国法律之下创建的这种交通管理局形式多样,但管理局有它自己的董事会,因而有借款和经营自主的法律效力。管理局实行独立核算,除了在开始时可能由政府提供注册资金以外,财政上不依赖政府。但是,通常是通过任命政府官员进入董事会来实施政府的控制。管理局通常负责所有公共交通的营运,也负责公交服务的协调和衔接、制订票价及投资。

通常由独立的客运公司(Operation Companies)负责提供具体的公交服务。这些公司与交通管理局签订服务合同,他们的日常业务不受管理局的干涉。虽然在这些安排之下所提供的服务是好的,但与由私人公司提供的服务相比,政府客运公司每人千米的成本要高。尽管员工工作很出色,但与私人公司相比,他们仍缺乏降低成本、提高效益和对公众需求作出快速反应所需要的动力。但是,通过由好几家客运公司提供服务,管理部门能够比较哪家公司做得最好。例如,可以比较服务是否及时、车辆利用率、每天可用于营运的车辆数和其他的运营标准,来促进更有效的管理。

3. 公有和私有客运公司相结合

有一些城市将上述两种体系结合使用。在法国,城市政府和地区政府负责城市运输服务的规划和协调,制订公共汽车票价和确保适宜的服务水平。虽然有些城市的政府部门自己经营客运服务,但大多数城市是与私营部门签订合同,由后者提供公交客运服务。合同中明确客运路线、发车频率和其他服务标准及票价。因此,如果客运经营者未能履行合同,公共事业管理机构(Public Authority)就有较大的余地来弥补。在巴西的圣保罗市,除了由一家政府所属公司提供公交服务以外,所有服务均由私人公司提供。这家政府公司已有好几年出现亏损,但是它刚刚与私人部门签订合同,由后者提供本应由它自己负责提供的服务之后,不仅扭转了亏损,而且还通过向私人公司出租它的车辆赢利。但是,在这种模式之下,创新和对公众需求作出快速反应所需要的动力还是不如前述的"私人部门",其原因还是一样,就是政府控制的程度超出了客运路线、票价和服务标准以及合同中规定的财务安排。

（二）公共汽车服务业管理

为了确保公众得到所期望的服务水平，保证服务的安全和卫生，对公共汽车客运服务进行管理是很重要的。这是政府在满足城市公交服务供给中应当发挥的主要作用。无论公交运输服务是由政府公司还是由私人客运公司去提供，政府最起码要确保所运营车辆以及运营的安全。

国际经验表明，政府部门的规定越复杂，客运提供者对公众需求作出快速反应的灵活性和竞争性就越差。因此，世界上大多数公交系统的规划管理者都认为"管制越少越好"。从理论上说，政府创造一个适宜的竞争环境，使私营部门（或自主经营的政府所属公司）之间通过竞争来赢得乘客，应当能在最低成本条件之下提供最好的服务。但在实际中，大多数城市得出的结论是，必须通过政府的法规管制来实现社会目标和商业目标的平衡。政府的管理法规通常用来确保公交服务能全面满足各个地区的客运需求，人口稀少地区或偏远地段也能得到充分的客运服务，统一整个行业的作业标准。此外，如果发现有垄断的趋势或者竞争不充分，政府就有必要对票价进行管制，管制不仅保护公众的利益，也保护各私营客运公司的利益，即保证他们都得到公正和平等的待遇，使他们不受掠夺性行为的伤害，这对创造鼓励私人企业参与公交运营的环境是很重要的。

管理机制通常有三种不同的模式：①由总体管理机构负责所辖地区所有的行业总体管理；②由专门机构管理运输行为；③专门针对私营客运公司服务合同和专营权的监督执法。

在从政府拥有和经营公交服务业转向由私营部门经营的转轨过程中，第三种管理方式最容易执行。这种管理方式更加灵活，可以在必要时在合同中增加服务条件和内容。虽然上述三种方法均在世界范围内同样使用，重要的是一定要有某种形式的管理机制。

（三）公共交通运输的财政问题

保证持续提供充足公交服务的关键之一是公交系统的财务能力问题。世界范围内，造成公共交通服务差的最普遍的原因之一是缺乏资金来购置车辆以及维修用的零部件。纵观世界各国的公交服务系统，那些最有效益的公交系统都有机制来确保有可靠的收入来源，以满足服务提供者和社区的商业与社会目标。

客运公司的最大收入来源是票价收入。总的说来，最行之有效的体系莫过于要求客运公司用票价收入来弥补所有的营运成本。此外，让客运公司通过诸如广告这样的活动获得相关的收入，这样，客运公司就有动力去提供市场所要求的服务、最大限度地提高乘车率并以最有效益的方式来运营。根据整个体系各种交通方式的关系和城市与交通发展中经济与社会综合战略目标来决定公交服务业的票价水平和服务水平。如果尚未实现资金来源的多样化，对道路使用征收效率费将会增加公共交通乘客，并有助于更快地回收成本。然而，如果对道路使用的收费偏低，公交系统的财务能力就会受到损害，因而使人们认为公交系统提高票价是为了弥补对私人使用道路收费偏低的损失而进行的补偿。这可能导致人们将全面回收公交成本的举动和政府征收汽油税或道路使用费联系在一起。

世界上许多最有效率的公交系统都能在没有政府补贴的条件下运营。在政府管理之下，这些公交服务系统均由私营部门运营。但是，许多国家认为有必要为公交系统提供补贴，以便帮助低收入人口和鼓励人们使用公交服务。若是这样的话，就必须解决两个问题。

首先，票价收入不足以全面回收运营和更换车辆的成本。因此，为了实现财政的稳定，就必须开拓其他的"稳定收入"来源，诸如从政府得到根据年度营运状况及财务条款所确定的合同拨款，从政府的一般税收或专项税收中得到拨款。许多城市政府既没有从中央政府得到足够的拨款，也无权通过在本地区征税来满足这种要求。在这种情形之下，由于无法提供持续的服务就意味着无法完成所应承担的环境和分配的目标。因此，财务可维持性应当成为被关注的首要问题。

第二个问题涉及管理的动力。如果指望公交系统为社会目标作出贡献，就不能要求从使用者中直接收回全部成本。如果公司管理者知道反正会有人来弥补亏损，或者认为这是"外部"环境造成的，他们不需要负任何责任，就没有动力来提高效益或提出降低成本的措施。为了刺激提高管理效益和防止雇主随意使用补贴，任何形式的资助，无论是资金支持还是运营补贴，都必须建立在合同明确规定的业绩标准和效率惩罚措施的基础上。

如前所述，世界上许多最有成效的公交系统都是在没有政府补贴的情况下运作的。其他一些在服务水平上相似的公交体系只能从运营中收回大约50%～70%的成本。这些公司依赖政府补贴来弥补运营赤字和基本建设支出，这和目前中国大多数城市的情形相似。如果出于文化或社会方面的考虑，政府补贴公交系统是适宜的话，就必须建立适当的机制来使公交运营公司获得充分的资金支持。如果没有充分的资金渠道来保证足够的运营车辆及可靠的行车作业计划，为全体市民提供低成本的交通服务这个社会目标，无论动机多么伟大，都将是毫无意义的。

直接向个人而不是企业提供补贴是为低收入市民提供补贴，并且同时保持经营者提高效益的动力的最佳手段之一。这样，票价仍可定在商业可行的水平上，经营者将通过提高效益来进行竞争，使得它们能以最低的成本提供最佳服务。经验表明，票价保持在合理的水平，客运公司为了提高乘车率和收入，会更加注意及时地满足用户的需求。秘鲁在这方面做得很成功，客运公司在报摊、市区和市民区商号柜台前卖票，并以居民所能承受的价格折价出售；客运公司每周到管理部门去"报销"，也就是按照专营合同的规定收回反映商业价值的票价；乘车率的高低直接决定客运公司能得到多少收入，其利润由运营效益来定，而补贴由城市政府通过征收汽油特别税来支出。

国际上的经验显示了补贴的作用，但消除补贴的负面影响，以获得全部的收益也是十分重要的。如何减轻补贴带来的不利影响。来方便最大可能获取利润。国际经验有两点值得重视。

第一，不能仅仅为了平衡收入和成本而向经营者提供补贴，从而削弱其提高效率和满足乘客要求的动力。应尽可能地直接向使用者提供补贴，通过总体的福利计划向低收入人群提供补贴是最理想的情形。如果做不到这么理想，秘鲁的模式就是最好的，即直接补贴使用者，允许客运公司在竞争条件下收取合理的商业票价，这通常形成最有效益的服务。

第二，为了保证补贴使用合理和确保可靠的收入来源，地方政府应有权决定补贴水平，有权筹集必要的收入来提供补贴。地方政府对工商业的征税、汽油和车辆使用税以及其他特殊收入来源等均可以用作补贴。但是，若没有这些特殊税收的话，对公交系统的补贴就要牺牲别的社会计划。

三、我国交通运输业可持续发展的指导思想及对策

交通运输发展带来的巨大的负面影响，是世界各国都面临的问题。随着我国经济的发展，客货运输量和汽车保有量将会有显著的增长，交通运输对社会、环境的影响随之产生，出现了交通拥堵，交通环境恶化，交通安全形势严峻，交通管理措施不完善、管理效率低下，交通法规和交通安全意识差等一系列可持续发展面临的问题。

由于交通运输领域是国民经济的基础部门，因此我们必须充分考虑我国国情，借鉴国外的经验，制定合理可行的交通运输可持续发展战略，解决交通运输业可持续发展存在的问题，在交通运输领域实现社会、经济和资源、环境的协调发展，这就是制定我国交通运输可持续发展战略的指导思想。

（一）我国实现交通运输可持续发展的对策

1. 制定国家综合交通发展战略和规划，建立和完善综合运输体系

实现交通运输的可持续发展必须制定国家级的综合交通运输战略，统一和协调各级交通运输部门、各种交通方式。避免出现各自为政、协作衔接不畅、重复建设和效率低下的现象。

综合运输体系的建立是基于三个方面的最优化：最少的资源和能源消耗，最低限度的环境和生态的影响，符合安全、舒适、速度要求的交通工具。较高的运量成本比、较低的占地和能耗以及相对较少的污染，使得铁路和城市轨道交通成为综合运输体系的核心。但是，其他交通方式的特点也很明显，公路的低建设成本和近距离的便捷性，航空运输的快捷性和可达性，水运的地域性，以及管道运输对流体货物的特殊适应性，使得它们成为铁路运输必要的补充，即要实现交通系统内部诸方式协调发展。随着我国铁路高速化趋势的发展，这种综合运输体系必将在时间上与空间上发挥各自的作用，体现综合效益。

2. 加快交通运输基础设施的建设，使之与经济社会协调发展

交通运输是国民经济的枢纽和动脉，随着经济的高速增长，客运和货运的需求日益冲击着交通运输业。同时，经济发展的地域性差异和经济互补性更加剧了运输需求和交通运输设施供给之间的矛盾。除了提高速度、进行智能化的管理和费用调整这些软的措施之外，我国还应当加强交通运输基础设施的建设，一方面更好地服务于经济建设，另

一方面则调整综合运输体系中各种交通运输方式之间的比例，使之趋于合理。

3. 以科技进步改进和完善技术，提高交通运输业的效益，降低能耗和污染

在我国交通运输领域，要达到以尽可能少的能耗、污染和时间，实现最大程度的运输量和周转量，提高运输效益，就必须在各个方面进行技术革新，让交通运输与可持续发展同步协调。

（1）实现交通运输设施、设备、配置的现代化

加大对交通运输领域技术的研究、引进，并尽快投入生产运营，以提高运输速度和服务质量及综合运输系统的能力、效率和效益。

（2）开发替代能源

发明节能、高效、低污染的交通工具，改善交通运输的能耗结构，促进交通运输的清洁化和节能化。

（3）加快电气化进程

在综合交通运输体系中，铁路和城市轨道公共交通是核心部分。实现电气化，一方面使得牵引力增加，从而提高速度；另一方面，可降低煤炭燃料的使用量和使用形式。

（4）开发利用网络信息化技术

在交通领域，信息的获取和传输是建立现代交通体系的关键技术之一。它在以下几个方面均得到了充分的运用：铁路网的协调运营和事件处理；城市综合交通体系交通流的分布、控制和调整，高速路的交通流的控制与分流；航空和水运的定位表信息指引；管道运输中各中转站的压力协调等，我国应当尽快加速网络建设，与国际事务相接轨，以适应国际交通协作。

（5）加强集装箱化运输

集装箱运输的最大优势在于充分发挥运载能力，减少装卸和中转消耗，在我国船舶和航空运输中运用很广。我们应当利用集装箱运输的优势，在铁路运输中加大集装箱化的比例，从而减少装卸时间，增加出行列车对数，提高运输能力。随着铁路集装箱运输网络的建成，铁路运输能力的增强、运行速度的提高、运营组织和经营模式的完善以及市场化进程加快，铁路在集装箱运输市场中的竞争能力将大大提高，市场份额将不断提升，未来铁路集装箱运输市场的前景与潜力将巨大。

4. 加强法治建设和环境教育

实施可持续发展战略是全民性的工程，交通运输的可持续发展更离不开全民的参与。建立卓有成效的管理法规和适宜的交通政策，加强人们的法治观念和环保意识，是实现交通领域可持续发展的根本性的，也是可持续性的策略。

参考文献

[1] 刘作义，郎茂祥，张琦，等.运输商务[M].北京：中国铁道出版社，2016.12.
[2] 杭文.运输经济学[M].南京：东南大学出版社，2016.11.
[3] 肖序，王芸.交通运输企业成本会计学[M].上海：立信会计出版社，2016.04.
[4] 卢明银，金晓红，王丽华，等.运输经济学[M].徐州：中国矿业大学出版社，2016.10.
[5] 景鹏，潘公宇，高林杰，等.运输系统规划与设计[M].北京：国防工业出版社，2016.04.
[6] 邵春福.城市交通概论[M].北京：北京交通大学出版社，2016.07.
[7] 高利编.智能运输系统[M].北京：北京理工大学出版社，2016.03.
[8] 马昌喜，冯忠祥.交通运输与区域经济耦合分析及鲁棒优化以西北回族聚居区为例[M].成都：西南交通大学出版社，2017.12.
[9] 汤银英，陶思宇.交通运输商务[M].成都：西南交通大学出版社，2017.04.
[10] 王振军.交通运输系统工程第2版[M].南京：东南大学出版社，2017.09.
[11] 李艳华.航空运输经济理论与实践[M].北京：中国民航出版社，2017.04.
[12] 刘舰.工业企业运输[M].北京：北京交通大学出版社，2017.10.
[13] 赵盈盈，尚静.国际货物运输与保险[M].成都：西南交通大学出版社，2017.03.
[14] 张文东.运输车队赢利之道[M].武汉：华中科技大学出版社，2017.08.
[15] 夏立国.交通运输商务管理[M].南京：东南大学出版社，2018.12.
[16] 余沛，谢博，侯海涛.交通网络产业集聚城市群耦合与协调发展研究[M].北京：中国经济出版社，2018.10.
[17] 陈佩虹.城市交通规划制度研究[M].北京：中国铁道出版社，2018.12.
[18] 吴艳群，吴芳.城市轨道交通规划与管理[M].成都：西南交通大学出版社，2018.03.
[19] 齐凤，薛贵明，李慧，等.铁路运输法规[M].北京：北京交通大学出版社，2018.04.
[20] 栾维新，王辉，片峰.中国港航交通运输系统经济研究"十三五"国家重点出版物出版规划项目[M].大连：大连海事大学出版社，2019.02.
[21] 薛峰.高速铁路运输组织方法与实践[M].成都：西南交通大学出版社，2019.09.
[22] 郁长松.城市轨道交通运营管理[M].成都：电子科技大学出版社，2019.09.

[23] 张联权. 城市轨道交通客运组织 [M]. 成都：电子科技大学出版社，2019.09.
[24] 徐丽群. 公共交通服务：从补贴到购买 [M]. 上海：上海交通大学出版社，2019.12.
[25] 苏巧玲，郭仪. 运输与配送管理 [M]. 武汉：华中科技大学出版社，2020.06.
[26] 孙亚平. 交通工程学 [M]. 北京：北京理工大学出版社，2020.10.
[27] 李伟. 城市轨道交通需求分析与线网规划 [M]. 成都：西南交通大学出版社，2020.06.
[28] 王星华. 城市轨道交通工程学 [M]. 北京：中国铁道出版社，2020.03.
[29] 中国公路学会. 智能交通与未来出行 [M]. 北京：中国科学技术出版社，2020.04.
[30] 帅斌，王宇，霍娅敏. 交通运输经济第 2 版 [M]. 成都：成都西南交大出版社，2021.12.
[31] 鲁植雄. 高学校交通运输专业"十三五"规划教材载运工具原理及应用第 3 版 [M]. 南京：南京东南大学出版社，2021.01.
[32] 刘露. 物流运输与包装第 2 版 [M]. 安徽：合肥工业大学出版社有限责任公司，2021.09.
[33] 朱一平. 经济周期和债务周期 [M]. 北京：中国经济出版社，2021.01.
[34] 肖玲玲. 城市居民交通出行行为建模与经济分析 [M]. 北京：北京交通大学出版社有限责任公司，2021.09.
[35] 胡叙洪，伍卫凡. 磁浮交通技术与发展 [M]. 北京：中国铁道出版社，2021.02.
[36] 蒋中铭. 交通一体化轨道上的城市群和都市圈 [M]. 北京：中国市场出版社，2021.07.